ちくま新書

平成史講義

吉見俊哉 編
Yoshimi Shunya

1385

平成史講義【目次】

＊各講末の「さらに詳しく知るための参考文献」に掲載されている文献については、本文中では（著者名、発表年）という形で略記した。

まえがき

吉見俊哉

「平成」は、まだ距離が近すぎて「史」として語れるほどに私たちの視点が確定していないと思われる読者もいるかもしれない。たしかに平成は、もうすぐ終わる。だからその始点と終点が変化することはもうない。しかし、始点と終点が確定しても、その間をどんな線で結ぶかが決まるわけではない。もちろん、同じことは「昭和」や「明治」を「史」として語る際にも当てはまるわけだが、これらはすでに多くの語りがなされるなかで語りの布置、たとえば支配的な語りと対抗的な語りの関係が安定してきている。しかし「平成」の場合、私たちはまだ結ばれるべき線の終点のごく近くに佇んでいるだけで、そのような語りの蓄積を有してはいない。したがって、「平成」を「史」として語ることは、何らかのそうした語りの厚みの形成に向けた未来投射的な行為とならざるを得ない。

重要なのは、他の様々な時代についての語りと同様、平成「史」は一つの語りに収斂しない、複数的な語りの場でしかあり得ないことだ。それでもおそらく、平成についても支配的と言っていい語りとそれに対抗するかに見える語りがある。平成についての主流の語りとは、おそらくバブル崩壊に始まるものだろう。「平成」は、東証株価三万八九一五円をつけたバブル絶頂期に始まり、やがてそれが崩壊していく時代となる。その先で、山一証券が破綻し、拓銀、長銀、それに家電メーカーが次々に沈んでいった。この意味での平成史は、経済的な破綻の物語であり、それを運命づけたのは、グローバルな資本主義に他ならない。平成史は詰まるところ、グローバル資本主義の現在史となる。

おそらくもう一つの「平成」についてのすでに馴染み深い語りは、阪神淡路大震災と東日本大震災によって縁どられるものとなる。地球という有限な環境体が地殻活動の沈静期(偶然にも戦後日本の半世紀と重なっていた)から活動期に移行していくなかで起きた二つの震災。その震災のなかで、あるいはそれと共振するかのように生じた一方のオウム真理教事件と他方の福島第一原発事故——。これらのショックとそこから立ち直る、あるいはその後遺症を引きずり続ける「災後」のプロセスが、平成史を貫いていく。

以上の二つの「平成史」に対し、本書が提起していくのは、グローバル資本主義や自然災害といった巨大な外部的力が働くなかで、平成における歴史の主体とは誰で、それらの人々や組織はどのような状況に置かれ、またいかなる営みを重ねていったのかという、より政治学的とも社会学的ともいえる問いである。この問いから発し、本書は天皇、政府と政治家、官僚と行政機構、企業と従業員、若者たち、対抗的勢力、メディアとジャーナリズム、中間層といった諸集団が平成という時代をどう経験し、そこでいかなる時代への介入を試みていたのかを検証してみようとする。それらの様々な歴史の主体を通して見える「平成」という時代の、その変容の複合的な姿を浮かび上がらせようとしている。

もちろん、**第1講**で「平成」の端緒、つまり「昭和の終わり」を振り返りつつ論じるように、総じて平成は失敗の三〇年であった。この三〇年の間のバブル崩壊や一連の企業破綻、震災対応や原発政策の誤りが生んだ甚大な損失を振り返れば、絶頂から奈落の底へとここまで失敗を重ねた時代は過去の日本にそう多くはない。強いて比較すれば、一九三〇年代から四〇年代にかけて、つまり中国大陸への侵略を泥沼化させ、あろうことか日米開戦に踏み切り、さらに敗戦が明白になっても無条件降伏の機会をずるずると先延ばしにしたあの時代に匹敵する無念さを平成の三〇年には感じざるを得ない。だから平成を「第二の敗戦」として語る人々がいるのも頷ける面もあるが、しかしこれを「対米敗戦」という理解にとどめるならば、この時代が内包する困難の根源を見据えたことにはならない。

かつての日本の敗戦は、一九四一年一二月八日の日米開戦に始まるわけではなく、少なくとも一九三〇年代初頭、中国大陸で愚かな戦争に突入してしまった頃から始まっていた。同じように、平成日本の「失敗」は、その原点を少なくとも一九七〇年代から八〇年代にかけて、日本が高度成長を遂げ、ポスト成長期の自らのかたちを模索していた頃にまで遡らなければ見えてこない。もちろん、ここでは二つの「失敗」の時代における天皇自身の歴史に対するふるまいの、対照的ともいえる違いにも言及しておく必要がある。

もっとも平成が「失敗」と「挫折」の時代でもあったのは、裏を返せば「改革」と「挑戦」の時代でもあったからだ。**第2講**では、平成政治の「改革」が、いずれも「五五年体制」として確立した昭和政治からの「屈折」であったことが示される。すなわち、昭和政治が安定的で軍事的な負担の少ない国際環境と持続的な経済成長、それに確立された官僚機構によって条件づけられていたとするならば、そのすべての条件が平成の三〇年で崩れていったのである。アメリカ経済の陰りと冷戦体制の終焉によって日米関係が変質していき、バブル崩壊とともに持続的な経済成長という前提は無惨にも崩れ去り、一方ではグローバル化が進み、他方では官邸のリーダーシップ機能が強化されることで官僚機構の空洞化が進んだ。選挙制度改革に始まる平成の政治改革とは、ある面ではこの昭和政治の前提を自ら粉砕する試みであったわけだし、橋本政権の行政改革以降の政官の関係変化は、小泉政権、民主党政権から安倍政権まで、その政治的な方向性の違いを貫いて進行した。

他方、平成を通じて官僚機構は空洞化し、様々なレベルで機能不全を起こしてきた。昭和期には政治家がだめでも日本の官僚は「優秀」と信じられてきた。しかし平成に入り、バブル崩壊に行政が適切に対処できず、格差や社会不安も増大し続け、官僚機構への不信は拡大した。同時に人口減少により「消滅可能」な地域が広がるなかで、地方自治体もかつての活力や信頼感を失った。**第3講**で論じるように、様々な改革が試みられつつも、全体として平成には国と地方で官僚の弱体化が進み、閉塞と弱肉強食状況が広がった。

一方で、行政が空洞化と閉塞に向かっていったのだとすると、他方で企業、すなわち会社はどう変化していったのだろうか。**第4講**は、この企業の変化を、とりわけ労使関係に焦点を当てて論じている。これに加えて言えば、企業のマネジメントも、平成を通じて大きく変化した。ソフトバンクや楽天といったＩＴ系の巨大新興企業が擡頭し、無数の若者たちによるベンチャー企業も登場し、それまでの日本の企業文化を一変させた。しかし他方で、旧来の日本の大企業のマネジメントは、今なお変化の途上にある。一九九〇年代末に生じた大手証券や大手銀行の倒産は、バブル時代の投資の過熱とそこでの諸々の不正がマイナスに転じた結果だった。他方、二〇一〇年代に生じた巨大企業の崩壊、とりわけ米国のウェスティングハウス社を買収して以降に東芝がたどった解体過程と、逆にフランスのルノー社に救済されて以降の日産で、カルロス・ゴーン独裁体制が確立していった過程には、平成の大企業で深刻化してきたマネジメント上の根深い困難が露呈している。

さて、政府と行政、企業という政財官の三領域で平成に何が起きたのかを確認した後、本書は若者や対抗的勢力、ジャーナリズム、中間層一般の平成史を考えることに向かっていく。**第5講**では、男性が企業の長期雇用と年功賃金により家計を支え、家族は子どもの教育に多大な投資をし、やがて子たちは新規学卒一括採用で間断なく企業に包摂されていくという戦後日本型の人の循環モデルが、前述の昭和政治の崩壊と対応するかのように一九九〇年代に破綻していったことが検証される。このことは、この時代の若者たちの社会のなかでの位置づけや自己意識を決定的に変容させた。総じて言えば、生活の困窮度が増大し、収入格差も拡大したのである。第5講が鋭く強調するように、平成経済の低迷の原因を若者の「劣化」に帰す言説は、若者の雇用状況への政策的対処を遅らせ、人々の人生を支える新たな社会システム構築への取り組みを不十分なものにとどまらせた。若者の成功失敗を自己責任に帰す社会風潮は、「勝ったもん勝ち」とでも表現されうるような残酷さと、諦念や同調とないまぜになった現実主義を若者の間に「浸透」させてきた。

　教育と並んで日々の生活の基盤をなすのはメディアである。**第6講**では、そのメディアの変化を、平成前期は多メディア化・多チャンネル化の波、後期はデジタル化・グローバル化の波として整理している。平成のメディア史は、私たちの生活にインターネットが広く深く浸透していった過程として総括できる。マスメディアの時代からインターネットの時代への転換は、マスコミを情報の独占的なゲートキーパーの地位から引きずり降ろし、誰もが発信者という意識を広めた。そして、この情報発信の「民主化」は、それまでジャーナリズムが前提としてきた「事実」観を根底から突き崩した。匿名で誰もが発信者になれるネット空間に増殖したのは、「巷の噂」というレベルのニュースであり、真偽の確認よりも、自分の興味や感情に適合する情報を「ニュース」として受発信することが優先される世界だった。その結果、本当に事実かどうか曖昧な情報が、あたかもニュースとしてネット社会に氾濫した。広告収入に依存するインターネットのサイトではアクセス数が勝負で、それを集めるには真偽はともかく目立てばいいという発想が蔓延するのだ。

このような平成を通じた雇用と教育、メディアの環境的変化のなかで、私たちの主体のあり方はすでに大きく変容している。**第7講**と**第8講**では、平成時代を通じ、社会的主体の編成が、それらの主体についての言説と表裏をなして矛盾に満ちた仕方で変容し、混乱していった様子が論じられる。たとえば第7講では、「リベラル」というカテゴリーがそれまでの「革新」に取って代わり、「保守」に対する主体を名指す極をなしていくに従い、社会的＝ソーシャルなものの何が忘却ないし排除されたのか、そこでどのような混乱が生じていったのか、その入り組んだ様相が非断定的な口調で描き出されている。そして第8講が論じるように、一九九〇年代以降の主体をめぐるカテゴリーの混乱は、中間層や中流、およそ「中」のつくあらゆるカテゴリーにも及んだわけで、そのような混乱を通じ、平成のポピュリズムはナショナリズムや新自由主義的効率主義と再結合していった。

最後に**第9講**と**第10講**では、最初に触れたグローバル化の問題に立ち返る。第9講では、冷戦終結が日本に何をもたらしたのかが、国際秩序と日米安保体制、世界観の変化の三側面から論じられる。私たちは、第2講で考えた「五五年体制」の崩壊の意味を、今度はグローバルな視座から考えることになる。重要なのは、ポスト冷戦期になって、日米の軍事同盟が強化され、同時並行的に自衛隊をめぐる国民意識も変化してきたことだ。そして最後の第10講では、こうして冷戦終結後、再び世界の支配者としての暴力的な貌を露わにしてきたアメリカという他者について、それが戦後日本の自己をいかに方向づけ、また今、その位置がどう変化しようとしているのかに注目しながら論じている。

総じて本書の企画は、一方では「平成」をア・プリオリに一つの時代区分とすることとは一線を画しながらも、この名に名指される時代が世界史の大きな転換期に当たり、グローバルな歴史の奔流とナショナルな時代意識の変化や諸制度改革、そしてその挫折や失敗の間の交差局面にあったことを示す。「平成」は、グローバルな帝国主義の潮流に日本が追いつき、アジアの覇権国家になった「大正」から「昭和」前期にかけてとも、冷戦体制のなかで「アメリカの傘」の下にいることに安住できた「昭和」後期とも異なる位相にあった。本書ではその位相を、その内外で蠢いた主体の側から捉え返している。

第1講
昭和の終焉

吉見俊哉

†「平成史」は存在するのか

「平成史」は、そもそも存在するのだろうか？　「平成」と呼ばれる時代が始まるのは一九八九年一月八日で、それが終わるのは二〇一九年四月三〇日とされている。だから、この時代はちょうど三〇年続くことになる。「大正」が一五年、「明治」が四五年続いたことからすると、「平成」はちょうどその中間の長さである。この長さは日本史上、「昭和」「明治」「応永」に次いで四番目に長い。「平成」は日本史上、意外にも比較的長い時代の区画なのだ。近代に絞り、「大正」の一五年を基数とすると、「平成」はその約二倍、「明治」はその約三倍、「昭和」はその約四倍という計算になる。「明治」と「大正」の間には、たしかに時代気分の転換があり、「昭和」への代替わりは、当初は大いに祝福された。

しかしそもそも、一人の人生がその社会の歴史のまとまりと常に一致することなどあり得ない。たしかに古代王国では、人々は王の治世と国の運命が一致するとの幻想を生きたから、事実としても両者に一定の対応があったかもしれない。それでも侵略や災害、疫病は突然、王の人生とは別の次元でやって来るので、優れた王の治世が必ずしも幸せな時代とはならず、残忍な王でも幸せな時代を人々が過ごすこともあったはずだ。まして現代社会では、軍事独裁体制の国々や北朝鮮、毛沢東が生きていた頃の中国、スターリンが生きていた頃のソ連を除くなら、多くの国々で統治者の任期は相対的に短く、日本の天皇のような象徴的存在でも、その人生が歴史と対応するとするのには無理がある。

それにもかかわらず、日本では「平成の終わり」を前にして、「平成」とは何であったのかを語ろうとする数多の言説が流布している。もちろん、本書もその一部をなすことになる。一般に、より多くの視聴者や読者を集めるには、より多くの人が共通して関心を向ける話題があるのが好都合で、「平成の終わり」は、「昭和の終わり」との比較でも、天皇「退位」という新機軸でも、メディアにとって大いに市場価値のある話題なのだ。

しかし、これは幻想である。メディアが盛んにそう語るから、「平成」がひとまとまりの時代に見えてくるわけで、メガネが「現実」を出現させているにすぎない。

では私たちは、「平成史」など存在しない、それは一種のメディア・イベントに過ぎないと、切り捨てるべきなのだろうか。少なくとも本書の立場はそうではない。メガネが「現実」を出現させているのだとしても、この両者の関係には意味がある。グローバル化や情報化が進み、天皇の在位期間と時代の変化はますます対応しなくなっているのに、人々は「平成」を一つの時代として語ることで、自分たちの現在を同定しようとする。そこにある人々のこだわりと、この歴史を眺めるメガネが持つ一定の説得力の側から、私たちが生きる同時代の力学を中期的な視座で浮かび上らせることが可能なはずだ。

†「ご破算」の歴史観を超えて

一方で、人々が今日、「平成」の尺度で時代を捉えようとする根底には、「ご破算」の思考がある。一般に、社会がその年を数える仕方には二通りあるとされる。第一は、西暦のようにある出来事が起きた年からの経過年を示す直線的方法だ。第二は、干支のように一定の年数で循環する方法である。元号は、新しい君主の即位や象徴的な儀式により過去の歴史がご破算になり、新しい歴史が始まると考える点で循環方式に近い。ここでの要点は、過去を「ご破算にする」発想で、「明治」と「大正」、「昭和」と「平成」、いずれの切断にもかつて「御一新」という言葉で「江戸」を葬った仕方に通じるものがある。歴史の客観的な条件はどうであれ、人々は「平成」をひとまとまりの時代として括ることで連続的な歴史に「ご破算」の契機を持ち込み、過去を彼方に葬り去ろうとしているのだ。

しかしそもそも、私たちの生きる現代は、「ご破算」式には歴史が成り立っていない。未来は過去との連続と切断の交錯のなかにある。「平成」は、その語感とは逆に失敗と危機が連続する時代だったが、その失敗も危機も、由来はすべて昭和以前に遡れるものだ。「平成」はそれ自体としてよりも、むしろ「昭和」からの屈折として理解可能であり、その意味では「昭和」と「平成」は連続的である。二〇世紀後半から二一世紀にかけての大きな世界史のうねりのなかで、「昭和」も「平成」も同じ時代の異なる局面をなすにすぎず、天皇の代替わりによってその流れが切断できると考えられそうな根拠はどこにもない。

こうしたことの一方で、「平成」の始まる一九八九年前後からの約三〇年間を、日本現代史の決定的な転換局面として捉えることも不可能ではない。グローバル化こそ、この時代を貫いた最も重要なモメントだった。ポスト冷戦の楽観ムードを新自由主義とグローバル資本主義がのみ込み、国民国家に生じていった無数の亀裂のなかで貧困とテロリズム、新たな差別主義が抬頭した。ネット社会が、この時代を貫いたもう一つの決定的なモメントだったことにも異論はないだろう。リアルとヴァーチャルが溶融し、後者の影響力が急伸するなかで既存の多くの制度が機能不全に陥っていった。さらに人口構造の急速な変化、少子高齢化のなかで社会は継続的な危機を迎えていった。つまり「平成」とは、グローバル化とネット社会化、少子高齢化のなかで戦後日本社会が作り上げてきたものが崩れ落ちていく時代であり、それを打開しようとする多くの試みが挫折していった時代であったと、とりあえずは要約できる。平成史とは、多幸症的なバブル景気に始まりながらも、崩壊、挫折、失敗、縮小、危機によって特徴づけられていく苦難の三〇年間であったのだ。

だから私たちは、平成史を歴史の「ご破算」とは異なる仕方で総括する必要がある。「平成はこんな時代だった」という物言いで、過去をご破算にすべきではない。「平成」の三〇年は、一言でいえば「失敗の歴史」であり、そのどうしようもなく失敗を重ねていった私たち自身の「失敗史」を、今や時代が新たな転機を迎えようとしている現時点から総括することからこそ、未来への継続的な転換の指針を導き出していくべきなのである。

何よりも「平成」の三〇年は、世界史の大きな転換期に当たり、グローバルな歴史の奔流とナショナルな時代意識の交差局面で矛盾が拡大した時代だった。それは多くの日本人にとって、すでにあったものの喪失として経験された。この三〇年で、一時は永続するかと思われていた「戦後日本的なもの」があっけなく崩れ、失われていったのである。その崩壊を前に日本社会はもがき、見通しもなく勇ましいかけ声に翻弄され、隘路のなかでさらなる失敗が生じた。「平成」という失敗は、もちろんグローバル化や少子高齢化、情報爆発などの構造条件のなかで起きたことだが、それだけではない。その構造条件を自ら乗り越えていくことのできなかった歴史のなかに、考えるべき問いがある。危機に直面し、そのことを認識しながらも深みに嵌っていった組織や人、言葉、身ぶりを丁寧に見つめることが、「ご破算」では開かれない未来への活路を見いだす唯一の方法なのである。

†「昭和の終焉」はいつだったのか

「平成」は、もちろん「昭和」の終わりとともに始まったのだが、その「昭和」の終わりは、一九八九年一月七日に昭和天皇が実際に世を去る以前から始まっていた。というのも、一九八〇年代になると昭和天皇も八〇歳代になっていたから、いずれ「Xデー」が来ることは各方面で予測されていた。

一九八七（昭和六二）年四月二九日の天皇誕生日の祝宴中に天皇は嘔吐し、いったんは回復するものの、同年八月中旬以降は吐き気や食欲不振が続いた。侍医団による検査の結果、腸の通過障害が疑われ、九月二二日に歴代天皇の初めての開腹手術を受けた。手術は無事終了し、「慢性すい炎」（「がん」ではないとのこと）の診断結果が発表されたが、おそらく医師団はこの時点で、天皇がすでに深刻なすい臓がんを患っていることを認識していたはずだ。当時、専門家は、「一般的に、慢性すい炎で腸の狭さくが起こることは少なく、今後の検査によっては悪性のものである可能性も否定できない」（朝日新聞、一九八七年九月二三日）と語っており、天皇のすい臓がんを推測するのは難しいことではなかった。しかし、大手新聞は決してその可能性を表立っては語らず、天皇の病状や回復具合に関する記事が劇的に増えていった。その激増ぶりが、一般国民に「天皇にただならぬ事態が生じている」ことを忖度《そんたく》させていった。

もっとも雑誌メディアはより直截だった。雑誌では、「天皇死去報道」は一九八八年初頭頃から始まっていたのである。たとえば『話の特集』は、八八年二月号で「天皇が死んだ日」という特集を組み、「「Xデー」は必ずやって来る。その時、マスコミは新聞やテレビを通じて、日本中を「天皇一色」にしてしまうだろう。その後に何が起こるか。重大な『何か』が、ごく自然に発生し、戦後に築いた民主主義という、僕たちのささやかな権利は、脆くも、総て失われてしまうことになるかも知れない」と論じた。

この特集が主に扱ったのは「明治」と「大正」の終わりだが、それらが特集になるのも、「昭和の終わり」が目の前に浮上していたからだ。「昭和」はその前半の戦時体制から後半の民主主義と経済成長に振れた。「昭和の終わり」は、歴史の波動を逆方向に振れさせ、「大正」から「昭和」への転換で起きたことを再現するのではないかと危惧された。

同じく一九八八年四月に刊行された『季刊クライシス』臨時増刊号（社会評論社）も「さよならヒロヒト」という特集を組んでいる。巻頭には、加納実紀代、粉川《こがわ》哲夫、辻元清美、山崎カヲルの座談会が載っているが、冒頭、司会役の加納は率直に、「今号の企画は、すぐにも天皇が死にそうだというので、「Xデー」をどうするかということを、わりと短いスタンスで考えていた」と述べた。粉川もこれを受けて、「一九八七年九月に、天皇が手術を受けてから急速にXデーの雰囲気が盛り上がって」きたこと、なかでも「一般の新聞、雑誌、ジャーナリズムの世界でこれだけ天皇の事がとり上げられ、騒がれたのは、たしかに異例なこと」で、「「Xデー評論家」みたいなものがずいぶん登場してきた」と指摘していた。

さらに彼は、一九八七年秋からの社会の雰囲気を、「ぼくは毎年、「昭和」の抜けたカレンダーをさがしてるんだけど、いつもだったらほとんどないのに、今年はいくらでもある。なんというか、もう全体の雰囲気がXデーだという風になっちゃってる」と要約していた。座談会が行われたのは一九八七年一二月。企画はその数カ月前に考えられただろうから、「昭和の終わり」は一九八七年秋頃から現実の未来として実感され始めていたのだ。

さらに言えば、「昭和はもう終わった」という感覚を人々が共有するようになるのはもう少し前であったとも思われる。一方では、一九七九年の元号法制化、中曾根政権下での在位六〇年式典などにより、新自由主義的な体制のなかでのナショナリズムの再構築に向けた動きが加速した。一九五〇年代から七〇年代までは昭和天皇の存在感はかなり薄く、むしろ松下圭一が「大衆天皇制」と呼んだ皇太子明仁と正田《しょうだ》美智子の「ご成婚」に始まる核家族モデルとしての皇室が前面化していたが、八〇年代に入り、再び新たなナショナリズムが天皇像との新たな結合を模索していたと言えなくもない。だが、裕仁が皇太子時代から大元帥としての天皇という第一のイメージにうまく適応し、戦後は「人間天皇」としての第二のイメージにも巧みに適応してきたのに比べ、八〇年前後から浮上した新たなナショナリズムのなかでの第三の天皇像はずっと曖昧で、抽象的だった。ある意味で、この潮流においては天皇の具体的な像との結合の重要性はかつてよりも小さなものになっていた。「天皇の世紀」は、「天皇の死」よりもだいぶ前に終わっていたのである。

†昭和天皇の死と自粛騒動

もちろん、メディアが一斉に「Xデー」に向けて動き出し、それに反響して日本社会全体が異様な雰囲気に包まれていったのは、一九八八年秋以降のことである。その年の夏まで小康状態だった天皇の容体は、同年九月、再び悪化に向かい、九月一九日、大量吐血で緊急輸血、その後も数カ月、吐血と下血を繰り返した。もはや「天皇の死」が間近に迫っていることは明白だった。これはいわば、誰しもが予想できたドラマの結末が、散々にじらされた挙句にやって来たという感覚に近かった。前述のように、多くの日本人にとって

「Xデー」はすでに一九八七年秋に始まっていた。その年内にドラマは終幕に向かうかに思われたが、ぎりぎりのところで終幕には至らず、人々は待たされ続けた。遂に一年後、いよいよ最期の時がやって来ようとしていたのだ。まだ見ぬラストシーンへの人々の膨らんだ思いは出来事への過剰な反応ともなり、各地に自粛騒動を発生させていった。

それらの自粛は、神社の祭りが中止され、地域での「〇〇フェスティバル」や「〇〇まつり」といったイベントが中止になり、学校での文化祭や運動会が中止され、企業や各種組織での忘年会や新年会が中止されといったものだけに止まらなかった。テレビでは派手なバラエティ番組が自粛され、演出を地味なものにしたり、映画や旅行番組に差し替えられたりしていった。百貨店ではディスプレイが地味なものに変更され、テレビCMのなかでの「お元気ですか」「おめでとう」「生きる歓び」といった表現は、天皇とは関係ない話題でも「失礼」に当たると変更されていった。つまり自粛は、ほぼ日常生活と娯楽の全領域に及んだのだ。注目に値するのは、天皇逝去以降、テレビCMが大量に自粛され、その穴埋めに公共広告機構のCMが放送されていったが、同じパターンが六年後、一九九五年の阪神・淡路大震災でも、二〇一一年の東日本大震災でも繰り返されていることである。一九八八年秋に巻き起こった自粛騒動は、その後の平成史を通じ、大きなショックに襲われたとき、日本社会が反応していく定型的なパターンを形づくったのである。

しかし、この騒動はそうした内的心理によってのみ引き起こされたのではない。自由人権協会マスメディア小委員会は、「自粛」の要因として、①天皇に対する純粋な弔意《ちょうい》・敬慕の念、②明示的な上（官公庁ほか）からの要請、③他者（社）との横並び意識、④経済的ロスの回避（効率優先）、⑤右翼などによるトラブルの回避などが考えられるとした。

実際の要因はこれらが複合したものだが、全体として「いわゆるブームとして「自粛」が広がり、その多くが「他粛」の色合いが強かったこと」は否定できないとしている（『検証・天皇報道』法学セミナー増刊・総合特集シリーズ四四号、一九八九）。つまり、諸要因のなかでも「上からの要請」や「右翼によるトラブルの回避」、そして「横並び意識」が自粛の拡大に大きく作用したと指摘している。「Xデー」が間近であると誰しもが予想していたから、予定の行事がそれにぶつかってしまった場合、直前のキャンセルによる損害は甚大になる危険があり、リスク回避の観点から早めに「自粛」したケースも少なくなかった。

このような社会のムードの醸成に、マスコミが果たした役割は決定的だった。新聞社やテレビ局は、世間からの批判を怖れて真っ先に自社のイベントを自粛し、広告を差し替え、娯楽番組を変更して自粛ムードをリードした。彼らはこぞって「宮内庁の発表に合わせて通常番組を中断して生中継（臨時ニュース）を入れ、あるいは一面に「ご容態表」を作り、

昭和天皇逝去の際、皇居前広場で玉砂利に伏し祈る男性＝ 1989 年 1 月 7 日（共同通信）

天皇病状報道に邁進した。そして「不都合」と思われる番組は容赦なく切り捨てられていった」。タモリや明石家さんま、ビートたけしといった人気コメディアンが出演するお笑い番組の多くが中止され、その数は容態が悪化した九月二四、二五日の二日間だけでも二八本に上ったという。同時に各地の自粛の動きが報道され、「皇居前の土下座写真や記帳報道が繰り返される中で、読者・視聴者は「大変なことが起こりつつある」と思わざるを得ない状況に追い込まれていった」。実際には、皇居前の祈りの土下座にしても、「数少ない土下座をする人を各社が囲んで奪い合うように撮った挙句、象徴的写真に祭り上げたもの」（同）で、これは文字通りメディアが作り上げた疑似イベントだった。

†一九八九年の転換――戦後日本の終焉

今から振り返るなら、天皇の死を経て一九八九（平成元）年に日本で起きたことは、多くがこの国の「長い戦後」の終わりと激動の一九九〇年代への転位を予兆的に示していた。この年、大衆文化のレベルで長い戦後の終わりを象徴したのは、何といっても美空ひばりの死であった。美空は一九八七年に体調不良で緊急入院、重度の慢性肝炎を患っていたため闘病生活が始まった。同年には、やはり戦後日本にとって象徴的な存在だった石原裕次郎も他界している。その後、美空は退院し、コンサートも再開し、絶大な人気を博するものの病状の悪化は不可逆的に進み、天皇の死のちょうど数日後に遺作となる「川の流れのように」をリリース、翌月のコンサートを最後に再入院、帰らぬ人となった。

昭和天皇の死とほぼ同時期に、石原裕次郎と美空ひばりという戦後日本を代表した大スターが相次いでこの世を去ったことは、大衆文化的な戦後の終わりを象徴する出来事だった。美空の「国民的人気」は、昭和天皇のそれと微妙にずれ、また重なっていた。戦後復興期、美空は歌謡においても映画においても、この国の大衆性を一身に担うスターだった。この時期の「天才少女」としての美空の人気は、天皇や皇室よりもむしろ同時代の力道山やゴジラのような大怪獣の大衆性と連続している。そしてかつての力道山と同様、七〇年代初め、美空も暴力団との結びつきが非難され、数年間、中心舞台から排除された。しかし彼女は、七〇年代末以降、歌謡界の「女王」として復活を遂げる。この復活は、昭和天皇が再び国家の象徴的シンボルと見なされていくようになる時期とほぼ重なる。昭和天皇も美空ひばりも、日本経済がポスト成長を模索した七〇年代を経て、「ジャパン・アズ・ナンバーワン」と評された絶頂期に向かう一九八〇年代に人気を復活させたわけだ。

一九八九年には、戦後日本経済のもう一人の「天皇」もこの世を去っている。松下幸之助である。すでに一九七〇年代半ばに現役を引退していたが、その後も松下は戦後復興の象徴であり続けた。彼の死後、それまで日本の電機業界の先導役を担ってきたパナソニックはテレビへのこだわりを捨てきれずに失敗を重ね、韓国のサムソンに抜かれていく。同様に、八〇年代にはウォークマンの大ヒットを契機に破竹の勢いで世界を制覇したかに見えたソニーも九〇年代になると迷走を重ね、すっかり勢いを失っていった。やがて二一世紀に入るとサンヨーは消え、シャープは台湾資本に統合され、東芝は失策と迷走を重ねて解体に向かった。

一九八〇年代まで、日本の電機産業が強かったのは、テレビをはじめ、モノとしての「家電」を生産する技術だった。ところが九〇年代、マーケットの中心はデジタル技術とインターネットに支えられた「メディア」に変わる。そこで技術革新の中核をなすのは、もはや「電気」ではなく「情報」だった。巷では「情報社会の到来」が盛んに喧伝されていたにもかかわらず、電機業界はかなり後まで情報社会とは何かに気づかなかった。テレビと電話、パソコン、ステレオ、カメラなど、異なる製品カテゴリーだったものがボーダーレス化し、デジタル技術で統合化されていく時代。そこで必要なのは、新しいメディア社会の生活や感覚についてのスケールの大きな構想力のはずだった。しかし、テレビと家電で大成功していた電機産業は、そのような構想力を育てることができず、ただそれまでの成功体験の延長線上で技術をより精密化していくことに終始し、自滅していった。

†リクルート事件の一九八九年

ある意味で、一九八九年における昭和天皇と美空ひばり、松下幸之助といった戦後日本の国民統合と大衆文化、経済発展を象徴していた人々の死は、それまで戦後日本で支配的だったシステムの破綻を予兆させていたと言えるかもしれない。そして同じ八九年、やがて訪れる政治の破綻を予見させることになったのはリクルート事件である。同年二月、リクルート社創業者の江副浩正《えぞえひろまさ》が東京地検に逮捕され、続いてNTT初代会長の真藤恒《しんとうひさし》などの大物の逮捕があり、収賄容疑は事務次官から官房長官にまで及んだ。四月には竹下登首相がリクルート社から総額一億五〇〇〇万円を超える資金提供を受けていたことを認め、その責任で首相辞任を表明する。竹下内閣が崩壊し、その後、首相は宇野宗佑《そうすけ》、海部俊樹《かいふとしき》、宮沢喜一、細川護熙《ほそかわもりひろ》、羽田孜《はたつとむ》と続くが安定しなかった。一九五五年体制的な意味での自民党支配の体制は、竹下内閣崩壊を境に崩れ、政治は一挙に流動化していったのだ。

十数年前に政界を巻き込んだロッキード事件とは異なり、リクルート事件の特徴は、譲渡されたのが未公開株で、その譲渡対象もきわめて広かった点にある。譲渡を受けた政治家には自民党実力者のほとんどが含まれていたし、その範囲は野党にまで及んでいた。そもそもロッキード社が政府の中枢を贈賄したのは、航空機という巨大な鉄の塊を購入してもらうためであった。これに対し、リクルート社が多数の政治家に働きかけようとしていた狙いはより曖昧である。社会全体が溶解していくなかで、実体経済以上に株や金融などのマネーゲームが本格化していった。その変化のなかで、政治の基盤も少しずつ変化しつつあった。十数年を隔てて生じた二つの贈収賄事件の違いは、この社会経済システムの変化に対応していた。リクルート事件は、ロッキード事件の後裔というよりも、後のライブドアや村上ファンドをめぐる事件につながる先例と位置づけられるのである。

†仮想化する自己と他者

一九八九年に破綻し始めたのは、政治体制ばかりではなかった。私たちの現実感覚もまた、この頃から変容を遂げていく。一九八九年、多くの人々を震撼させた事件は、埼玉県で起きた宮崎勤による連続少女誘拐殺人事件であった。日本中を震撼させたこの事件が最後まで欠落させていたのは、かつて一九六〇年代末の永山則夫による連続射殺事件にははっきり刻印されていた現実感、それがどれほどみじめで嫌悪すべきものであったとしても、自己についての確たる感覚である。この不在は、一方の永山が生まれ育ったのが網走《あばしり》、そして青森県と、日本列島の最果ての地であったのに対し、宮崎が生まれ育ったのが東京の五日市《いつかいち》、近郊農村から「郊外」へと急速に変化しつつあった地域であったこととも象徴的に対応していた。永山の犯罪が、全国的な家郷喪失の流れのなかで生じたとするなら、宮崎の事件は、モータリゼーションによる広大な郊外化の流れを背景にしていた。

吉岡忍は、宮崎が殺人に至る意識の深層に迫った『M／世界の、憂鬱な先端』(吉岡二〇〇〇)で、宮崎における主体としての感覚の不在と、その彼自身が犯した殺人の凶悪性をつなぐ逆説的な回路を浮かび上がらせた。宮崎は初公判の罪状認否で、「醒めない夢を見て、その夢のなかでやったような感じがしている」と語った。殺人を自分が犯したことを否認したのではなく、そのこと自体の現実感の希薄さが語られたのだ。宮崎の事件では、次々と「幼女を殺し、切り刻み、両手首を焼いて食べたのだと、おぞましいことを告白しながら、それをやった彼自身はつるっとした表情で、被告席に立っている」ことのギャップが問われた。宮崎の事件は、当時、彼の部屋に堆積した膨大なビデオの山に驚いたマスコミが誤解したような、性的な妄想をふくらませた変質者の犯罪だったのではない。宮崎は、幼いころより身体の生々しさを神経質に嫌い、他人との肉体的接触を嫌悪していた。その彼がのめり込んでいったのは、どれも「アニメの数々、そのテーマソング、ゴジラ、ロリコン、ルービックキューブ、プロレス、テニス、クイズとパズル……」。

しかし、ビデオを収集することが、一時的には本人にどれほど官能的に感じられたとしても、そこには他者がいない。そこで近づいた現実は、捕まえようとすれば捕まえようとするほど非現実的になり、適応しようとすればするほど受動的になり、「いつか必ずからっぽになった主体、空白の自己に逢着《ほうちゃく》する。そんな自分に直面して、息を飲む」。

宮崎の場合、そのような自己の空虚を、被写体であった幼女たちの連続殺人へとジャンプさせた決定的なモメントが、祖父の死であった。宮崎にとって祖父は、周囲の世界を意味あるものとして受け入れることを可能にしてくれる唯一の支柱であった。その祖父の死によって、周囲は急速に色褪せたものになり、家族ですら「同居人」としか感じられなくなる。彼が世界を回復するには、祖父を再臨させなくてはならない。そのために、宮崎は何度も祖父の骨壺を開けてその骨を食べ、殺害した幼女の骨も食べた。それは、幼女たちの「肉物体を焼いて、食べて、おじいさんに送って蘇らせるという考え」からであった。

政治の中枢でのスキャンダルとおぞましき殺人事件という、直接的にはまったく結びつかない一九八九年に起きた二つの出来事が同時に示唆しているのは、八〇年代末を決定的な転換点として起きた現実性の変容である。この変容のなかで、私たちの社会は、「戦後」という時代のリアリティを支えてきた基盤を失っていった。ここから先、一九九〇年代の日本で起きていったことは、日常の自己から政治の大きな流れまで、この空洞化したリアリティにおいて営まれるようになる過程だった。すでに一九八九年、オウム真理教は二月に男性信者殺害事件を教団内で起こし、一一月に坂本堤《さかもとつつみ》弁護士一家殺害事件を起こしている。これらの事件をきっかけに、同教団は急速に凶悪犯罪を重ねる方向に向かい、ついには一九九五年の地下鉄サリン事件を引き起こしていくのである。

†失敗に次ぐ失敗、死屍累々

今から振り返れば、一九八九年の一年間の出来事には、それから三〇年に及ぶ平成史が兆候的に集約されている。当時、すでに何かが崩壊し始めていたのだ。人々は、それを「昭和の終焉」として受けとめていた。しかし、その「終焉」の先にどのような未来が待っているのかを予見し、そのあり得る「未来」に備え、その先の展望を開こうとはしていなかった。そもそも一九八九年は、バブル絶頂期である。株価は八九年一二月二九日に三万八九一五円という最高値をつけ、前年の自粛も何のその、企業人たちはべらぼうに能天気な未来像に浮かれていた。その意味では、八九年はまだ「昭和」の延長にあった。

昭和末期の一九八〇年代は、七〇年代のオイルショックや不況の波を「日本的経営」で乗り切った日本経済が自信を深めていた時代である。七〇年代からの米欧の経済的苦境と自分たちの未来は関係ないと思い込み、日本はさらに発展すると信じていた。すでに情報社会は到来し、グローバル化ならぬ「国際化」が進むのもわかっていたが、それらの変化と日本社会や経済の仕組みに決定的な齟齬《そご》があるとは認識されていなかった。つまり、それらの変化がどのような社会構造の根本的変化を伴うかが理解できてはいなかった。

そして実際のそれからの平成の三〇年間は、失敗に次ぐ失敗、迷走に次ぐ迷走の三〇年となった。近代化の延長線上に「ポスト近代」があるのではない。「豊かさ」に向けてまっしぐらに進んできた近代化＝経済発展のプロセスが飽和すると、社会はそこから先に進むべきヴィジョンを見失う。いくつもの複雑に分岐した価値がせめぎあい、直線的に未来が見通しにくくなった社会のなかで、組織の決定が対立する見通しの間で揺れ動く。本来ならば未来への道程が見通せなくなったときには、その未来への自らの構想力を改めて鍛え上げなければならない。それは、それまで当たり前と思われていることを問い直し、既存の安易な解決法を拒絶して、困難でも未来につながる道を選ぶ跳躍力を必要とする。これが、日本社会には存在しなかった。政府も、企業も、人々も、なかなか八〇年代の楽観気分から抜け出すことができず、やがて「改革」の華々しい声に翻弄されていった。「平成」が「昭和」の連続ではなく、断絶であるのを見せつけたのは、誰か個人というよりも市場の力だった。株価は一九八九年一二月末を頂点に、九〇年代に入ると急降下を始めた。地価も九一年頃から下落に転じる。株価や地価が下がり続けるなかで、企業の不良債権は膨大なものとなり、負債を処理しきれず財務基盤が脆弱なところから潰れ始めた。

バブル期には多くの企業が、本業以上に「財テク」に走り、大規模な海外投資に向かっていた。そしてやがて、華々しく攻勢をかけていた企業ほど、それが裏目に出て損失が巨大化し、倒産を余儀なくされた。一九九七年一一月の北海道拓殖《たくしょく》銀行と山一証券の経営破綻により、八〇年代日本の「失敗」の大きさが露わとなる。八〇年代の浮かれ気分のなかで延びきった海外進出の前線は、補給庫を失ってずたずたになり、やがて撤退を余儀なくされていった。日本人は最初からグローバル化に消極的だったのではない。むしろ八〇年代から九〇年代にかけて、中長期的な見通しもないまま我先にとグローバル化の波に乗ろうとしたがバブル崩壊でこれに失敗し、やがてすっかり萎縮してしまったのだ。

†もうひとつの平成史？

あれから三〇年――。天皇の生前退位により「平成」が終わる。「平成」が一九八九年から二〇一〇年代までの三〇年間である限り、日本にとってこの三〇年は「失われた三〇年」であったと結論するしかない。だが、同時にこうは考えられないだろうか。仮にもしこの生前退位がもっと早くに制度化されていたなら、「昭和」は実際よりも多少早くに始まり、実際よりもずっと早くに終わっていたのではないか。「昭和」が実際よりも「多少早くに始まっていた」としても、歴史の理解は大きくは変化しない。昭和天皇が病気がちの大正天皇の摂政となるのは一九二一年だから、この時点で大正天皇の生前退位もあり得たかもしれない。その場合、「昭和」は一九二一年に始まっていたことになる。

仮に「昭和」が一九二一年に始まっていても、その後の歴史に大きな影響は与えなかったろうが、「昭和」が実際よりもずっと早くに終わっていたら、その影響は非常に大きなものになっていたはずだ。昭和天皇が、「実際よりもずっと早く」に生前退位すべきタイミングは、間違いなく存在したのだ。言うまでもなく一九四五年のアジア太平洋戦争における日本の敗戦直後である。

当時、昭和天皇の戦争責任はあまりにも明白であり、本人もそのことを自覚していたし、世界中がそう考えていた。もちろん、日本人のなかですらそう考えていた人は少なくなかったのだから、「生前退位」の選択肢があったなら、諸外国の世論はそれを当然のこととして受け入れたはずだ。またそれは、日本社会にとっても一定の「けじめ」となったはずだった。そして「昭和」は、一九二一年に始まり、一九四〇年代後半に終わっていたことになる。そうならなかったのは、「生前退位」を持ち出すと、天皇制そのものの廃絶に議論が発展しかねないと危惧した日本の政治エリートたちの思惑と、占領政策遂行のために昭和天皇の存在は大いに利用価値があると考えた占領軍司令部の思惑が一致したからで、「昭和」の継続は政治的な駆け引きの結果であった。

しかしもし、「昭和」が一九四〇年代後半で終わり、「平成」（仮にその新元号だったとして）がそこから始まっていたら、「平成」は、四〇年代後半から二〇一〇年代までの七〇年以上の長い期間だったことになる。その七〇年間は、日本社会が復興と高度成長に向かった最初の四半世紀、安定的な平和と豊かさを謳歌した第二の約二〇年、そして経済の停滞と改革努力、失敗が続いた最後の約三〇年の三期に分けられるはずだ。復興と成長から安定と狂奔、そして失墜と新たな危機へというサイクルを「平成」という時代は描いたことになる。そのサイクルはいよいよ一周し、今、一時代が終わろうとしていることになるわけだ。このサイクルにおいて、私たちが救うべきかけがえのないものとは何か。

平成天皇が、本人の信念として、皇太子時代から戦後日本の民主主義と平和を希求し続けたことに疑いの余地はない。平成の三〇年間、天皇と皇后は、沖縄から硫黄島《いおうとう》、パラオまで、戦没者慰霊の旅をただならぬ決意をもって重ねてきた。その慰霊の相手は、日本人兵士だけでなく徴用された朝鮮人兵士、相手国兵士、さらにはハンセン病患者や水俣《みなまた》病患者、震災の被害者にも及んだ。彼らは昭和天皇ができなかったか、あるいはしようとしなかった死者への祈りと弔いを、一身に背負おうとしてきたようだ。その決意は、一九七五年、皇太子として復帰直後の沖縄を初めて訪問した際、過激派から火炎瓶を投げつけられた経験によっても強められたであろう。失われた者たちへの鎮魂は、一時の行為や言葉で贖《あがな》えるものではなく、一人ひとりが長い年月をかけて戦地（や被災地）に思いを寄せ続けていくことによってでしかないという自身の言葉を、天皇になってからも誠実に実行し続けた。その持続に深い敬意を払う人々は、政治的立場や国境を越えて広がった。

今回、退位の意向を決して歓迎しない安倍政権が、結局は天皇の意向に従った決着にせざるを得なかったのも、天皇と皇后のこの三〇年間の挑戦への国民的共感があったからこそであろう。天皇と皇后は、「御成婚」によって戦後の大衆民主主義のシンボルとなったという以上に、あり得たかもしれない「平成の七〇年」を通じ、戦後日本の平和主義と民主主義に果敢にコミットしてきた。「平成」は、それが元号である限りにおいて、やはり天皇の人生とどこかで結びついている。そして、政治経済的な文脈では「失敗」としてしか見えない歴史は、逆に天皇の人生との関係では「希望」を含んだものに見えてくる。天皇は、その言葉が文字通り示す「平和に成ること」に人生を賭けたのだし、この国の国民が、いかなる国際情勢でもそのことにこだわり続けることを期待したのである。

さらに詳しく知るための参考文献

アジア民衆法廷準備会編『海外紙誌に見る天皇報道』1〜3巻（凱風社、一九八九）……昭和天皇の死を、海外の新聞・雑誌がどう報じたのかを総覧する。国内的な視線に閉じこもりがちな日本の報道を海外からの目で相対化させている。

『検証・天皇報道』法学セミナー増刊・総合特集シリーズ四四（日本評論社、一九八九）……「昭和の終わり」の天皇報道を、日本のマスコミの問題点を浮かび上がらせる形で総合的に検証した。メディアへの批判的検証として冷静な総括といえる。

栗原彬ほか編『記録・天皇の死』（筑摩書房、一九九二）……筆者らの皇居前広場でのインタビュー調査をはじめ、沖縄や海外からの視点を多角的に組み合わせ、一九八八年から八九年にかけての日本に何が起きたのかを活写した。

吉岡忍『M／世界の、憂鬱な先端』（文藝春秋、二〇〇〇／文春文庫、二〇〇三）……一九八九年に起きた宮崎勤による連続幼女誘拐殺人事件を加害者側の詳細なルポルタージュを通じて考察し、その底にあったリアリティの空虚化を鋭く捉えた。

中野正志『女性天皇論――象徴天皇制とニッポンの未来』（朝日選書、二〇〇四）……「お世継ぎ」問題をきっかけに一九九〇年代に盛んに論じられた「女性天皇」について歴史的に論じ、象徴天皇制の矛盾をつぶさに検証した。

吉見俊哉『ポスト戦後社会』シリーズ日本近現代史⑨（岩波新書、二〇〇九）……一九七〇年前後を戦後日本の屈曲点とし、九〇年代までの日本社会の変容を分析した。その結果、九〇年代に戦後の何が終わっていったのかが明らかとなる。

苅谷剛彦ほか編『バブル崩壊――1990年代』ひとびとの精神史　第八巻（岩波書店、二〇一六）……鶴見俊輔が戦後、思想の科学研究会で進めた「ひとびとの哲学」を受け継ぎ、戦後の精神史を「ひとびと」のレベルから考えたシリーズの九〇年代編。

吉田裕・瀬畑源・河西秀哉編『平成の天皇制とは何か――制度と個人のはざまで』（岩波書店、二〇一七）……明仁天皇・美智子皇后が果たしてきた役割や実践をたどり直すことから、戦後の象徴天皇制の制度的成り立ちと実態を総合的に検証している。

第2講　「改革」の帰結

野中尚人

平成という時代の日本政治は、まさに政治改革をメインテーマとして動いてきた。その政治改革はなぜ必要とされ、また何を目指してどのように進めようとしたのであろうか。そしていかなる成果を生み、またどのような困難と限界に直面してきたのだろうか。

†戦後長期政権の理由とその変化

平成の政治改革が昭和政治からの屈折だとすると、そもそも戦後の昭和という時代に築かれた政治の仕組みとはどのようなものだったのだろうか。一般に、それは「五五年体制」と呼ばれている。一九五五（昭和三〇）年に保守政党の合同によって誕生した自民党が、その後、ちょうど平成に入る頃までの四〇年近くにわたって安定した政権を維持することに成功したからである。

この五五年体制が、これほどまでの長期安定政権になった理由は何だったのだろうか。まずは以下の三点が挙げられる。第一に、安定しかつ日本にとって負担の少ない国際環境が維持されたことである。よく言われるように、軽武装で経済復興・発展を重視する吉田路線は政治的に選び取ったものであるが、それを可能にした環境の意味もまた大きかった。

二つ目の要因は、長期間にわたって経済成長が実現し、政府の財政基盤が相当に強固だったことである。一九七〇年代以降は、オイルショックやスタグフレーションといった世界的な経済情勢の影響を受け、財政再建の必要性があったのも事実であるが、総じて言えば、自民党政府は潤沢な財政資源に恵まれていたと言える。自民党長期政権は一党優位体制とも呼ばれているが、それは基本的にこの財政資金の散布によって成り立っていた面が強い。

長期政権を支えた三番目の要因は、組織的にも機能的にも確立された官僚機構の存在である。選挙で選ばれる政治家や政党の正統性を重んじる民主主義原理が次第に定着していく中で、戦後の自民党政権でも政官の間には不協和音がそれなりにあった。しかし、他国との比較で見れば、エリート官僚を自民党がリクルート源としたことなどもあって、両者はかなり早い段階で折り合えるような体制を構築したと言える。

つまり、規範的な評価の問題を取りあえず別にすれば、この自民党長期政権は、国際環境をうまく利用し、民間や経済界の果実にも恵まれ、そして政治と行政をすり合わせた政府機構を巧みに構築することに成功したと評価できる。しかし、これらの基本的な条件は、ちょうど昭和が終わり平成が始まるころには全てが崩れ始めていた。冷戦が終わりに向かう前後からアメリカとの間の経済摩擦は激しくなり、しばらくするとバブル経済の崩壊とともに厳しい経済状況に追い込まれた。社会的にも少子高齢化が急速に進み始めた。また、一九八八年に露見したリクルート・スキャンダルや、その他の相次ぐ官僚の不祥事を受けて、政治改革、そして政治主導というスローガンが前面に出るようになっていった。期せずして、昭和の終わりは戦後政治の構造的とも言える欠陥が噴出した時期でもあり、そうした延長線上で一九九〇年代の中頃から明らかとなるグローバル化、新しいテクノロジー進化の動きに突き動かされていくことにもなる。

†五五年体制の特徴

それでは、政治の仕組みそのものとして見た場合、五五年体制にはどのような特質があったのだろうか。それは、ボトムアップ・現場主義の重視とそれを基礎とした権力の分散・共有構造である。そして同時に、物事をどのように改革し刷新するのかといった面から見れば改革・刷新の拒絶、すなわち「ガラパゴス化」ではないだろうか。

まずボトムアップは、自民党内部の政策決定の仕組みと、それに深く連動した年功昇進型の人事システムの構築に顕著に表れた。政務調査会（政調会）を舞台とした族議員政治と呼ばれていたが、多段階のプロセスを慎重にたどって合意を形成することが重視されていた。そして、部会長などのポストに就いた中堅議員には、そうしたボトムアップ・プロセスの中で一定の影響力を与えられていた。つまりこのボトムアップ・パターンは、年功序列型の人事による平等的なポスト配分を基礎として成長し、実際の政策形成のプロセスとして用いられていたのである。

しかも、こうした党内の政策決定システムは、選挙区での個々の議員の「利益誘導」活動と極めて密接に結びついていた。選挙での徹底した現場主義を背景としていたのである。自民党政治は、選挙競争が党内のボトムアップ型の政策決定の仕組みに媒介されながら、政府の財政資源を幅広く配分することによって展開されるシステムだったのである。当然、それはトップのリーダーシップを阻害するものであったが、実に強力なボトムアップの仕組みであり、ある意味で、極めて堅固な「民主的」仕組みでもあった。逆に言えば、自民党の選挙での強さはこうした独特の仕組みに支えられていたのである。

五五年体制のもう一つの特徴は、全体としての権力の分散と共有の構造である。これには、前述のボトムアップの仕組みに加えていくつかの側面がある。最も重要なものは、自民党議員と官僚（機構）との間の共棲関係である。自民党の政調会内部でのボトムアップ型の政策プロセスは、官僚たちが全面的に参加し協力する体制を採っていた。政官の融合体制といってもよいレベルで、省庁の各部局と族議員グループとが協力関係を構築し、さらにその外側には関連の業界団体が連なる形となっていた。省庁の縦割りと族議員集団、そして業界団体にわたる縦割りの権力分割であったが、それが全体として自民党政権の枠組みの中で共存していたと見てよい。

他方、周知のように、自民党は派閥連合政党であり、これが党権力ひいては政権全体の権力の分散構造の骨格となっていた。派閥システムは、結党当初からの成り行きという面もあるが、その後いかに構造化されたのかを考える上では、中選挙区制という選挙の仕組みがもたらした影響は決定的である。中選挙区制とは、一つの選挙区から三〜五人の議員を選出する仕組みである。この選挙制度の下では、自民党が衆議院の過半数を制して政権を維持するためには、同一選挙区に複数の候補を擁立することが大前提となる。つまりは同士討ち選挙であり、派閥システムはそれと連動して制度化され継続してきたのである。それぞれの候補者・議員が、自民党という政党を前面に出すのではなく、個別の利益誘導を競ったのは、まさにそれこそが生き残り戦略としての基本だったからである。そしてこうした「一国一城の主《あるじ》」然とした議員たちが、派閥という権力集団に束ねられていた。自民党の全体としての権力構造は分散し、派閥間の競合が大きな意味を持っていたのである。

しかし、派閥間の権力分散と競合は、時間の経過とともに権力を共有する側面を強めた。池田勇人《はやと》（四年強）や佐藤栄作（七年半ほど）は一定の期間にわたった政権の維持に成功したが、その後はほぼ二年で首相が交替することが多くなった。これには、個々の派閥を養った首相候補者の間の競合が熾烈だったことも影響しているが、他方で、そもそも自民党総裁の任期（事実上の首相の任期）が最長でも四年程度までに制限されるようになったことに強く枠づけられていた。党の総裁任期が最長でもわずか四年、しかも二年で選挙を行う仕組みということは、相当頻繁に首相を交代させて権力を回り持ちさせることを想定していたと見るべきであろう。これは当然、他の主要国の多くとは全く異なった発想である。

結局自民党は、縦にも横にも権力を分散させ、ボトムアップでの合意調達にウェートを置き、場合によっては重要なポストを回り持ちすることを通じて、権力の集中体制を回避してきたことがわかる。また、官僚との共存体制で彼らに大いに依存する仕組みを構築した。さらに言えば、国会の仕組みにも野党との共存の様子が見える。当然、最後は自民党の多数決による決定が留保されていたが、与野党間の交渉のルールは意外なほどに野党の意見を尊重する面を持っていた。長期政権は、逆説的ながら、官僚や野党さえも巻き込んだ権力共有を内包した仕組みによって可能になっていたのである（野中尚人『自民党政治の終わり』ちくま新書、二〇〇八）。

†平成の政治改革

こうした五五年体制の全体としての特徴は、戦後の政治の中で次第に形成されたものである。そしてそれらは、意図的な制度形成の産物というよりは、個々の局面での自然な成り行きとその積み重ねによって構築されてきた面が強い。しかし、気がついてみると、政権交代が皆無という中で、政官の癒着とも言うべき状態や国会の極端な変則性などが生じてきた。つまり、ヨーロッパの議院内閣制諸国と比較するならば、ほとんど大海に孤絶したような特殊なあり様になったのである。私はこれを「ガラパゴス化」と表現している。戦後の内外の環境への一種の過剰適応という風にも言えるであろう（野中尚人『さらばガラパゴス政治』日本経済新聞出版社、二〇一三）。

そうであるならば、当然、環境の変化は新しい政治への刷新を求めることになる。昭和という時代の最後、一九八〇年代の終わりころから、こうしたことは様々な点で噴出し始めていた。そしてその時のスローガンは、ほぼ必然的に五五年体制の裏返しという意味合いを帯びることになった。官僚ではなく政治家と政党が本来の役割を果たすこと、そしてその中心として首相と官邸がリーダーシップを採るべきだ、という議論がこうして生まれてきた。そして、平成の三〇年間にわたってそれは続けられた。成功と失敗を織り交ぜながらである（以下、平成の政治史については、清水真人『平成デモクラシー史』ちくま新書、二〇一八、薬師寺克行『現代日本政治史』有斐閣、二〇一四などを参照）。

†自民党の分裂・下野から選挙制度改革へ

平成の政治改革の最初の大きな試みは、一九八八年のリクルート・スキャンダルが発端となった選挙制度の改革であった。この事件では、ほとんどすべての自民党の有力政治家、そして一部の野党の有力議員までが連座していたことが明らかとなり、業界の利権と（裏の）政治資金との止め処《ど》ない広がりを示していた。このスキャンダルをきっかけとして、全面的とも言える利益誘導政治、派閥政治、族議員の暗躍など、政治の不透明さやリーダーシップの欠如などが深刻な問題として認知されるようになった。そしてそれは、根底にある選挙制度の問題を焦点とするようになっていった。

他方で、自民党内、特にその最大勢力として圧倒的な影響力を誇ってきた経世会《けいせいかい》での内部抗争が表面化し、それが党としての分裂へと展開する。つまり、政治の基本制度とも言うべき選挙制度のあり方をめぐる論争が、実際の権力闘争と密接に絡み合いながら進行したのである。結局、この問題は自民党の分裂と下野、細川護煕首相率いる非自民連立政権の誕生によって決着を見た。つまりは五五年体制に一旦終止符が打たれることによってこの政治改革の第一歩が実現したのである（佐々木毅編著『政治改革1800日の真実』講談社、一九九九）。

政治改革関連法案をめぐって開かれた、連立与党と自民党のトップ会談。左から森喜朗自民党幹事長、河野洋平自民党総裁、細川護煕首相、小沢一郎新生党代表幹事＝1994 年 1 月 29 日（共同通信）

確かに、中選挙区制の下で構築された自民党の選挙基盤は極めて強固で、選挙制度の変更が即座に全てを変えたわけではない。しかし、それから四半世紀を経た現在、この小選挙区制と比例代表制とを組み合わせた新しい選挙制度が、派閥の衰退と党中央執行部の権力の強化、さらには官邸への権力集中という全く新しい政治のロジックをもたらしたことは否定できないだろう。

†官僚バッシングと政官関係の変容

政治主導の大きなうねりは、ある意味当然の帰結として、政官関係の見直しへと進んでいった。さすがに戦後初期に目立った官僚主導という見立ては既に下火になっていたにしても、依然として官僚依存の体質が抜けず、同時にそもそも政官の過度の癒着が腐敗の根本原因だとの批判が根強かったからである。また、省庁の縦割り割拠こそが日本の国益を阻害する構造要因だという議論も展開された。

多くの省庁がスキャンダルに見舞われ、特に役所中の役所と目されてきた旧大蔵省がバブル崩壊への対処の失敗や九〇年代後半に続発する金融危機への対応をめぐって混乱する中で、全体としての官僚バッシングが広がっていた。九〇年代の末に、当時の橋本龍太郎首相を議長とする行政改革会議が立ち上がり、それまでの常識を覆すほどの大きな改革案の取りまとめに到達したことは、昭和時代の政官融合体制の基礎がもはや大きく崩れていたことを物語っていた（行政改革会議「最終報告」一九九八年一二月三日。https://www.kantei.go.jp/jp/gyokaku/report-final/）。一府一二省庁体制への大幅な組織再編、首相ならびに内閣を補佐するための内閣官房の強化と内閣府の新設、独立行政法人制度の導入などが実現の運びとなった。

実は、後に二〇一四（平成二六）年の国家公務員制度の抜本改革に至る幹部公務員の人事システムの改革も、この橋本行革の際にスタートしていた。内閣官房長官の下に設置された「閣議人事検討会議」がそれである。これによって、幹部官僚の人事権は次第に官邸に掌握されるようになり、それが二〇一四年の国家公務員法の抜本改正で決定的な段階へと至ったのである。

†国会改革から小泉政権、民主党政権へ

他方、一九九八年七月の参議院選挙での大敗で自民党政権が再び深刻な危機に陥る中で、次の政治改革として浮上したのは国会改革であった。自民党を補完する連立政権を組むことに同意した小沢一郎の発案であった。官僚が国会の審議で大きな役割を果たす原因となっていた政府委員制度を廃止するとともに、政務次官職に替えて副大臣や政務官を置くことによって、国会の活性化と政治家のより積極的な取り組みを求めるものであった。これらは一定のインパクトを持ったと見てもよい。しかし、自民党が公明党との連立に乗り換えて再び政権の安定化に成功すると、こうした国会改革の機運は急速にしぼんでいった。

次の政治改革は、いわば「小泉革命」である（竹中治堅『首相支配』中公新書、二〇〇六）。小泉純一郎は、伝統的な自民党政治での中核だった経世会の支配体制を打破した。その手法は、党内力学よりも国民の支持を重視し、新設の経済財政諮問会議を活用して政調部会を中心とする党機関に対抗し、そして最後は衆議院の解散権とそれに引き続く総選挙での公認権限を最大限に活用するという戦術だった。道路公団改革の中途半端な結末など、必ずしも意図した成果が挙げられない改革もあったが、少なくとも郵政事業の民営化に関し

ては一定の結論を得た。小泉改革には、小泉自身の個人的なリーダーシップに加えて、一九九〇年代以来の選挙制度や橋本行革などでの政府機構改革の成果を巧みに用いた面もあった（前掲『自民党政治の終わり』）。

しかし自民党にとっては、新自由主義的な側面を持った小泉の改革イニシアティヴは両刃の剣でもあり、党内には亀裂が生じ、「改革疲れ」とも言うべきムードが生まれていた。そしてその裏側では、民主党という対抗政党が大きな政治改革のプログラムを掲げて勢力を拡大していた。こうして迎えた二〇〇九年八月の総選挙は、戦後日本政治において初めて、本格的な政権交代をもたらすものとなった。これまで一貫して第一党の地位を維持して来た自民党に代わって、民主党が衆議員総議席の三分の二に迫る圧倒的な勝利を収めた結果であった。

民主党は、政治制度・構造に関する包括的な改革の提案を掲げる一方、予算配分についても公共工事中心から脱却して「ひと」への投資を優先するという方針を打ちだした。言い換えれば、五五年体制と呼ばれた政治システムを政策・統治構造の両面から急速かつ徹底的に打破することを目標に掲げたのである。

しかし、民主党政権によるこうした改革提案は、結局、ほとんど頓挫することとなった。その失敗の原因として、党自体の統合力の弱さとリーダーの判断力の問題、政権運営のノウハウの欠如、官僚との不用意な対立といった民主党自身の問題に加えて、リーマン・ショック後の国際的な経済環境の厳しさ、中国や韓国でのナショナリズムの高まりなど、さまざまな逆風に見舞われていたのも事実である。行き過ぎた官僚の排除や、政府・与党二元体制を打破するための与党事前審査体制の廃止などは、その意図としては理解できる面を持ってはいたが、現実の政治状況の中ではほとんど絶望的な困難をもたらすだけに終わってしまったのである。そして、特に二〇一〇年七月の参議院選挙の結果、衆議院と参議院の多数派が異なる状態、いわば「ねじれ」の状態に陥って以降は、民主党政権は主導権を完全に失ってしまった。結局、与野党間の駆け引きと話し合い、民主党内部の対立問題だけが異様なほどに目立つ状況へと陥ってしまった。

†自民党の政権復帰と「安倍一強」体制

二〇一二年一二月の総選挙は、与党民主党とそれから分離した日本未来の党が大敗する一方で、日本維新の会、みんなの党が勢力を拡大した。しかし、自民党の復調は何と言っても劇的であった。この後、翌二〇一三年の参議院選挙での勝利を経て、国会での自民党の優位は万全のものとなっていった。

こうして、ポスト小泉時代には不安定だった自民党政権は、二重の意味で安定し強固となった。一つは政党間の力関係が自民党の一強状態になったことである。連立を組む公明党の支援を上乗せすると、自民党の選挙での強さは群を抜いた状況となった。政権安定のもう一つの側面は、自民党内部の「バラバラ状態」の克服であった。第一次の安倍、福田、麻生と続いた三代の政権がちょうど一年ずつでみじめな退陣を強いられたことに比べると、第二次安倍政権の党内基盤は驚くほどの安定性を獲得していた。恐らく、内部分裂のような状態で下野したという経験を踏まえて、党内秩序を優先する考え方が強まったことも作用していた。同時に、小選挙区制を軸とした選挙制度のロジックが浸透し、それが小泉郵政選挙の経験を通して総裁と執行部の主導権を強めたことも明らかであろう。他方、分裂して劇的に弱体化した野党との力関係は、その後自民党の圧倒的優位のままに推移した。これが「安倍一強」の外形的な姿である。

　復権した第二次安倍内閣は、デフレからの脱却を目指したいわゆる「アベノミクス」を打ち出しながら、他方でナショナリズムを重視する「右寄り」の政策や方向性を強めていった。経済面では、異次元の金融緩和、機動的な財政政策、成長戦略を三本の矢と名づけ、当初は株価の大幅な上昇を実現することに成功した。他方で、右寄りのイデオロギー色の強さが国民の間に賛否両論を巻き起こした面もある。特定秘密保護法や集団的自衛権をめぐる解釈変更をともなう安全保障法制の大改革、そして九条を軸に据えた憲法改正への意欲を隠さないことなどが大きな特徴といってよい。

安倍政権では、政治手法の面でも重大な変化が見られた。安倍晋三首相と官邸の威光はかつてなく強まり、ほとんど全ての重要政策は、官邸に設置される経済財政諮問会議を筆頭とするいわゆる政策会議によってその骨格が形作られるようになった。官僚たちは、内閣官房や内閣府、あるいはこうしたアドホックな会議体へと呼び集められ、そして官邸の指示に従いながら政策策定に参加するパターンが目に見えて多くなった。ルーティン的な業務が官僚組織によって担われることに変わりはないとしても、全体としては大きな構造変化が生じてきたのである。官邸周辺の政策会議群が急激に膨張し、政策のイニシアティヴがここに大きく傾いてきたわけで、与党政調と族議員の影響力が決定的に低下してきたことも、同じ文脈で理解することができる（野中尚人・青木遥『政策会議と討論なき国会』朝日選書、二〇一六）。

しかし、平成の時代が終わりに近くなるにつれて、その政治手法に様々なほころびが見え隠れし始めた。少子高齢化に対する出生率向上政策、地方創生、女性が輝く社会、など、打ち出した様々なスローガンはその多くが成果を生まないままに次の新しいスローガンへと目先を変えるかのごとく移ろってきた。アベノミクス全体の成否も次第に怪しくなってきたと言ってよいだろう。

†大転換期の平成の政治

振り返ってみると、三〇年間の平成の時代には少なくとも二往復の政権交代があった。また、いくつかのパターンがあったものの、連立政権がほぼ恒常的な姿となった。これらの二つは基本的な変化の方向を示している。他方で、小泉内閣や第二次以降の安倍内閣のように比較的安定した政権があった一方で、首相がわずか一年で次々と交代することもあった。特に、二〇〇六年の第一次安倍内閣から民主党の野田佳彦《よしひこ》首相の辞任まで、六年余りの間に合計六名の首相が次々とほぼ一年ごとに交代してきた。全体としての変化のトレンドと、その上での安定と不安定とのまだら模様は、どのように説明できるだろうか。焦点になるのは、選挙制度改革と政党システムの変化、国会の変則性とその改革の難しさ、そして執政改革の意味とその課題である。

†選挙制度改革と政権交代ロジック

大きく捉えれば、自民党だけが政権を独占し維持する体制でなくなったことは、やはり選挙制度の変更による部分が大きい。大きな意味での国民の選択が重要な役割を果たすようになったことを示している。

以前の中選挙区制は、自民党の内部に派閥構造を生む一方で、野党勢力の間では複数政党の体制を固定化する傾向を強く持っていたが、新しい選挙制度のロジックはこれとは大きく異なる。小選挙区部分では二大政党化への傾向、つまり与野党がそれぞれの陣営で一つの塊を構築するという誘因を与える一方で、比例代表部分は小政党や新しい政党の活動を許容する面がある。これらの二つの要素が組み合わされているが、大きく見れば前者の要素、つまりは陣営の大同団結を促す効果が大きいと言える。

民主党はこうしたロジックにうまく応答して政権交代にこぎつけた。しかしその後は、非自民勢力が分裂状態に終始する一方で、自民党が公明党との協力態勢を安定させて圧倒的な成功を収めるという展開になった。つまり、政権交代のロジックが潜在する中で、それに巧みに応答することが政党政治の趨勢を左右するようになったのである。これが第一のポイントであろう。

†二院制・「強い参議院」と連立政権

しかし、それだけでは事態の推移を説明することはできない。ここで考慮すべきことは国会の問題であり、まずは二院制のあり方、つまりは参議院の影響力をどう見るかである。実は、いわゆる「ねじれ」状態は、平成の時代とともに始まっている。一九八九年の参議院選挙で自民党が大敗を喫し、参議院での多数を失ったことがその始まりと見てよい。この時は野党側にはまとまりがなく、当時自民党幹事長だった小沢一郎による野党勢力の取り込み工作が一定の効果を発揮した。それによって、後の時期のねじれのような危機的な状態に陥ることなく政権は運営されたのである。しかしその後の経過をたどると、自民党が再び参議院での単独過半数を回復するには二〇一六年まで待たねばならない。つまり、平成時代のほとんどの期間にわたって、自民党は参議院での単独過半数を失ったままだったのである。その結果、連立政権か、そこまで行かないまでも何らかの補完的な閣外協力といった対応が避けられなかったのである。そして、様々な連立ゲームを経て、一九九九年以降は公明党との連立が自民党の基本戦略となっていった。

ねじれ問題の深刻さは、本格的なねじれに陥った場合、予算を除けば、通常の全ての法案が成立しなくなる恐れがある点にある。確かに、憲法五九条には衆議院の優越事項として、三分の二の再議決によって参議院の反対を乗り越える手続きがある。しかし実態としては、会期制度の縛りや与野党間での交渉慣行などのためにこうした「強い」手段を用いることは相当に難しい。結局、通常法案については、参議院がほとんど拒否権を握っているのに近い状況になる。

さらに大きな問題は、一九九〇年前後の数年を除いて、日本の財政状況が恒常的にかつ大幅な赤字だという点である。この結果、税収で政府支出を賄えず、それを補塡するためにに「特例公債法」というものを毎年制定する必要があった。ところが、この特例公債法は「法律」であり、「予算」ではない。この区別の仕方も実は日本に特有な仕組みに近いが、とにかく、これの意味することは極めて深刻である。つまりは、衆議院の多数派によって支えられた政府は、予算を決定することができても、ねじれの下ではそれを執行するための財源を確保することができないのである。結局、参議院の多数派は政府を麻痺させる権能を実態的に持っているということになる。これこそがねじれ問題のもたらす政治的な不安定さの根幹にあったのである。

†「野党国会」と難しい改革

こうして見ると、「ねじれ」た場合の対処の仕組みについて、なぜここまで放置されてきたのかという疑問が生じる。ほとんど完全に機能しない両院協議会という制度が最もわかりやすい例であるが、ほとんど何の改革も行われていない。こうした不作為の理由は、政権交代がない中で自民党が衆参両院での多数議席を安定的に確保し、実質的に一院制的な国会運営を行うことが可能だったからである。そして実際、そのための様々な仕組みを確立させてきた。言い換えれば、一党優位型の五五年体制がもたらした特殊な国会システムの固定化だったのである。

しかし、こと国会に関して言えば、問題は機能しない二院間関係という面にとどまらず、非常に広範かつ深刻である。与野党の国会対策委員会が密室で行う国対政治による日程闘争、審議の形骸化、首相や閣僚の必要以上の拘束など、比較的よく知られている問題だけでなく、与党議員の極端な不活発さや他国とは比較にならないほどの本会議の弱体化、また委員会システムの根本的な変質など、およそ信じられないほどの変則的な国会となっている。ごく基礎的な数字だけを挙げても、本会議の開催時間は年間で七〇時間程度に過ぎず、イギリスやフランスなどと比べれば一五分の一から二〇分の一の水準である。他方で、自民党議員の一人当たりの委員会での発言量は、例えば共産党議員などと比べれば三%から五%という絶望的な低水準である(前掲『政策会議と討論なき国会』)。

このような、極端なまでの変則性がなぜ生じてきたのかについて、ここで詳細に論じることはできない。しかし重要なことは、こうした国会の仕組みは、戦後政治の不可分のパーツとして五五年体制の柱として形成されたものだったという点にある。その根幹にあるのは、与党である自民党が五五年体制の確立とともに実質的に国会という舞台から「退出」し、その代わりにいわゆる与党での事前審査制度を構築し、ひたすらそれに依存してきたということである。自民党の政調部会を舞台とした族議員政治である。

与党が退出した後に残った国会では、当然の結果として野党の活動が大きな比重を占めることとなった。スキャンダル追及に血道を上げているという否定的な評価の一方で、つまりは野党が政権の政治姿勢をチェックし、安全保障問題などに限られていたとはいえ、政策課題をめぐる論争を通じて国民に争点を示す機能を一定程度果たしていたということができる。全体として言えば、「国会は野党のためにある」という姿に近づいたのである。

肝心なことは、事実上野党だけ活発に活動する国会システムは、五五年体制が確立されてくる過程で与野党が合意する形で形成されたということである。与党は事前審査で実質の中身を取り、野党は国会のプロセスでそれをチェックしながら一定の「名」を取る。国会の仕組みは当然に極めて変則的となり、相当な形骸化も免れられない。しかし、これらの仕組みは与野党が過去の慣行・前例をベースとしながら、政権交代のない五五年体制に適合したものとして築いてきたものなのである。言い換えれば、それは与野党という立場が決して入れ替わらないということを前提としながら、与党であった自民党が野党との一定の共存の仕組みとして構築したものでもあった。これこそが、国会改革の難しさの根底にある問題である。それ故、全体としての政治状況が仮に政権交代の可能性を含むものへと変化したとしても、それに見合った改革と修正は容易には実行できなかったのである。

†官邸主導スキームの形成と「執政体制」の混乱

他方で、首相のリーダーシップの強化や官邸主導体制の構築という面では相当な進展があった。五五年体制では、個々の議員が自律的な選挙基盤を持ち、権力分散の派閥システムがあり、事前審査制度によって堅固な影響力を構築した与党が、政府の政策決定に対して半ば拒否権を持つような存在となっていた。この状態は政府と与党との二元体制と呼ばれていたが、つまりは首相や官邸のトップ・リーダーシップを犠牲にした「強い与党」による分権体制だったのである。

しかし強力だった与党も、今や完全に官邸の指揮下に入った。政調による事前審査を骨抜きにし、人事権を梃とした官邸の主導権は揺るぎないものとなった。少なくとも、「選挙の顔」として首相が機能する限り、官邸に挑戦することは格段に難しくなったと見てよいだろう。政策形成の面でも、政調会や族議員にはかつてのような影響力はなく、官邸が主導する形で運営される政策会議システムが決定的に重要となってきた。

首相・官邸を中心とする政治主導の強化は、政府内部の官僚への統制の強化という面でも進められた。森友・加計《かけ》両学園の問題をめぐる異常なほどの「忖度」現象は、良くも悪くもその証左である。二〇一四年の国家公務員法の大改正によって公務員の人事制度は全体として大きく変化したが、その一つの柱は幹部職員に対する官邸の人事権強化であり、それは内閣人事局の設置に集約されることになった。今や全ての幹部職員が官邸の意向を注視しているとも言われるほどである。当然、民主的に選出された政治指導者の統率力が強まることは政権を運営する上で必要なことでもある。しかし他方で、公正さや専門技術性、あるいは政治的な一過性の判断とは異なる長期的な観点が政府行政機構には必要で、それは政治的な中立性の要請にもつながる。こうした観点から見れば、平成の時代に追求された官僚に対する政治主導の強化という課題は、人事的な統制という面にやや偏った嫌いがあり、それがかなり深刻な歪みをもたらした恐れも大きい（村松岐夫編著『公務員人事改革』学陽書房、二〇一八）。

こうした政府内部での官邸主導体制の強化を五五年体制時代との対比で考えてみると、いわば「執政体制」の大変化である。

周知のように五五年体制時代は、「官僚内閣制」と表現されることも多かった（飯尾潤『日本の統治構造』中公新書、二〇〇七）。政府の内部が各省の縦割り管轄体制として組織され、さらにそれが「行政的なスタイル」を通じて取りまとめられ全体として機能するようになっていた（村松岐夫『日本の行政』中公新書、一九九四）。一つの例が事務次官等会議である。また、各省内部で「政治」が果たすと考えられていた役割は極めて限定的で、それは大臣官房でさえもほとんどが職業行政官によって占められていたことが明確に物語っていた。形式的には各省のナンバー2に位置づけられる政務次官が、往々にして「盲腸」と評されていたことも、「政治」の弱さの象徴であった。さらに、国会における政府委員制度が意味していたことは、本来政治にとって最も重要なアリーナであるはずの国会においてさえ、行政官僚が大きな役割を果たしていたことである。前述のような政官関係の大転換は、まさに日本が伝統的に持っていた「官」優位の仕組み、そしてその運用の体系を根本的に取り壊したものと言ってよいだろう。

問題は、こうした転換がプラスの面だけでなくマイナスの側面をも併せ持っていることである。要するに、旧いシステムを取り壊した後、新たな安定と均衡を構築できていない。従来の仕組みでは、良くも悪くも、政府内部の手続き・ルールがかなりの程度はっきりとしていた。しかし、官邸主導の名の下にあらゆる変則的な状態が許容されるとするならば、それは行き過ぎである。首相秘書官や補佐官の役割はどう位置づけられるのか、内閣官房や内閣府の内部、そして各省との協議体制はどのようなルールに基づくのか、公文書管理の仕組みはどうなっているのか。政府の決定はどの程度国民への説明責任を果たすようになっているのか。これらの問題は、近年の日本だけに限られるわけではないが、平成の政治改革がもたらしたインパクトと混乱も大きい。政治主導というスローガンによって始められた改革が、執政制度の新しい体系化には至っていないと言うべきであろう。特に、政治責任の意味内容を吟味し、それを実質的に担保する仕組みが作られない限り、蔓延しつつある政治不信の根っこはなくならない。

†平成の政治改革――その意味と限界

結局、五五年体制時代の政治の骨格であったことのいくつかは、平成の時代に進められた政治改革によって大きく変化した。自民党の派閥分権体制や、与党事前審査制度を基盤とした強い与党体制は相当に弱まった。その裏側は官邸主導のトップ・リーダーシップ体制の強化である。これらの変化をもたらした最大の理由は選挙制度の変更であり、政権交代のロジックがその根本にある。また、政官関係の面でも官邸の主導性が大きく強化された。政治主導という大きな傾向の中でも、特に官邸権力の強化が抜きんでたのである。その背景にあるのは、政府機構・公務員制度改革を通じた官邸への人事権の集約であった。

他方で、五五年体制時代に、政権交代がないことを前提とする中で与野党が共存する仕組みとして制度化されてきた国会は、依然としてその骨格が変わらないままになっている。政権交代、そして準政権交代とも言いうる「ねじれ」という新しい事態への対応はうまくできないままになっているのである。五五年体制時代に作られた仕組みが与党の国会からの「退出」を前提としていたため、そこからの大規模・根本的な修正はそもそも容易ではない。しかも、戦後国会の体制は自民党も含めたすべての当事者が合意の下に築いてきたものだったという経緯があり、国会改革はまさに至難という状況になっている。

政権交代を前提とした場合、野党の役割にはどのような変更が必要なのか、逆に与党が事前審査制度をやめて国会での「正常な」プレーヤーに戻るためにはどのようにすればよいのか。また国会と政府との関係はこのままでよいのか。そもそも国会は審議と討論の機能をどのようにすれば立て直せるのか。本質的で極めて重大な問題の多くが、依然としてほぼ手つかずのままになっている。

要するに、平成の時代は昭和の時代からの脱却を図る政治改革を進めてきたが、その結果にはバラつきがあり、現状では整合性を欠くものとなっている。官邸・内閣府周辺の混乱ぶりや政治責任原則の不確かさなど、執政体制の内部にも多くの課題が残っている。官僚への人事権の集約にも行き過ぎた面があり、極端な忖度現象をなくすためにも、その修正が必要であろう。また、自民党での内部の活力は大幅に低下しており、官邸主導と共存するための新たな与党体制は築けていない。全体として言えば、平成時代は大きな転換期であり、戦後―昭和後期に形成された政治のシステムを刷新する作業はまだその途上にあるということになろう。

さらに詳しく知るための参考文献

中北浩爾『自民党──「一強」の実像』(中公新書、二〇一七)……著者は戦後政治史・現代日本政治の専門家。本書は、五五年体制時代からの変化と対比を基礎に、近年、特に第二次以降の安倍政権下での自民党の現状について多角的に分析したもの。派閥、ポスト配分や政策決定の仕組み、選挙や地方組織・友好団体・個人後援会など、自民党の実態を豊富なデータで描き出している。

薬師寺克行『証言　民主党政権』(講談社、二〇一二)……熟達のジャーナリストが、民主党政権の成立とその運営に携わった何人かの中心的な政治家に行ったインタヴュー集。当事者が語る生の声が政権交代の難しさや日本政治の特質を様々な面から浮かび上がらせている。

日本再建イニシアティブ『民主党政権　失敗の検証──日本政治は何を活かすか』(中公新書、二〇一三)……民主党政権の自滅と崩壊は、何故そしてどのようにして起こったのか。政治主導に関わる様々な提案やマニフェストがもたらした難しさ、党運営の混乱などの問題に加えて、経済・財政や外交・安保といった政策面からも検証することで、政権交代と民主党政権についての総括を試みている。

佐々木毅・清水真人編著『ゼミナール　現代日本政治』(日本経済新聞出版社、二〇一一)……政治学者とジャーナリスト、さらに実務家が協力し、自民党下野・民主党政権成立の時点での総合的な分析を行ったもの。民主党政権での実態に加え、政治改革の歴史、政党や国会、あるいは内閣・官僚制といった日本政治の構造的な側面、さらには選挙の動向や政治と国際金融市場とのかかわりなどについても検討を加えている。

大山礼子『日本の国会──審議する立法府へ』(岩波新書、二〇一一)……国会の実態分析について定評のある著者が、わかりやすい形で日本の国会の特徴について論じている。歴史的経緯や他の主要国の議会との比較を踏まえて、国会審議が空洞化していること、国会では内閣の存在感が薄いこと、参議院は実は強い権限を持っていることなど、基本的で重要な指摘が展開されている。

佐々木毅『政治の精神』(岩波新書、二〇〇九)……著者は日本を代表する政治学者。本書は、「政治を支える精神的基盤・素地と政治的統合というテーマ」を扱いつつ、「政治という硬いようで柔らかい、得体の知れない現実」をかみ砕いて解説することを狙っている。特に、「政党政治の精神」という章を設け、政党政治の観点からみた「日本政治のための覚書」を記していることは興味深い。

内山融『小泉政権――「パトスの首相」は何を変えたのか』(中公新書、二〇〇七)……小泉政権についての有力な分析の一つ。従来受動的とされてきた日本の首相と小泉流のリーダーシップとは何が異なるのか。党内力学よりも世論への訴えかけを重視する政権運営の手法に加え、人々の理性(ロゴス)より情念(パトス)に訴えかける点を巧みに分析した。

佐々木毅・21世紀臨調『平成デモクラシー――政治改革25年の歴史』(講談社、二〇一三)……平成の時代の政治改革を主導した21世紀臨調・事務局とその運動に参画した学者たちが中心となって、二五年間にわたる政治改革の歴史をまとめたもの。特に、政治改革の軌跡を跡付けた第二部は、極めて豊富なデータが添えられ、臨調が発表した様々な提言を見ることで、何が改革の争点だったのかが改めて詳細に確認できる。

牧原出『崩れる政治を立て直す――21世紀の日本行政改革論』(講談社現代新書、二〇一八)……著者は日本を代表する行政学者の一人であるが、同時に政治学的な分析にも精通している。本書でも、政治改革や政官関係の様々な側面を捉えている。単なる静態的な制度分析ではなく、「制度の作動」という問題を通じて、しばしば意図せざるプロセスと結果がもたらされてきたことを論じている。

第3講

官僚制・自治制の閉塞

金井利之

†はじめに

三〇年余の平成史は、それ自体では有意味な歴史区分になるとは限らない。そもそも、天皇在位と元号で時間を区切るのは、明治以後の「維新」史観、さらには、皇帝在位で時を計る中華帝国的歴史観と言えよう。もちろん、「維新」史観に囚われないこともできよう。しかし、逆に言えば、平成史という枠組を採用することも自由である。本書は、「維新（restoration）」史観的に、外圧に触発された「攘夷・倒幕」から「御一新＝復古」として分析せよと、論者に指示を与える。このように見れば、平成史は、「戦後レジーム」の外圧による機能不全を背景に（1「戦後レジーム」の終焉）、「戦後レジーム」の打開が試みられるが（2「平成デモクラシー」への模索）、改革の機会は失われて転落していく過程である（3「維新・改革」の奈落へ）。

元号を冠した「大正デモクラシー」は、機能不全に至った山縣閥・有司専制を廃するという意味での「民本（主）的改革」を目指した（「民本的改革」が、藩閥・有司一強支配体制に対する権力分散を意味するのか、政党政治・議院内閣制への権力集中（政友会一党支配体制）を意味するのかは、どちらの道も可能であるが）。「大正デモクラシー」は政党内閣期を生み出したが、「でも暗し」というように「民主主義的傾向」（ポツダム宣言）は未完のまま、前期昭和（一九二六〜四五年）の軍国主義体制に転落した。その意味で、同様に、機能不全（1「戦後レジーム」の終焉）を克服すべく生まれた「平成デモクラシー」の挑戦（2「平成デモクラシー」への模索）と、その挫折・未完（3「維新・改革」の奈落へ）の歴史でもある。

以上のような三局面に整理した上で、官僚制（「官僚制の機能不全」「官僚制の改革」「官僚制の閉塞腐蝕」）と自治制（「自治制の機能不全」「自治制の改革」「自治制の閉塞腐蝕」）を論じていきたい。

1 「戦後レジーム」の終焉

†官僚制の機能不全

①政官業の利益共同体

ＧＨＱ占領政策が間接統治方式を使ったこともあり、解体された陸海軍の武官官僚制を除き、高等文官からなる日本官僚制は、基本的には戦前戦中以来の組織的・人的集団を継承した。もちろん、内務省は解体され、行政組織の「器」はめまぐるしく再編されたものの、官僚人材が劇的に入れ替わることはなかった。そのため、戦後当初（中期昭和／一九四五〜六五年頃）は国士型官僚が政策を主導した（村松岐夫『戦後日本の官僚制』東洋経済新報社、一九八一）。

しかし、自民党一党支配体制が確立するとともに、官僚制と政党制と共犯《コンプリシテ》関係が構築された。複数政党制との共生は官僚制の民主化にとって必須であるが、結果的には、政権交代なき一党支配体制となったため、政権党・一党制との政官結託《スクラム》となった。経済成長に伴う業界・利益集団の政治的活性化も反映して、政官業の省庁共同体が形成された（森田朗『新版　現代の行政』第一法規、二〇一七）。官僚主導・官僚支配ではなく、政治・業界との利害調整を現実的に行う調整型・リアリスト型官僚による政官業利益共同体となった（真渕勝『行政学』有斐閣、二〇〇九）。良くも悪くも、経済界・財界および各業界、さらに、それに連なる限りでの民衆の利益を反映し、国政における利益配分システムを形成してきた。これが後期昭和（一九六五年頃〜八九年）に確立した「戦後レジーム」である。

②官僚能力への疑念

長らく日本の官僚制は「優秀」だといわれてきたが、これは後期昭和の好調な日本経済を「根拠《エビデンス》」とする（チャルマーズ・ジョンソン『通産省と日本の奇跡』TBSブリタニカ、一九八二）。それゆえに、バブル崩壊により、官僚制の能力への疑念が広まった。

第一に、景気後退は公共事業の拡大で乗り切る定石に従い、公共投資を実行したが、景気回復のないまま財政赤字を拡大した。むしろ、ダム・高速道路などの止まらない公共事業は、政官業既得権益が桎梏《しっこく》となっている実証として受け止められた。また、こうした政官業のあり方は、それ自体違法ではなくても、構造的な腐敗でもあった。

第二に、一九九七（平成九）年前後の金融危機に直面して、「金融護送船団方式」が崩壊した。このことは、銀行証券を所管する当時の大蔵官僚の能力を疑わせた。一九九五年にいわゆる「住専」（住宅専門金融会社）の経営問題が発覚し、一九九六年に公的負担により処理された（住宅金融債権管理機構の設立）。一九九七年一一月には、三洋証券・山一証券や北海道拓殖銀行が経営破綻した。こうした金融危機に対して、金融機能安定化措置法に基づく公的資金が日本長期信用銀行に注入されたが、粉飾決算などを経て同行の救済・

延命策は失敗し、一九九八年の金融再生法・早期健全化法に基づき、特別公的管理により一時国有化された。

③官僚腐敗への批判

官僚腐敗は、九頭竜《くずりゅう》ダム疑惑（一九六五年）、労働・文部官僚の関わったリクルート事件（一九八八〜八九年）など、中期・後期昭和にもあった。とはいえ、ロッキード事件（一九七六年）、ダグラス・グラマン事件（一九七八年）、リクルート事件、東京佐川急便事件（一九九二年）など、腐敗・疑獄は基本的には政治家を標的としてきた。ところが、バブル崩壊のなかで経済運営能力が疑われ、官僚腐敗への批判は強くなった。

例えば、一九九五年には大蔵官僚（東京税関長ら）が信用組合理事長からの過剰接待を受けた。一九九六年には、厚生事務次官などが特別養護老人ホームグループへの補助金交付に便宜を図った見返りに賄賂を受け取った。一九九八年に大蔵官僚が、銀行・証券業者などから「ノーパンしゃぶしゃぶ」などで接待を受け、検査日程などの情報を漏洩した。二〇〇〇年には、新潟少女監禁事件の被害者の発見当日、新潟県警幹部が警察庁特別監察チーム（関東管区警察局長など）と「賭け麻雀」をし、少女の発見・保護状況に関して虚偽発表を行うことを了承した。二〇〇一年には、外務官僚（要人外国訪問支援室長）が「機密費」を流用・横領した。

薬害エイズ事件（事態は一九八〇年代、訴訟提起は一九八九年、和解は一九九六年）、JCO臨界事故（一九九九年）などは、医系・工学系など技術官僚（技官）の能力への疑念をもたらしただけではなく、製薬業界や原子力業界などからなる利益共同体そのものの構造的腐敗を明らかにした（新藤宗幸『技術官僚』岩波新書、二〇〇二／藤田由紀子『公務員制度と専門性』専修大学出版局、二〇〇八）。

†自治制の機能不全

①政官地の利益共同体

後期昭和には、政官業の業（業界）に地元（地方政官界）を代入した、政官地の利益共同体も形成された。政権党は、地元選出議員が地元利益を代弁する回路となった。いわゆる利益誘導政治である（斉藤淳『自民党長期政権の政治経済学』勁草書房、二〇一〇）。

経済成長の果実を、地方圏に対して財政的に再分配し、地方圏の雇用を下支えした。地元政官界及び地方圏住民は、クライエンテリズム的に国政与党政治家に票を提供する見返りに、経済便益の分配を受ける。その多くは、高速道路、新幹線、空港などのインフラ整備公共事業とその「箇所付け」（個別立地ごとの公共事業への予算配分の決定）でなされたため、景気対策とも整合していた（「官僚制の機能不全」）。

②集権体制への疑念

利益誘導政治は、国による経済便益分配を必要としていたので、必然的に集権体制となる。もちろん、地元界からの強い陳情・要望に基づくので、国政為政者が一方的に決定するものではない。与党の政策指向に親和的な限りで、自治体の影響力は小さくない（村松岐夫『地方自治』東京大学出版会、一九八八）。

しかし、箇所付けや優先順番以外は、集権型ゆえに画一的で地域の実情を反映しない。また、国政の政策指向に親和しない要望は実現しない。後期昭和に達成した「豊かな社会」でありながら、地域の実情に応じた「豊かな生活」が実現し得ない。そこで、第三次行政改革推進審議会を経て、一九九三年の国会両院の地方分権推進決議に至る分権改革が求められた（西尾二〇〇七）。

③利益誘導体制への批判

政権党は利益誘導政治を独占できるため政党間選挙競争で優位に立つ。しかし、政権党は地元利益という既得権益の桎梏を受け、国政での政策的決断が困難である。また、政権党政治家は、中選挙区制のもとで同一党内での競争に勝つためにも、利益誘導を地元で公約せざるを得ず、それが利益誘導政治による桎梏を再生産させる。

そこで、政権党「改革」派から、小選挙区制の導入によって、与党政治家間での利益誘導競争を防止することで、地元利益から超然とした国政政権を構築することが、「清潔」な「政治改革」として提唱された。利益誘導政治への批判は、一九九三年に、一方では地方分権推進決議に結実するとともに、他方では「政治改革」＝小選挙区制導入を目指す動きとなった。「政治改革」を巡る自民党分裂が、一九九三年八月に細川護熙内閣（非自民連立政権）を生み出し、同年一二月には大政党に有利な小選挙区制導入を決定した。

2 「平成デモクラシー」への模索

†官僚制の改革

①行政手続

後期昭和の政官業関係は、行政指導を通じた「阿吽《あうん》の呼吸」によって行われてきた（新藤宗幸『行政指導』岩波新書、一九九二）。各省官僚は、所管領域の業界の成長・維持に利益を共有し、保護官庁として行動する。それは、業界や個別企業という私的利益追求に対して、公益の観点から規制するのではなく、業界主流派の私益を保護するために、業界利益を反映して「指導」する。それゆえに、業界は行政指導に任意で従う。この不透明な相互利益関係は、大蔵官僚と銀行業界を繋ぐ「モフ担」がその典型である。

このような関係は、業官間の密接な情報交換による効率的・効果的な行政運営を可能にするが、腐敗の温床ともなり、また、外国企業（人）を含む業界アウトサイダーの私的利益を損なう。業界利益内の調整が日本の経済成長に繋がる限り「公益」ともいえたが、それが経済摩擦となって米国の逆鱗に触れると、外圧の観点から有害となった。

こうしたなかで、行政処分の事前過程を決めたり、行政指導に枠を嵌めるものとして、一九九三年一一月に行政手続法が制定された。行政手続法の構想自体は、アメリカ法を参照に、一九六四年の第一次臨時行政調査会でも示されていたが、自民党一党支配体制の後期昭和には実現することはなかった。

②規制緩和

公共事業の出動による景気対策が機能しないなかで、経済政策は手詰まりとなった。昭和時代に活用された不況カルテルなどの過当競争防止策は、独占禁止法の強化を求める米国の外圧のもとでは実行困難であった。細川内閣のもと、一九九三年の「平岩レポート」が内需拡大のため経済規制緩和（撤廃・改革）を打ち出した。

規制緩和の影響は多義的である。一面では、官僚制の規制（寄生）権限を弱体化させ、業界の既得権益の保護も弱まる。しかし、他面では、官僚制は規制改革の設計に向けた権力を拡大し、既得権益の保護という桎梏から自由になり、また、他省庁の監督業界に「なわばり」を拡大し、競争力のある業界・企業との新たな結託と利権寄生を可能とする。

規制緩和は経済政策として機能しなかった。従来の不合理な規制がなくなり、情報産業などで新サービスが革新され得たかもしれない。しかし、労働規制解体と株主・経営者の私的利益追求の放任によって、成長なき格差拡大による、経営層・株主層・富裕層の蓄財と、中産層の解体と貧困層の拡大に終わった。

③情報公開

官僚制の権力の源泉は執務知識の独占であるので、官僚制への民主的統制のためには情報公開（情報自由法制）は重要な課題である。自治体では、神奈川県をはじめとして一九八〇年代には情報公開条例の導入が広がりつつあった。しかし、国政で情報公開法が具体的な課題に載ったのは、細川内閣からである。その後、政権の枠組は変わっても、行政改革委員会などで検討を経て、一九九九年に制定された（二〇〇一年施行）。

もっとも、日本の情報公開法は、アメリカ方式の「知る権利」や「情報自由権」に基づくものではなく、あくまで行政側の説明責務に基づくだけである。また、行政職員による真摯な探索がなければ「文書不存在」になる。薬害エイズファイルが一九九六年に「発見」されたのは、当時の菅直人《かんなおと》厚生相の指示だけではなく、医系・薬系技官の無能力に対する事務官僚の対抗行動があったからといわれる。また、情報公開の義務づけは、文書不作成・簡略化、廃棄や私的メモ化という官僚制的な面従腹背をもたらす。詳細な作成や保管義務を伴う公文書管理が実効化されないままだったので、効果は減殺された（「忖度官僚制への溶解」にて後述する）。

④事後・事前評価

政策能力に疑念が生じなければ政策を事後的に検証する必要はない。しかし、既に決定された公共事業などの妥当性に疑念が生じるなかで、自治体では「事務事業評価」や「時のアセスメント」などの名称で行政評価が導入された。国レベルでも行政評価への関心が高まり、二〇〇一年に政策評価法が制定された。また、事前評価としては、環境影響評価法が一九九七年に制定され、規制影響分析が規制改革の一環として、試行的に導入された（山谷清志『政策評価』ミネルヴァ

1983年当時の薬害エイズ事件関連資料のコピーを配布する厚生省の職員。厚生省が非加熱製剤の危険性を当時から認識していたことが明らかになった＝1996年2月21日（共同通信）

書房、二〇一二)。

もっとも、政策評価は、執務情報を独占している行政機関が自ら行うことが多い。そのため、政策の検証というよりは、政策の弁証・広報にも使い得る。それゆえに、政策評価には外部性・第三者性・独立性が求められるが、各省庁に対して総務庁(現・総務省)が行ってきた行政監察・行政評価も内閣のもとにあり、外部性は持ち得ない。むしろ、政策評価とは、一九九〇年代に要求された、会計検査院を強化して行政監視や業績評価に用いるという改革構想への、官僚制による反動対抗手段でもあった(西川伸一『この国の政治を変える会計検査院の潜在力』五月書房、二〇〇三)。

⑤大蔵省解体

バブル経済崩壊は、経済官庁の元締めである大蔵省を弱体化させた(当時の通産省は経済政策を差配していないので、弱体化しなかった)。また、「官庁の中の官庁」として、いかなる政権であろうと常に政権を支える大蔵省は、細川内閣という非自民政権の成立によっても、当然ながら新政権を補佐した。小沢一郎(与党・新生党代表幹事)と斉藤次郎大蔵事務次官との「蜜月」はその象徴であった。しかし、自民党一党支配体制のもとで、政官業利益共同体が「永続」すると理解していた自民党からすれば、官僚制とは自民党と一体化した「党僕」「私僕」と考えられたため、裏切られ感が浮上した。政権復帰後の自民党による意趣返しにより、大蔵省の無能力・腐敗という事態と相俟《あいま》って、大蔵省は「追いつめられた」(真渕一九九七)。

大蔵省解体論は、中期昭和のころには主計局の内閣移管論が中心だった。政権の政策は予算に示されるので、内閣直轄のもとで予算編成するアイデアである。しかし、上記の通り、大蔵省それ自体は政権を支援するので、主計局を内閣に移管する必要はなかった。むしろ、この時期に問題とされたのは、金融行政を財政の論理から切り離す「財政金融分離」論であった。

一九九二年に証券取引等監視委員会が、アメリカの証券取引委員会(SEC)をモデルにしつつも、大蔵省の審議会として設置された。一九九八年には日本銀行の政権及び大蔵省からの独立性が高められた。一九九八年六月に総理府外局として金融監督庁(証券取引等監視委員会を含む)が設置され、大蔵省銀行局・証券局が廃止された。ただ、この段階では企画立案と監督の分離に留まり、大蔵省金融企画局が残った。しかし、金融危機のなかで、一九九八年一二月に金融再生委員会が設置され、金融監督庁が同委員会のもとに移管された。二〇〇〇年七月に金融監督庁と金融企画局が統合して金融庁が設置され、大蔵省から国内金融行政が分離された。ただし、国際金融行政は大蔵省に残され、二〇〇一年省庁再編に伴い財務省となった。このとき金融再生委員会は廃止され、金融庁は内閣府に置かれた。戦後改革は「内務省解体」であったが、「平成デモクラシー」改革は「大蔵省解体」であった。

†自治制の改革

①市民オンブズマン

自治体で先行的に整備された情報公開制度を活用して、自治体の過剰な食糧費・旅費などの実態を明らかにしたのが、民間の市民オンブズマン活動である。補助金や箇所付け獲得の陳情のために、自治体職員が官僚を食糧費で「おもてなし」する「官官接待」や、物見遊山のような調査出張、野球大会などの親睦会などの実態を解明した。その意味で、「漢方薬」としての行政手続に比して、情報公開は「劇薬」といわれた。

さらに、支出が違法な場合、住民は住民監査請求を通じて住民訴訟を提起し、首長・職員など責任のある個人をして、団体としての自治体に弁償させることができる。この住民訴訟制度は、アメリカの納税者訴訟を模して戦後に導入されたが、それが活性化したのは、市民オンブズマン活動によってである。

②「改革」派首長

後期昭和には、自治体でも政官業利益共同体を母胎とする「相乗り」首長のオール与党体制が成立した。バブル期には潤沢な財源により、バブル崩壊後には景気対策として、土建事業が止まらず財政悪化を招いた。既成政党（主に自民党・公明党）の「相乗り」首長はそれを止められず、不満の受け皿として無党派「改革」派首長が誕生した。

「改革」派首長は、緊縮財政やサービス抑制を指向する意味で、新自由主義的政策を先取りしていた。それゆえ、国政が二〇〇〇年代に構造改革＝新自由主義的政策を採用すると存在意義が低下する。透明性を指向し民意を重んじ、公共事業に批判的な意味で「改革」的であり、環境保全的である。とはいえ、経済活性化を期待する意味で、守旧的なスタンスで経済政策も行う。例えば、北川正恭《まさやす》は、「改革」派三重県知事（当時）として、市民オンブズマンを「必要な敵」と位置づけて情報公開や事務事業評価を進め、芦浜原発を白紙撤回し、産業廃棄物税を導入し、シャープ亀山工場誘致の補助金を出した。

③住民投票

自治体の政官業利益共同体が閉塞するなかで、一般住民多数派との政策指向の乖離が疑われる事態が発生した。そこで、住民の声を直接に聴くべきだという発想のもと、住民投票を求める運動が生じた。直接参政の仕組（解職解散請求・条例制定改廃請求・事務監査請求）のなかに住民投票はなかったため、住民投票条例制定から進める必要があった。首長・議会の意思が一般住民の意思と乖離するから住民投票条例が必要になるが、それゆえにこそ、首長・議会は同条例を制定しない、という根本的な困難を抱えていた。とはいえ、解職請求・選挙などと絡ませながら、ときに住民投票条例が制定された。一九九六年八月の巻町の住民投票を嚆矢《こうし》に、主に原子力発電所、基地建設、産業廃棄物処分施設、可動堰など公共事業を巡る住民投票が行われた（中澤秀雄『住民投票運動とローカルレジーム』ハーベスト社、二〇〇五）。

当初は、「間接民主制を否定する」などとする抵抗もあったが、住民投票自体は次第に受容された。のちの「平成の大合併」でも、住民投票は標準化された。とはいえ、「民主主義の誤作動」にもなりうる。為政者が自身の政策方向を正当化するために住民投票を使う「プレビシット」は、一九九六年九月の沖縄米軍基地県民投票から見られていた。「改革」派首長と住民投票は、橋下徹・大阪市長（当時）に代表される二〇〇〇年代の「ポピュリスト」「劇場型」「暴走」「独裁」首長を生む土壌にもなった（産経新聞大阪社会部『橋下語録』産経新聞出版、二〇一二／有馬晋作『劇場型ポピュリズムの誕生』ミネルヴァ書房、二〇一七）。

④地方分権推進

一九九三年の国会両院の地方分権推進決議を受けて、地方分権推進は国政超党派の合意課題となり、政権の枠組の変遷を乗り越えた。「戦後レジーム」の政官地の集権体制を支えた自民党も参画した村山富市内閣（自社さ連立政権）において、一九九五年に地方分権推進法が制定された。

その成果は、一九九九年の分権一括法（二〇〇〇年施行）であるため、二〇〇〇年改革とも呼ばれるが、同委員会は、積み残し課題への継続も込めて「第一次分権改革」と命名した。主たる内容は、機関委任事務制度の廃止と法定受託事務・自治事務への振り分け、関与の一般ルール化、国地方係争処理制度の創設などであり、関与の改革ともいわれる。残された課題は、税財政改革、法令自体の規律密度の緩和、事務権限移譲などである。また、それ以上に、分権改革は器の改革であり、実際にそれを生かすか否かは、個々の自治体の活動次第であった（金井利之『自治制度』東京大学出版会、二〇〇七）。

3 「維新・改革」の奈落へ

†官僚制の閉塞腐蝕

①内閣機能強化・中央省庁再編

「平成デモクラシー」のなかで、為政者の権力追求への反転攻勢が強まった（村松岐夫

『政官スクラム型リーダーシップの崩壊』東洋経済新報社、二〇一〇)。政界及び政権の不安定性のなかで、実際の政策運営を支えたのは、石原信雄・官房事務副長官を頂点とする官僚制であったが(石原信雄他『首相官邸の決断』中公文庫、二〇〇二)、政権与党の一時的弱体化ゆえに「官僚支配」が目立った。そこで、政界は「政治主導」を掲げる。こうして、橋本龍太郎内閣の行政改革会議の提言をもとに、内閣機能強化が進められた(田中一昭・岡田彰『中央省庁改革』日本評論社、二〇〇〇)。

また、政官業利益共同体や官僚の省益追求・腐敗の背景に既存省庁の縦割りがあり、また、省庁の枠を超えた政策調整が必要であるという診立てのもとで、同じく橋本内閣のもとで、「大括り」の省庁半減(統合・再編)が進められた。もちろん、統合・再編された府省を前提にする以上、政官業の利益共同体は、原理的には消えない(今村都南雄『官庁セクショナリズム』東京大学出版会、二〇〇六)。しかし、一時的に省庁官僚制の「なわばり」が揺らぐことで、一部官僚が内閣や他省領域に触手を伸ばす権力追求の余地が広がる。

以上の橋本行革は二〇〇一年に実施され、その果実を活用したのが小泉純一郎内閣である(竹中治堅『首相支配』中公新書、二〇〇六)。内閣の重要会議としての経済財政諮問会議を活用し、予算編成をはじめ、政権の選択した政策領域では「官邸主導」の「構造改革」を可能とした。また、第二次安倍晋三内閣も、菅義偉《すがよしひで》官房長官が仕切る内閣官房を中心に、

「アベノミクス」「一億総活躍」や「積極的安全保障」や「働き方改革」「外国人材受け入れ」を進め、「安倍一強」を実現した（牧原出『「安倍一強」の謎』朝日新書、二〇一六）。もっとも、内閣機能強化が両内閣のような官邸主導を保証するわけではない。両内閣の間の六代短命中間内閣は「政治主導」に失敗したので、あくまで政権の運営技法にも左右される（牧原出『権力移行』ＮＨＫブックス、二〇一三）。

②外郭団体改革

政官業の利益共同体のなかで、政官業間の人的・資金的な接着剤となるのが、外郭団体である。特殊法人や認可法人は、行政の実働部隊として、業界との接点になる。また、財団法人・社団法人などの公益法人のなかに、実態は利益共同体のなかに生息する「官益法人」もある。こうして、特殊法人等改革や公益法人改革がなされた。例えば、小泉内閣のもとで道路四公団（特殊法人）や日本郵政公社（特殊法人）が民営化された。

もっとも、外郭団体改革も、既存の利益共同体の揺らぎによる再編というほうが、実態に近い。外郭団体の活用が減ったのではない。行政組織・職員数の目に見える削減のために、施設等機関を中心に独立行政法人・国立大学法人などに外郭団体化された。中期目標などを設定して評価・統制を強化して、政官の権力は拡大した。それゆえに、例えば、大学行政に絡む文科官僚の汚職を招く（二〇一八年七月、前科学技術・学術政策局長が受託収賄容疑で逮捕)。郵政民営化がされても、政府系金融機能は減らない。例えば、年金積立金管理運用独立行政法人(GPIF)による株式購入・株価維持操作(PKO)が強化された。

民間企業を支援するため、産業再生機構(二〇〇三~〇七年)、産業革新機構(二〇〇九~一八年)、産業革新投資機構(二〇一八年~)などの外郭団体も設立された。「支援」によって、民間企業自体が公的管理下の外郭団体となった。例えば、二〇一一年三月の福島第一原子力発電所の苛酷事故で事実上経営破綻した東京電力を支援すべく、原子力損害賠償支援機構(現:原子力損害賠償・廃炉等支援機構)が同年九月に設立され、東京電力は同機構のもとで事実上国有化された。さらに言えば、行政サービスの民間開放によって、公共サービスを民間企業が担うようになると、企業自体が外郭団体と同質化していった。公共サービスを提供する以上、政官の規制を受けざるを得ず、政官業の利益共同体は強化された。

③公務員制度改革論

二〇〇一年の省庁再編が「器」の改革であるので、「中身(staff)」である公務員制度の改革が残された課題とされた。一九九九年三月に公務員制度調査会が「公務員制度改革の基本方向に関する答申」を出した。これに対して、経産官僚を中心に、「官僚の官僚による官僚のための改革」を模索したのが、職階制の廃止と「能力等級」導入を掲げた二〇〇一年一二月の公務員制度改革大綱である。政策調整システムと称する他官庁の「なわばり」に介入する方式を活用し、人事院の弱体化を目指して、各省高級官僚の権力と自由を回復しようとした（新藤宗幸『異議あり！　公務員制度改革』岩波ブックレット、二〇〇二）。

もっとも、小泉内閣では、経産官僚は主導権を獲得できず、公務員制度改革は停滞した。歳出削減のために給与抑制を目指す給与構造改革が、政権の方向性を見据えて、人事院によって実行された。その後、六代短命中間内閣期（二〇〇六〜一二年）に再び公務員制度改革論が浮上する（二〇〇八年の国家公務員制度改革基本法）。職階制は廃止され、キャリア官僚制度を廃止する名目で、総合職・一般職に採用試験が看板換えされた。

それ以上に、幹部職員を政権が掌握するアイデアが「政治主導」の合唱のなかで超党派的に追求された（塙和也『自民党と公務員制度改革』白水社、二〇一三）。幕間《まくあい》の民主党政権期の自律的労使関係（協約締結権付与）の試みは挫折し、東日本大震災復興のためと称する給与削減は「政治主導」で実現した。最終的に、第二次安倍内閣のもとで、人事院を弱体化し、幹部職員の人事を政権が掌握する内閣人事局を設置することで、一連の公務員制度改革は収束した。

④忖度官僚制への溶解

後期昭和の政官業利益共同体のなかで、各省官僚は組織として与党自民党とスクラムを組んでいたので、その意味では党派的偏向性を内面化した「党僕」であった。ただし、政権交代の可能性がなく、他に代わる政策指向性が示されないゆえに、「中立性」の神話を享受していた。しかし、一九九三年の細川内閣・非自民政権の成立以降、政党が離合集散し、政権の枠組が変転し、政策案件ごとの部分連合が形成されるなど、官僚が忠誠を誓うべき党派性も確立せず、それゆえに政界から疑念を向けられる。もちろん、政権の枠組の流動化のなかでも、鳩山由紀夫・菅直人両内閣において、自民「党僕」的な党派的偏向性の「矜持」を失わなかった外務官僚・防衛官僚・海上保安官などもいたが、それはそれで政界の官僚不信を増長した。

こうして、ときの政権または執政政治家に個人的忠誠と服従を誓うことが重要になった。府省として、各官僚が多様な政治家への追従を分業することは、組織としてのリスクヘッジになる。例えば、失脚した執政政治家（例えば安倍晋三）に組織として忠誠を誓い続けるのは、後継政権との関係で危険である。とはいえ、組織として後継政権に乗り換えるのも、失脚した政治家が再チャレンジに成功すると危険である。それゆえ、各官僚が多様な政治家に「私僕」として追従することで、組織の権勢を目指す。

組織として時の政権を支えると、組織として痛手を負う。増税する民主党政権を支えた財務省は、第二次安倍内閣で常に疑念を向けられる。そこで、森友問題では第二次安倍内閣を組織として全力で支え、組織的に公文書改竄《かいざん》を引き起こした。厚生労働省・法務省が調査データを誤用し、防衛省が南スーダン日報を隠蔽したのも、同様である。

追従官僚の個人化・「私僕」化を背景に、政権が政治任用により官僚を抜擢・左遷することで、官界操縦を行えるし、野心的官僚は忖度する政治家の威を借りて、自身の権力欲を実現できる。既に、小泉内閣は、例えば、各省から人材を官邸に呼び集め、郵政民営化に反対する官僚を左遷し、藤井治芳《ふじいはるほ》・日本道路公団総裁（建設技官）を解任した（諏訪雄三『道路公団民営化を嗤う』新評論、二〇〇四）、第二次安倍内閣も、白川方明《しらかわまさあき》・日銀総裁を辞任に追い込み、アベノミクスのために黒田東彦《くろだはるひこ》（元・大蔵官僚）を据え、経産官僚などを重用し（軽部謙介『官僚たちのアベノミクス』岩波新書、二〇一八）、また、集団的自衛権容認の憲法解釈を実現するために、内閣法制局長官に小松一郎（外務官僚）を移した。

意に添う官僚を組織のトップに政治任用すれば、組織自体・下僚はドミノ倒し的に忖度する。内閣人事局は、こうした忖度官僚制を生み出す象徴ではあるが、その設置前から官僚制の溶解と官邸官僚の専横は進んでいた（牧原二〇一八）。

†自治制の閉塞腐蝕

①三位一体改革と「平成の大合併」

第一次分権改革に残された課題は財政面であった。基幹税である所得税源移譲は、自主財源の拡大という点で分権改革に資する。こうして、国庫支出金を削減する代わりに所得税源移譲を行うとともに地方交付税を改革する三位一体改革が、二〇〇四〜〇六年度に実施された。しかし、地方交付税も地方財政計画総額も削減となった。このため、自治体関係者には失望が広がった（小西砂千夫『地方財政改革の政治経済学』有斐閣、二〇〇七）。

地方交付税の将来性への懸念が急速に広まったことは、小規模町村を他団体の内部団体とすることを意味するものとして受け止められた「西尾試案」（二〇〇二年一一月）の提示と相俟って、小規模市町村の存立に悲観的な見方を広げた。このため、三〇〇〇余の市町村は一七〇〇程度まで減少した。全国の市町村は、道府県から合併の枠組を示唆されるなかで、「バスに乗り遅れるな」と、合従連衡相手を探すことに狂奔した。このため、自治体は政策展開にエネルギーを割けず、合併業務に疲労困憊し、二〇〇〇年分権改革を生かす機会を失った（今井照『「平成大合併」の政治学』公人社、二〇〇八）。

②破綻・避難指示・消滅可能性

この時期の自治制では、個別の自治体の存立が疑われるようになった。第一が、財政破綻である。市町村合併は財源を増やすものではないので、「構造改革」のもとで地方財政は窮乏化していった。その最も弱い環として、旧産炭地の夕張市が二〇〇六年に財政破綻し、二〇〇七年度から財政再建準用団体として国の管理下に入った（光本伸江『自治の重さ』敬文堂、二〇一一）。他の自治体も厳しい状況だったので、二〇〇七年に地方財政健全化法が制定され、破綻に至る前の早期健全化を求められた。それゆえに、自治体はリストラを迫られ、集中改革プランのような人件費抑制を進めた。その結果、官製ワーキングプアの拡大が進んだ（上林陽治『非正規公務員』日本評論社、二〇一二）。民間委託や指定管理者が非正規雇用を拡大し、また、自治体自体も雑多な非正規雇用に頼るようになった。自治体での雇用のあり方があまりに乱雑かつ不適正になったので、ポスト平成の二〇二〇年度から会計年度任用職員制度が導入される（稲継裕昭『この一冊でよく分かる！　自治体の会計年度任用職員制度』学陽書房、二〇一八）。

第二に、二〇一一年三月の福島第一原子力発電所ＩＮＥＳのレベル7苛酷事故に伴い、全域住民に避難指示が発出され、町村区域内から実在的な意味での住民が不在となる事態が発生した（金井利之『原発と自治体』岩波ブックレット、二〇一二／今井照『自治体再建』ちくま新書、二〇一四）。災害で一部住民に避難指示が出されることはあっても、市町村内

東日本大震災で全電源喪失に陥り、ガス爆発により白い煙を上げる福島第一原子力発電所４号機＝2011年３月15日（東京電力ホールディングス）

に住民も役場・職員も残るのが従前の普通であったが、想定外の放射能汚染は、住民（特に子ども・女性など）の帰還意識を大きく殺ぐことになり、自治体存立が危ぶまれた。全域避難指示が解除されても、住民人口の回復は困難である。

第三に、二〇一四年五月のいわゆる「増田氏レポート」によって、「消滅可能性市町村」あるいは「地方消滅」が喧伝された（増田寛也『地方消滅』中公新書、二〇一四）。地方圏の人口減少は、一九七〇年以来の過疎対策や、一九九〇年代の限界集落論で、既に広く知れ渡っていたが、日本全体の人口減少への危機感と併せて、市町村単位での消滅を指摘したことは、大きなショックとなった。第二次安倍内閣は同年九月以降「まち・ひと・しごと創生（地方創生）」を掲げたが、趨勢は全く変わらなかった。そのため、総務省は「地方創生」の事実上の撤回を意味する「自治体戦略２０４０構想」を二〇一八年に提示し、人口減少（一部市町村の消滅）を与件とする対策への転換に踏み出した。また、第二次安倍内閣は実質的移民政策である外国人材受け入れの拡大に転進した。

このなかで、大阪都構想を掲げる「大阪維新の会」橋下徹を、二〇一一年一一月に市長に選出した大阪市は、大阪市消滅を自ら検討する「自決路線」を開始した。ただし、二〇一五年五月の市民投票で、僅差ながら大阪市存続派が勝利し、大阪市消滅は先送りされた。そこで、大阪府市合《ふしあ》わせ勢力は、大阪に負の遺産を多く残すべく、二〇二五年万国博覧会招致（湾岸大規模開発）とカジノ誘致（ギャンブル依存症の創出）に尽力した。

③分権改革の表層のもとでの集権回帰の底流

第一次安倍内閣のもとで二〇〇七年に制定された地方分権改革推進法のもとで、地方分権改革推進委員会が義務づけ・枠づけや権限移譲を検討した。また、民主党への政権交代でも「地域主権改革」を掲げていたため、分権改革は「地域の自主性及び自立性を高めるための改革」として継続された。「国と地方の協議の場」も法制化された（二〇一一年）。さらに同委員会の勧告の処理が二〇一四年に終わっても、なお、提案募集方式で分権改革の灯は消えていない。

しかし、内閣機能強化は分権改革と基本的には相容れない。特に、強力な政権が存続する時期には、自治体は国からの集権の圧力に晒された。例えば、第一次安倍内閣は、財政破綻した夕張市に対して、住民サービスを低下させ借金返済団体とする再建計画を策定させた。また、小鳩《しょう》山内閣において普天間米軍基地の「最低でも県外」移設が失敗すると、歴代内閣は辺野古《へのこ》移設を決定し、特に第二次安倍内閣は沖縄県の反対を押し切って強行した（宮城大蔵・渡辺豪『普天間・辺野古　歪められた二〇年』集英社新書、二〇一六）。

分権改革を経て、国は様々な集権手法を開発した。もちろん、法令を制定すれば分権改革後も統制は可能である。それだけではなく、地方財政窮乏は財力の価値を高めた。例えば、平成の市町村合併を進めたのは財力である。また「地方創生」でも特段の法的義務づけを経ずとも、地方創生関連交付金の事業採択を競わせて、自治体を統制した。米軍再編交付金などは、国策に沿う自治体のみに選別的に交付することで、自治体の意思を挫いてきた（週刊金曜日『基地を持つ自治体の闘い』金曜日、二〇〇八）。

④弱肉強食競争

国からの集権介入は、自治体間の競争を促進することで、より強化された。もちろん、後期昭和より、自治体間の水平的政治競争が、国からの垂直的行政統制を強化することは、指摘されていた（村松岐夫『地方自治』）。自治体の下からのエネルギーが、国によって選別されることで集権的効果を発揮する。国は国策に沿う「友好自治体」を優遇することで、自らの政策意図を推進できる。例えば、二〇一七〜一八年の加計学園獣医学部新設問題で有名になった国家戦略特区（今治市）などの特区制度は、この代表である。

加えて、国の資源（財源・権限など）を分配する争いだけではなく、自治体間の相互の取り合いも生じた。国は高みの見物である。例えば、「地方創生」では、消滅可能性を恐れる自治体は、移住者を他自治体から呼び込むしかない。こうした移住者の奪い合いは、全国的な自治体の存続を意味しない（山下祐介・金井利之『地方創生の正体』ちくま新書、二〇一五）。また、ふるさと納税制度（二〇〇八年度導入）は、国レベルで地方財源を保障することなく、自治体間で税源を奪い合う仕組である。奪い合いは加熱し、富裕層が多額の利得効果を得られるネットショッピングと化した返礼品競争にまで腐蝕した（西川一誠『「ふるさと」の発想』岩波新書、二〇〇九／高寄昇三『「ふるさと納税」』公人の友社、二〇一八）。

†おわりに――失われた三〇年

平成史は、「失われた三〇年」であった。「戦後レジーム」の機能不全のなかで、当初は「平成デモクラシー」として、後期昭和の利益共同体を改革する動きが進んだ（自治・分権ジャーナリストの会『平成デモクラシー』日本評論社、二〇〇三）。しかし、「改革」の混乱から、為政者の利権追求の反動（「維新」）を生み出す（藤井聡『維新・改革の正体』産経新聞出版、二〇一二）。

首相＝総裁から自律した自民党を「ぶっ壊し」て、首相＝総裁に服従する自民党を「取り戻す」。自民党一党支配体制の「党政復古」であり、一回転という意味での「革命」でもある。もっとも、それは単純な利益共同体の復活ではなく、「なわばり」争いに勝つために「私僕」化して忖度する官僚制と、消滅の恐れから弱肉強食する自治制の上に立つ。

今上（平成）天皇は、現行憲法のもとで即位し、現行憲法のもとで退位する。しかし、列島民衆に平成の官僚制と自治制は残される。「ポスト平成」では、生き残るために忖度と弱肉強食に狂奔する状態から、解脱できるかが問われる。

さらに詳しく知るための参考文献

村松岐夫『日本の行政——活動型官僚制の変貌』（中公新書、一九九四）……後期昭和の残像がまだある、改革には突入する前の時期に執筆された、「戦後レジーム」の全体像を「最大動員」というキーワードで概観する歴史的な意味での好著である。失われた「古き良き昭和」のセピア色の自画像が、多少の誇張とともに描かれ、今日から振り返ると、「昭和は遠くなりにけり」との郷愁を掻き立てる。

真渕勝『大蔵省はなぜ追いつめられたのか——政官関係の変貌』（中公新書、一九九七）……大蔵省解体の方向性を見据えて、金融監督庁成立の段階で早くも「大蔵省が追いつめられた」実態を活写した。同じ著者が、「戦後レジーム」を分析した『大蔵省統制の政治経済学』（中公叢書、一九九四）において、財政・金融の一体性が（財政赤字）問題を招いたとする関心の延長と言えよう。

西尾勝『地方分権改革』（東京大学出版会、二〇〇七）……第一次分権改革に参画した著者による、地方分権改革の分析である。第一次安倍内閣の時期での著作のため、まだ「平成デモクラシー」の改革の残り香がそこはかとなく漂ってはいる。とはいえ、分権を取り巻く環境は一九九〇年代末より既に悪化しており(『未完の分権改革』岩波書店、一九九九)、その後、改革の「一時打ち止め」を提唱するようになる(『自治・分権再考』ぎょうせい、二〇一三)。

清水真人『平成デモクラシー史』(ちくま新書、二〇一八)……官邸主導の財政政治を同時代的に描き続けてきた著者による、平成政治史を俯瞰する集大成と言えよう。選挙制度改革は「政治改革が矮小化」されたものではなく、統治構造改革として政治力学に巨大なインパクトを持った。その様相を、「政権選択選挙」という「平成デモクラシー」史観、あるいは、「21世紀臨調史観」でパワーポイントのプレゼン資料のように明るく描いた。西尾隆『公務員制』(東京大学出版会、二〇一八)も参照。

牧原出『崩れる政治を立て直す——21世紀の日本行政改革論』(講談社現代新書、二〇一八)……政権や内閣政治はそれを支える内閣官僚を必要とし(『内閣政治と「大蔵省支配」』中公叢書、二〇〇三)、政権移行を可能とする政官関係なくして政権交代可能な政治も構想できない(『権力移行』NHKブックス、二〇一三)、と見据える著者による官僚制論である。改革はそれ自体では円滑な運用を保証しないまま、政党による官僚制の破壊に至った。改革後の移行を的確に運営する作動学の観点から、平成官僚史の先を見通す。

第4講

会社の行方

石水喜夫

†平成の三〇年間で激変した企業利益と賃金の関係

平成三〇年間の会社と労働者の関係を、企業利益と賃金の関係から分析したものが、図1「利益率上昇過程における実質賃金の推移」（一〇二頁）である。同図は、景気拡大に伴う売上高経常利益率の上昇と実質賃金の動きを見たものであり、横軸には、利益率が上昇を始めた時点を基点に置いて、景気拡大とともにどれだけ利益率が上昇したか、変化差ポイントで示している。一方、縦軸には実質賃金をとり、利益率の上昇に伴って、起点からどれだけの賃金の増加が見られたか、指数によって示している。

景気拡張過程においては、GDP（国内総生産）が増加し、利益も拡大するほか、労働者にとっても失業率の低下など雇用環境の改善があり、賃金など労働条件の改善が期待さ

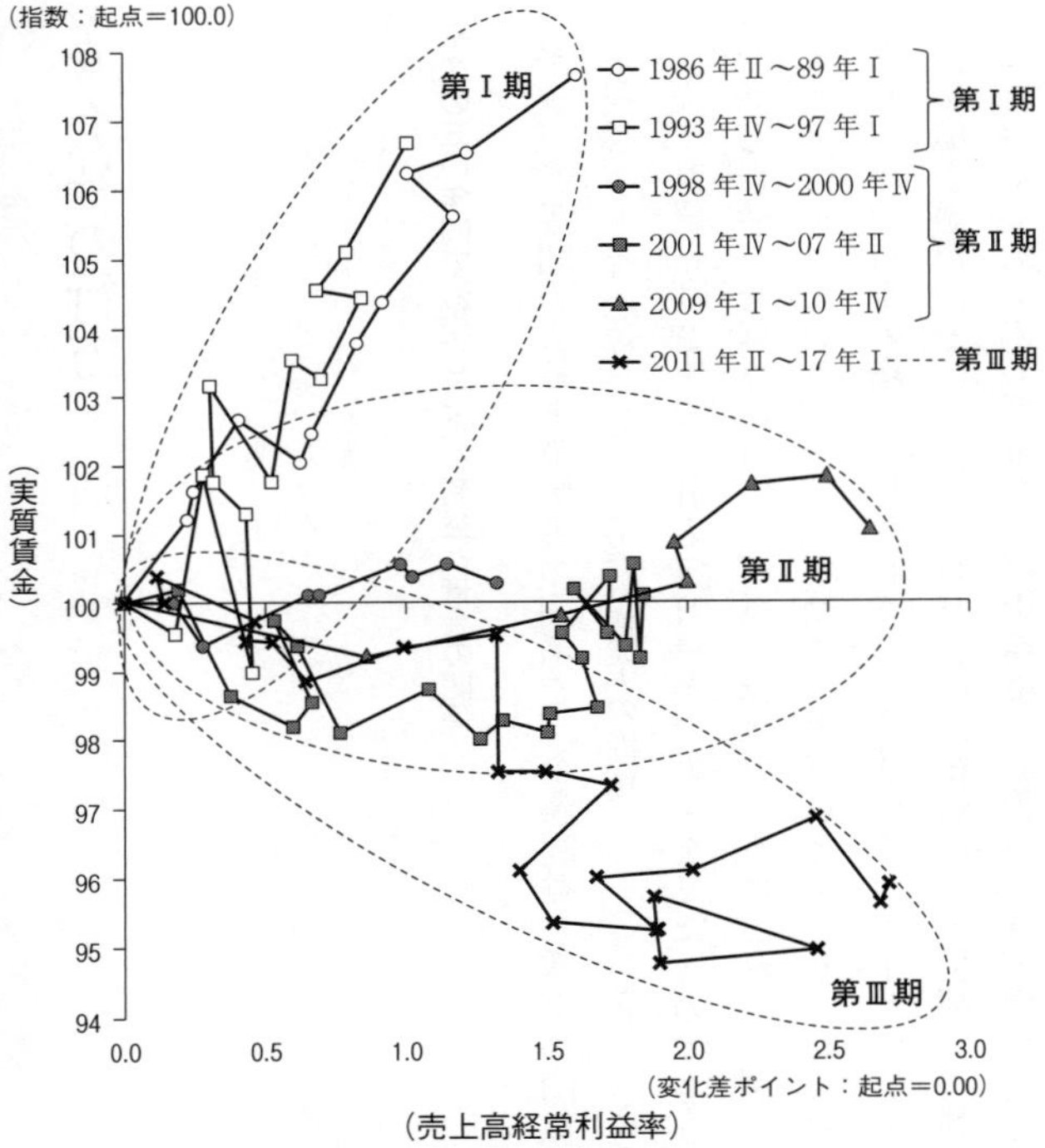

図1　利益率上昇過程における実質賃金の推移

財務省「法人企業統計調査」、厚生労働省「毎月勤労統計調査」をもとに作成

注：1）売上高経常利益率は経常利益を売上高で除した百分率で、全産業（金融業、保険業を除く）、全規模の値である。
2）実質賃金は現金給与総額を消費者物価指数（持ち家の帰属家賃を除く総合）で除した指数で、調査産業計、事業所規模30人以上の値である。
3）数値は四半期系列の季節調整値である。
4）景気拡張期間と対照し、売上高経常利益率が上昇している過程をとった（景気の谷以前にボトムがある場合は、ボトムの値から起算し、期間は右上に示した（四半期はⅠ～Ⅳで示した））。
5）売上高経常利益率は起点からの変化差として、実質賃金は起点を100.0とした指数として示した。
6）利益率の上昇に伴う実質賃金の推移を、①実質賃金が上昇した過程、②実質賃金が概ね横ばいであった過程、③実質賃金が低下した過程、の3つに分類するとともに、こうした過程が時系列に生じたことから、第Ⅰ期、第Ⅱ期、第Ⅲ期と順序づけを行った。

れる。企業利益が増加すれば賃金も上昇するというのが、戦後の労使関係における規範的な姿であったと考えてよいだろう。

グラフでも、かつては「第Ⅰ期」のように利益の増加に伴って賃金の増加が見られ、右上がりの形状を示していた。

ところが、この関係は消費税率が三％から五％に引き上げられた一九九七（平成九）年をもって終焉し、「第Ⅱ期」へと移行することとなった。

この年に始まった景気後退は、バブル崩壊を超える厳しいものであったことが、その後になって知られることとなるが、経済情勢を見誤った「失政」が日本経済と労使関係に与えた影響には、計り知れないものがあった。

しかし、なぜ、このような無謀な経済政策がとられることになったのか。また、当時、経済運営においてどのような考え方がとられ、どのような経営判断がなされたのか、総合的に理解し、評価する必要があるだろう。

グラフにもどれば、利益と賃金に刻まれた歴史の変節点にはもう一つある。

利益が増えれば賃金が増える「第Ⅰ期」から、利益が増えても賃金は増えない「第Ⅱ期」へと移行した日本社会は、平成の終わりを迎え、ついに、賃金を削って利益を確保する「第Ⅲ期」へと移行したのである。

企業利益と賃金の関係における、この激しい変化の原因を究明することが、平成の企業経営と労働者の地位を理解する鍵であり、「会社の行方」をとらえ予測するための基礎的前提となるに違いない。

†「新時代の「日本的経営」」がもたらしたもの

第Ⅰ期から第Ⅱ期への直接的な引き金は、一九九七年四月の消費税率の引き上げであり、同年一一月に成立した財政構造改革法（財政構造改革の推進に関する特別措置法、後に一部改正、さらに凍結）が追い打ちをかけ、厳しい総需要の抑制が続いた。これら無謀な経済政策は、アジア通貨危機への柔軟な対応を遅らせ、北海道拓殖銀行の破綻、山一証券の廃業など、その後に続く大きな金融危機を引き起こすこととなった。

しかし、このような戦後最大級の経済危機に際し、政府首脳や企業経営者たちが、あたかもそれを傍観するような態度を取りえたのは、一体、どのような背景によるものだったのだろうか。

それは、「人の見える手」によって果敢に日本経済に働きかけ、数々の成功を収めてきた戦後の歴史の終わりであり、また、それは同時に、「神の見えざる手」によって市場調整メカニズムで問題に対処しようとする、新たな時代精神の成立でもあった。

こうした経済思想上の変化は、バブル崩壊後に多数、発表された意見によって生み出され、流れがつくり出されたものであったが、その企業経営上の文書に「新時代の「日本的経営」――挑戦すべき方向とその具体策」がある。このレポートは、一九九五年五月に日本経営者団体連盟（旧日経連、二〇〇二年に日本経済団体連合会に統合）が公表したもので、その核心部分では「能力・成果重視の人事処遇が求められているが、かりに企業での能力発揮が満たされなかった場合、働く個々人の能力を社会全体で活用するために、企業を超えた横断的労働市場を育成し、人材の流動化を図ることが考えられなければならない」と書き込まれた。

また、その具体的な運用方法として「自社型雇用ポートフォリオ」が提言された。同レポートでは、「今後の雇用形態は、長期継続雇用という考え方に立って企業としても働いて欲しい、従業員としても働きたいという長期蓄積能力活用型グループ、必ずしも長期雇用を前提としない高度専門能力活用型グループ、働く意識が多様化している雇用柔軟型グループに動いていくものと思われる。つまり企業と働く人のニーズがマッチしたところで雇用関係が成立する」（傍点筆者）と記されている。日本の雇用形態が三層構造を持つこととなると予測し、その組み合わせによって、コスト管理を行うことを提言したものであった。

ここに用いられた「ポートフォリオ」という言葉は、本来は、金融資産の保有について、リスクを低減させるために様々な種類に分散投資する組み合わせのことを指している。このような金融の概念を人事・労務の実務に持ち込んだことは、戦後の労使関係の通念からすれば、驚くべきことであった。

ただし、「自社型雇用ポートフォリオ」論でいわれた「長期蓄積能力活用型」と「雇用柔軟型」は、「正社員」と「パート・アルバイト」に対応しており、その組み合わせについて論じることは、このレポートが公表された時点で、特別、珍しいものではなかった。このレポートの立論上の注目点は、ここに「高度専門能力活用型」を付け加えたところにある。

すなわち、職業能力の形成やその評価が、同一企業での長期雇用を前提としている現実のもとで、企業内育成を経ずに高度な専門的能力を備えた人材層を形成できるとしたのである。

このような人材は、ある特定の企業で評価されなくても、社会的には十分通用するのであって、企業を超えた横断的な「労働市場」が形成されることによって、企業にとっても、また、労働者にとっても、満足のいく労働力配置が達成される、と想定される。企業は、必要な時に高度な専門能力を備えた人材を、労働市場から調達することができ、一方、労働者にとっても、企業に隷属せず、自立した職業生活を営むことができる、というストーリーが提供されたのであった。

†「雇用流動化論」と「構造改革」

旧日経連の「新時代の「日本的経営」」が描き出した日本的雇用慣行の改造論は、「雇用流動化論」と呼ぶことができるだろう。日本的雇用慣行が、人材を企業の中に閉じ込めているという認識に立って、労働市場を用いて「人材の流動化」を図り、主体的に働く者の満足感を引き出しつつ、企業経営を強化するというものであった。

果たして、このようなことが実現できるのかはさておき、雇用流動化論は、転職によるやりがいの実現を訴えることによって、経営者層ばかりではなく、労働者からも一定の支持を取り付けることに成功したのである。

このレポートの傑出した出来映えは、ここに「同質性の高い組織風土が、従業員の自主性、自立性、独創性の欠如や責任の希薄化を生む土壌となっているのではないか」「企業偏重型生活スタイルからの脱却の困難が社会や家庭のバランスを壊しているのではないか」といった論点を書き加えたことにある。日本的雇用慣行が「会社人間」を再生産しており、真に実りある職業生活を実現するために、雇用慣行を作り変えなくてはならないというメッセージは、発表当時、多くの人々の心をとらえることになった。
また、雇用流動化論は、企業経営や労使関係の改革にとどまるものではない広がりをもっていた。それは、当時「構造改革」といって議論されていた、社会運営の思想を根底に置くものだったのである。

政府は、一九九五年一二月に「構造改革のための経済社会計画」を閣議決定し、「市場メカニズムの発揮」、「規制緩和の推進」、「自己責任原則の確立」などを経済運営の基本方針とすることを明文化した。雇用流動化論は、まさに、この構造改革の雇用部分を構成するものであり、雇用流動化論を批判することは、同時に構造改革を批判するものでなくてはならなかったのである。

ところが、日本のナショナルセンター（労働組合の全国中央組織）である日本労働組合総連合会（連合）の雇用流動化論批判はあまりにも視野狭窄であり、日経連の主張は総額人件費の抑制をねらうものであるとの視点にとどまっていた。さらに言えば、「構造改革のための経済社会計画」を閣議決定した内閣は、日本社会党委員長である村山富市首相を首班とする内閣だった。

労働側は、当時、何が起こっているのか、また、そこで自分たちは、どのような役割を果たすべきなのか、歴史的な認識を完全に喪失していたのではないかと想像される。

†冷戦構造終結のインパクト

米ソが展開した冷戦は、いずれの社会体制を選択するかという闘争であったが、アメリカの勝利のもとに冷戦が終結したことは「自由主義市場経済体制の勝利」と認識され、市場メカニズムへの信認を大いに高めることになった。

冷戦構造の時代では、労働問題は特に失業問題を中心に自由主義市場経済の欠陥としてとらえられ、そこへの対処に慎重さを欠けば、体制的危機を招来するものと考えられていた。したがって、市場メカニズムに信認を置く新古典派経済学が、労働問題の具体的対応に積極的な提言を行うなどということはありえなかった。また、そのような角度からの提言の危険性は、日本の政治や政策当局レベルにおいても十分に理解されていたのである。

ところが、冷戦の終結は経済思想や政策論の見取り図を激変させた。新古典派は新たな政策提言活動を開始し、労働問題の統計的・計量的分析を通じて、市場メカニズムを活かす構造改革を積極的に説き始めたのである。

その世界的な提言活動は、パリに本部を置く経済協力開発機構(OECD)の労働市場研究として遂行され、一九九四年に「雇用戦略」としてとりまとめられた。新古典派が展開した「労働市場論」によって構造改革の理論と政策がつくり上げられ、日本の経済学者や政策担当者に対しても、大きな影響を及ぼすこととなったのである（労働市場研究の経過や内容については、筆者著『日本型雇用の真実』［ちくま新書、二〇一三］第二章で詳述）。

また、冷戦終結後の時代は、グローバリゼーションの時代でもあった。旧ソ連・東欧諸国の経済協力機関であった経済相互援助会議（COMECON）は、一九九一年に解体され、東側陣営に所属していた諸国は、相次いでOECDに加盟した。世界が自由主義市場経済の原理に束ねられ、全地球規模（global）で市場メカニズムが発揮される時代を多くの経済学者が期待した。特に、OECDの新古典派エコノミストにその志向性が強かったことは疑いがないであろう。

世界の思潮の変化が、同時代的に日本の経済政策や経営思想にも作用し、まさに時代は、グローバリゼーションの時代へと突き進んでいったのであった。

なお、日本の政策担当者が新古典派経済学の政策論を積極的に用いることとなった背景についても、推測できる範囲で付言しておきたい。まず、財政当局は、累増する国債発行残高を前に、財政支出を極力抑制することを目指していた。そのためにも規制緩和を進め、市場メカニズムを活用することによって、政府が負担してきた機能を代替することができれば、財政再建という目的に適うものであった。また、二〇〇一年の中央省庁再編を前に、経済官庁は自らの権益拡大を目論んでおり、労働行政の組織や政策を改革するとともに、戦後の労使関係やそのもとで形成された雇用慣行をも改革の対象とみなしていたことは、十分に考えられることであった。

†揺らぐ人事部

かつて大きな会社の人事部には、強い力が備わっていた。企業別労働組合と交渉する経営側の代表者として責任ある言動と態度が求められ、しかも交渉相手には産別組織やナショナルセンターの理論家がついており、他企業の人事担当者との情報交換も欠かせなかった。日本の会社は、このような環境のもとで自社の社員を採用し、職務遂行能力の育成と評価を行いながら、会社の価値観を共有することのできる社員を育て上げてきたのである。日本社会に生きる人々は、このような社員を規範的なものと考え、「正」社員と呼んでいる。

日本企業は、自社の創業の理念や組織的な価値観を継承するため、企業内の労使関係を重視し、労働組合の理解と協力のもと、「終身雇用」「年功賃金」として社会的にも広く観察される雇用慣行を生み出してきた。

人事部はまさに企業経営の中心にあって、会社の価値観を体現し、社風を生み出し、それらを具体的に運用する集団であった。しかし、雇用流動化論は、横断的労働市場を用いた労働力配置を提言しており、これら日本的な慣行についての理解を欠いている。しかも、それらは、金融の言葉や新古典派経済学の論理によって形づくられていた。

戦後の労使関係と人事部の気風の中で育て上げられたプロ集団が、にわかに雇用流動化論に乗り換えることができたのかは定かではないが、大きく変わる社会の論調にとまどい、自信を失っていったのは間違いない。そして、労使関係の中で培われてきた人事上の約束事が忘れられていき、人事担当者に少なからぬ混乱を生み出すこととなった。

一九九七年に日本生産性本部が実施した調査（日本的人事制度の変容に関する調査）に、人事部が人材育成に取り組む姿勢について、能力開発は本人主体か、会社主体か、という設問があった。この結果は、本人主体と考えるものが四九・〇％、会社主体と考えるものが二三・七％、どちらとも言えないが二六・三％であった。

日本企業の人事部は、採用した社員一人ひとりの資質を長期に見定めながら、その配置計画をもって職業能力開発を推し進めてきた。このような慣行の中で、本人主体と回答した人事部が会社主体とした人事部の倍以上の数に及んだことは、当時において既に、雇用流動化論の市場主義的な考えが、かなり浸透していたことを裏づけている。ただし、どちらとも言えないとした割合も高く、本人主体とした回答が半数に達しなかったところに、人事担当者の良識がかいま見られたのかもしれない。

このような事態こそが人事部の混乱だった。人事担当者は、その後、数々の失敗を重ね、結局は伝統的な考え方へと回帰していくこととなった。

一〇年後の二〇〇七年にも日本生産性本部は同種の調査を実施しているが、その集計結果では、能力開発は会社主体で行うとするものが、実に七六・七％にまで高まった。この二〇〇七年調査には、どちらとも言えないという選択肢がなかった故に、劇的な数値の転換が発生したという事情もあったとは言え、人事部が歴史に根差した定見を持ちえていたらと悔やまれる。

人事部は今、構造改革によって推し進められた様々な誤りから人事・処遇制度を修復するための対応に追われている。しかし、これまでの失敗と混乱によって、すでに人事部の地盤沈下は進行し、経理や財務を担当する役員の圧倒的な勢力を成立させてしまった。過去の失点を取り戻すための対応が、如何に困難なものであるか想像に余りあるものがある。

†進む構造改革

新古典派経済学が主導した構造改革は、着実に組織の中に入り込んできた。成果主義型賃金の導入もその一つである。

新古典派経済学は、賃金は、限界生産物によって決まると言う。しかし、会社の中で組織的に働く一人ひとりの労働者について、その人自身が創りだした生産物を特定することは容易ではない。しかも、その人が投入した労働力の最終単位の成果を賃金と対照させるなどということに、どれほどの実践的価値があるのか疑問である。

しかし、バブル崩壊後の日本企業は、定期昇給のもとで着実に増えていく人件費コストの抑制のために、賃金は市場で決まるという論理を欲していた。また、労働者も成果によって賃金が決まると言われた時、自らの賃金が増えると思った人が少なくなかった。日本の年功賃金は、年齢や勤続年数によって機械的に賃金が決まっており、成果がきちんと反映されていないと思っていた労働者は多かったのである。

年功賃金の制度的表現は、職能等級資格制度であるが、ここに言う職能賃金とは、長期雇用の中で継続的に働き、育成される労働者について、その育成と評価とを一体的に進める計画性と長期性をもった仕組みと理解できる。こうした仕組みには、人事部と労働組合の間での長い交渉の歴史が込められている。かりに、年功賃金がただ単に年齢や勤続年数で決まると見られていたのなら、職能賃金の運用にかなりの問題があったと言わざるをえないが、それでも、「賃金は市場で決める」「成果で測る」などの考えが出てきたのなら、当事者は、もっと身構え、慎重であるべきだった。

成果主義型賃金は、一九九〇年代の後半から二〇〇〇年代の前半期にかけて盛んに導入されたが、時を同じくして、同一年齢層の労働者の間で、賃金格差が目立って拡大するようになった。

成果主義型賃金を運用するには、一人ひとりの労働者の業績を把握、評価する仕組みとして業績評価制度を必要とするが、二〇一二年の調査（厚生労働省「就労条件総合調査」）を見ると、制度としてうまく機能しているとする企業はわずか二割に過ぎない。一方、同調査に表れた問題点は、枚挙に暇《いとま》がない。評価を行う企業側の問題点としては、「部門間の評価基準の調整が難しい」「評価者の研修、教育ができていない」「格差がつけにくく中位の評価が多くなる」などの回答が多い。また、ここで注目されるのは、特に大企業において「評価に手間や時間がかかる」が多くなっていることだ。

これらには、それぞれの事業部門で人の評価を行うことの難しさが表れており、多くの人々が、かつて人事部が担ってきた役割を身にしみて感じたことであろう。

さらに、労働者側の問題を見れば、「評価によって勤労意欲の低下を招く」「評価結果に対する本人の納得が得られない」などであり、このような混乱を招来して、もはや何のための構造改革であったのか、さっぱり意味がわからない。こんなことなら、かえって同じ賃金にしておけばよかったと感じた人も少なくないのではないだろうか。

しかし、このような辛辣な批評も、今となって言えることであって、その渦中にあって苦労してきた当事者にすれば、一度走り出した構造改革を止める術などなかったのである。二〇世紀末から二一世紀初めの日本社会にあって、「構造改革」は全国民の総意であり、市場に任せるということが、全ての判断根拠となっていたのである。

二〇〇二年には、完全失業率は戦後最悪の五・五%にまで達したが、その頃の国会審議を見てみると、市場によって生み出された事態は誰もがそれを受け入れなくてはならないものとされ、竹中平蔵経済財政担当大臣は「経済成長率が下がる以上、完全失業率が高まることは甘受しなければならない」（二〇〇三年二月衆議院予算委員会）とまで言い切った。「聖域なき構造改革」を掲げる小泉純一郎内閣（二〇〇一年四月〜〇六年九月）の日本社会における歴史的な意味とは、まさにそうしたものだったのである。

†格差社会論争

構造改革は、企業経営と国の経済運営の両面にわたる改革であり、両者は歩調を合わせて進んでいった。

国家運営という点では、財政均衡に向けた歳出抑制が重視され、景気後退を長引かせるとともに、かつてない失業情勢の厳しさを生み出すこととなった。この過程で生じてきた問題が若年層の雇用問題であった。企業は採用抑制を図るとともに、労働者を採用する場合でも、非正規雇用によって採用する傾向を強めた。こうして若年者の失業問題、不安定就業問題が広がっていった。

若年層の不安定就業化と格差の拡大については、優れた研究成果が社会学の分野から報告された。一つは、山田昌弘著『希望格差社会――「負け組」の絶望感が日本を引き裂く』（筑摩書房、二〇〇四）である。同書は、若年層で正社員として就職できる人と不安定就業に落ち込む人との格差が生じており、展望を持てない若者は社会の不安定要因になるだろうとの予測を提示した。

また、啓蒙書としての性格が強いが、佐藤俊樹著『不平等社会日本――さよなら総中流』（中公新書、二〇〇〇）は、社会移動の閉鎖性が強まっており、高学歴者は親の世代からの蓄積を継承している可能性が高いと主張した。さらに同書では、知識社会においては教育経験が経済的格差に直結するとともに、市場競争志向の経済学の研究と教育が、高学歴層への富の集中を正当化する論理へと転化していく様を、惻々《そくそく》と描き出していた。

残念ながら、これらの業績は、それを否定する言説も多く、世論を動かすほどの力を持ちえなかった。しかし、社会的論争が核心を外し、脇道にそれてしまった最大の原因は、格差社会論争が経済学の論争として余りにも目立ちすぎていたことにある。格差社会論争は橘木・大竹論争を主軸に展開することとなった。

格差社会論争は、橘木俊詔著『日本の経済格差――所得と資産から考える』（岩波新書、一九九八）が、日本の格差は国際的に見ても大きく、歴史的に見ても拡大していると主張したことから始まった。その実証的根拠を精査することもなく、安易に橘木説を用い、構造改革批判が行われたことも、問題をこじらせた背景の一つであった。

これら論争の終結打が、大竹文雄著『日本の不平等――格差社会の幻想と未来』（日本経済新聞社、二〇〇五）であった。同書は、それまでの橘木・大竹論争の諸論点を網羅し、国際的にみて大きいとされた所得格差については、その計測は、日本の場合、公的年金の受け取りを含まない所得再分配前のものであり、所得再分配後の他国の値と比較されたことが誤りだと強く指摘した。所得概念の統一を図って国際比較を行えば、日本の所得格差が国際的に見て大きいという結論を導くことはできないのである。

また、時系列で見て所得格差を示す数値指標（いわゆる「ジニ係数」）に高まりが見られるのは、人口構造の高齢化に伴うもので、所得水準も低く格差も小さい若年層の人口構成が縮小し、全体の格差が拡大しているように見えたとしても、それは「見せかけ」であるとの解説が施された。この論理が同書副題の「格差社会の幻想」という表現につながっている。

同書出版の社会的評価は極めて高く、主流派経済学者の賛意を集め、数々の賞が立て続けに与えられた。そして、政府は、経済的判断として同書の成果を用い、政府公式見解が成立することとなったのである。
二〇〇六年一月から始まった第一六四回通常国会では、格差拡大の観点から構造改革を批判的に審議する場面が見られたが、小泉首相は、この政府公式見解を盾に、堂々と論戦を制することが可能となった。その答弁要旨は概ね次の通りである。

小泉構造改革によって格差が拡大しているのではないかとのお尋ねですが、この点について、近年、ジニ係数の拡大に見られるように所得の格差が拡大しているとの指摘がありますが、統計データからは、所得再分配の効果や高齢者世帯の増加、世帯人員の減少といった世帯構造の変化を考慮すると、所得格差の拡大は確認されないという専門家の報告を受けております。（二〇〇六年一月衆議院本会議、前原誠司議員に答えて）

私は格差が出ることとは別に悪いこととは思っておりません。今まで悪平等だという批判は多かった。能力のある者が努力すれば報われる社会、総論として、そういう考え方は多いと思います。（同年二月参議院予算委員会、市川一朗議員に答えて）

どの国においてもどの時代においても格差はあります。そういう中で、私は業績をあげた人、成功した人に対して、ねたむような風潮とか、あるいは能力のある人の足を引っ張るような風潮は、これを慎まないといけないと。成功者をねたんでも自分が成功するとは限りません。能力のある人の足を引っ張っても、自分の能力が高まるわけではありません。（同年三月参議院決算委員会、佐藤雄平議員に答えて）

†リーマンショックと政権交代

新古典派経済学の理論と政策には、三つの問題があった。第一に、格差拡大を伴う労働者の所得分配の悪化である。構造改革が若年層の不安定就業や中高年労働者の賃金格差をもたらしたことは紛れもない事実であった。経済学主流派は、格差を測定するための指標として「ジニ係数」を用い、その範囲の中で論争していたに過ぎない。経済学者にとって、ジニ係数の上昇が高齢化によって説明できる部分が大きいというのは新しい発見だったのかもしれないが、それを政府公式見解や総理答弁によって社会的に増幅させたことは、経済学という学問そのものに疑問を抱かせるものであった。

第二に、金融経済の肥大化である。構造改革によって労働組合の交渉力は後退し、企業活動の自由度は格段に高まったが、そこで生み出された企業利益は、実体経済に再投下されることは少なく、金融資産として保有される傾向を強めた。労働側への所得分配が悪化し国内経済が疲弊する中で、企業にとっての有効な投資機会は国内に乏しくなり、利回りのよい金融資産によって運用されることは必然的な潮流であった。また、こうした金融面への傾斜は先進国に共通の傾向で、サブプライムローン問題やリーマンショックの導火線を用意することとなった。

第三に、飽くなき欲求と経済成長の追求である。人類はすでに地球環境の制約や、資源・エネルギー制約の壁にぶつかっており、市場メカニズムの発揮による経済活性化という考え方自体が、一八世紀の産業革命期の幻影にすぎなかったのである。

国際的にも二〇〇六年ころから懸念されだしたサブプライムローンとは、米国の信用力の低い個人向けの住宅ローンであり、しかも貸付債権として小口証券化され、様々な金融商品に組み込まれ、高い利回りが期待できる金融商品として国際的に広く販売されていた。二〇〇八年九月、危機はリーマン・ブラザーズ（米国の大手証券会社）の破綻として顕在化した。金融危機は世界的に広がり、世界同時不況をもたらすこととなったが、日本は経済拡張を輸出に依存していたが故に、大きな経済的落ち込みを経験することとなった。

これらは全て構造改革の論理的帰結であったが、日本の知識層は問題構造を正しく把握することも、また、それを大衆に的確に理解させることもできていなかった。日頃から代替的な政策構想を持ち、社会的に議論できていたなら、リーマンショックを政策転換の機

「年越し派遣村」の開村式＝2008 年 12 月 31 日、東京・日比谷公園（共同通信）

会とすることもできたかもしれない。しかし、そのような役割を担うことのできる層が乏しい社会にあって、人々の反抗精神は「年越し派遣村」のような発露の形をとらざるをえなかったのである。

構造改革を推進してきたグループが、格差の拡大から目をそらし、貧困問題の存在を認めようとしなかった態度には、心ある人々は怒りに近い気持ちを持っていた。社会正義を訴えるため、この格差や貧困を可視化し、マスコミ報道を味方につけるという戦術が編み出されたのである。

二〇〇八年末、東京日比谷公園に年越し派遣村が開設され、雇用調整の対象となった非正規労働者の夜営が張られた。その社会的アピール力は大きく、二〇〇九年八月の第四五回衆議院議員総選挙まで報道の過熱は収まることがなかった。

しかし、日本の経営者と労働組合にとってみれば、この過熱報道の裏に隠れた事実こそが、未来の歴史をつくる上で重要な事柄だったかもしれなかった。

二〇〇九年一月一五日、経団連と連合は、「我が国はこれまでも大きな経済危機を労使の努力で乗り越えてきた経験がある。長期雇用システムが、人材の育成及び労使関係の安定をはかり、企業・経済の成長・発展を支えてきたことを再認識し、労使は雇用の安定、景気回復に向けて最大限の努力を行う」との共同宣言を発表した。

これはリーマンショックによって構造改革の誤りに気づいた労使のリーダーたちが、雇用流動化論から離脱し、日本型雇用システムの雇用安定機能を基盤として、経済社会の立て直しを企図したものであった。

この宣言は決して言葉だけのものではなく、労働者の解雇を回避する措置が追求され、雇用の安定と労働者の生活を守る努力が続けられた。各種労働統計の数値で見ても、企業の雇用維持の姿勢は、小泉政権下の景気後退過程と、リーマンショック時の麻生政権下では、明らかな違いがあった。

景気後退に伴う社会的動揺は短期で収束し、早くも二〇〇九年春には景気の底入れを探る動きになってきた。景気の一致指数である鉱工業生産指数の底は二月であったし、所定外労働時間指数も三月を底に上昇に転じた。

ところが、報道ではこれらの成果に言及されることは少なく、完全失業率など景気の遅行指数ばかりが報道され、不況の深刻さが強調された。無用な解雇を回避し、社会の安定を確保するためにも、バランスのとれた経済報道が重要であることは言うまでもない。

二〇〇九年九月の政権交代は、こうしてつくられた社会の雰囲気によって達成されたものであって、政策転換のための実質的な議論が深まっていたとは、とても言えなかったのである。

†社会の保守化と官製春闘

民主党政権下の二〇一一年三月、東日本大震災が発生した。日本列島を襲った震災の中で、特にこの震災が区別されるのは、原子力災害を引き起こしたということである。

リーマンショックが金融面からの蹉跌であったとするなら、原子力災害はエネルギーの面から、経済成長の限界を知らしめたものであった。民主党政権が、これら全人類的危機を受け止め、日本として解決の針路を見いだすような政権運営を行うことができていたなら、歴史は違う道筋をたどったかもしれない。

危機に陥った社会が、そこから正しく脱出する道を探ることは、決して容易ではない。しかし、政治の世界では、ある種の魔術を用いることができるようだ。例えば、日本社会は別に危機に陥ってもいないし、全人類的危機などという大層なものは存在しないと有権者に思わせることができれば、危機に向き合うなどといった難しい話は、たちまちにして消滅してしまうのである。

二〇一二年末の第四六回衆議院議員総選挙を勝ち抜いて樹立された政権は、自らの経済政策をアベノミクスと称して、「三本の矢」による政策を打ち出した。第一の矢は、金融の異次元緩和であり、マネタリーベースを大量供給して、物価低下に沈みがちなマインドを上向かせるとした。第二の矢は財政拡張であり、デフレ脱却に向け政府が直接的に需要を創造するとした。第三の矢は規制緩和であり、民間投資を喚起して経済成長を実現するとしたのである。

このような内容を含む同年一二月二六日の総理就任演説は、まさに大胆不敵なものであった。

政権運営を始めた時点での最大の難関は、民主党政権時代に決められていた、二〇一四年度の消費税率の八％への引き上げであった。景気の腰折れを回避しながら消費税の価格転嫁を行うためにも、デフレからの脱却は不可避の経済政策であった。また、国民からの支持をつなぎ止め政権を維持するためにも、国民に消費税の担税力があると思わせる必要があり、政府が経済界に賃上げを要請し、その上で、毎年度の春闘が行われるという「官製春闘」も開始された。

これらの対応は、目に見える成果を上げ始めた。雇用情勢が改善し、マイナスが続いて

首相が財界に賃上げを要請。左から2人目が安倍首相＝2013年9月20日、首相官邸（共同通信）

きた名目賃金（現金給与総額）は、二〇一四年にプラスに転じた。所定内給与についてみれば、二〇一五年には、実に一〇年ぶりにプラスへの転換を果たしたのである。こうした成果は、政府とともに労働組合側も誇示することとなった。

政治に対する人々の心は、二〇〇九年に政権交代を求めた頃のものとは、明らかに異なるものへと変容していたのである。

†経済運営の持つ魔力

安倍政権の樹立と時を同じくして始まった第一六循環の景気拡張過程では、図2「景気拡張過程の名目賃金と消費者物価」（一二八頁）からも分かるように、賃金のはっきりした上昇が始まった。これは、一九九〇年代末から二〇〇〇年代の拡張過程とは明らかに異なっており、事態は、あたかも好転したかのように見える。

しかし、ここに消費者物価の動向を加味すると、事態は著しい悪化を示していることが了解されるのである。

図2は縦軸に名目賃金を、横軸に消費者物価をとり、景気拡張の始点を原点として、景気拡張に伴う名目賃金と消費者物価の動きを見たものである。さらに、グラフには原点から右上に伸びる賃金物価均等線が描かれており、これより下の領域においては、実質賃金は低下することになる。日銀が目指す消費者物価上昇率二％の目標は達成されていないとはいえ、進行している物価の上昇は、名目賃金の上昇に比べれば、著しく高いのである。

先に、図1「利益率上昇過程における実質賃金の推移」（一〇二頁）で見たように、第Ⅲ期では、企業利益が増大したにもかかわらず、実質賃金の低下が生じている。これは労使関係における賃金抑制の力に加え、政府のとる経済政策が物価上昇を通じて企業利益の確保に荷担し、実質賃金と労働分配率の低下を引き起こしていることを意味している。

三本の矢の政策パッケージでは、まず、金融の異次元緩和によって通貨価値の下落が引き起こされ、円安と輸入物価の上昇が進んだ。消費税率の引き上げを控え、価格転嫁環境を整えるためにも、政府は財政拡張をとっており、長らく低下を続けてきた物価は、コストに押し上げられる形でプラスに転じることとなった。さらに、官製春闘という政府の後

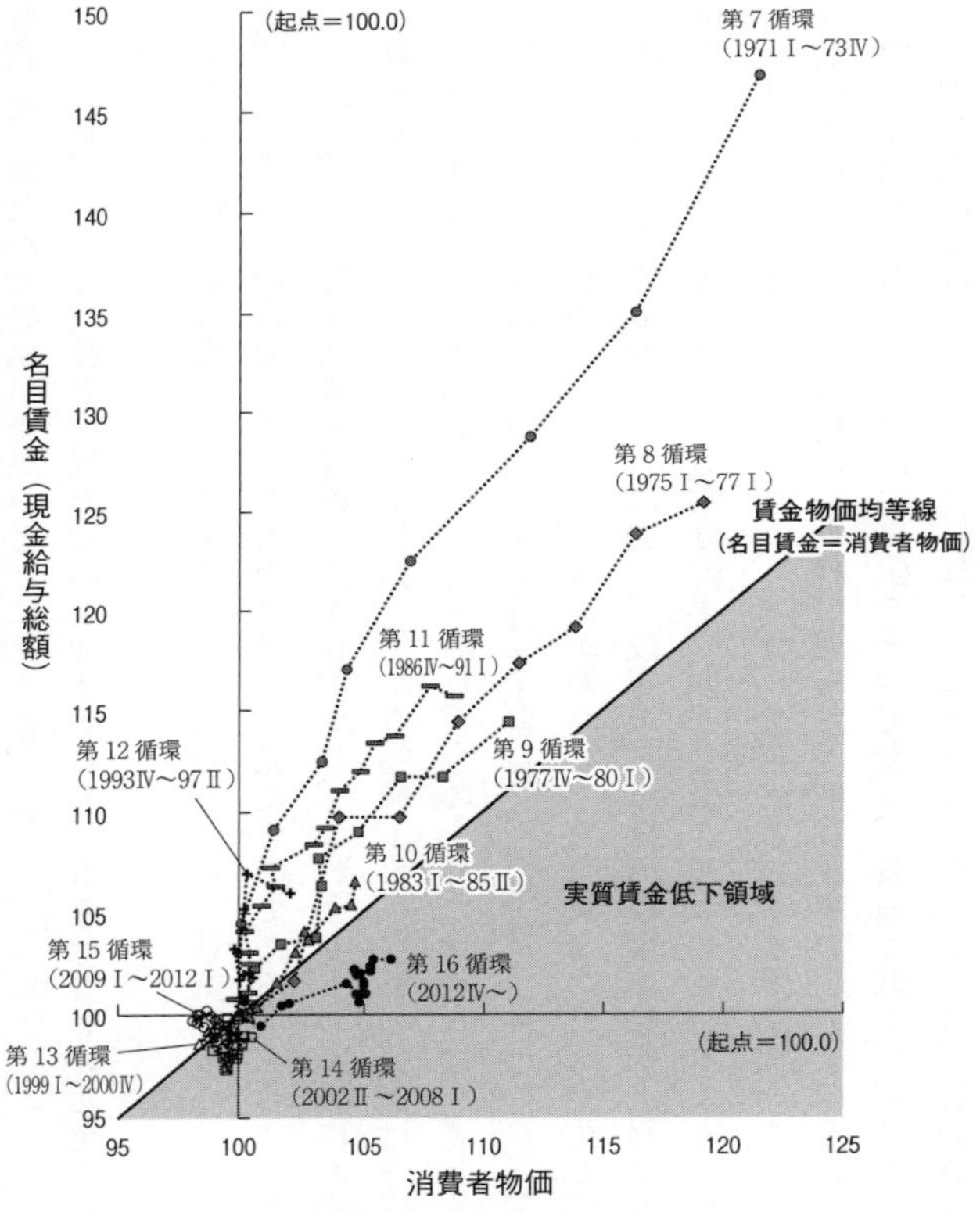

図２　景気拡張過程の名目賃金と消費者物価

厚生労働省「毎月勤労統計調査」をもとに作成

注：1）数値は四半期の季節調整値であり、各景気循環の景気拡張過程について、起点（谷）を100.0とした指数で示した。
2）名目賃金は、調査産業計、事業所規模30人以上の現金給与総額である。
3）消費者物価は、持ち家の帰属家賃を除く総合である（消費者物価は名目賃金を実質賃金で除した指数を用いた）。
4）各数値は、景気拡張過程を示したものであり、各循環期の（　）内に、谷の年・四半期から山の年・四半期を示した（第16循環は、2017年末までの数値を用いた）。

押しによって、名目賃金も上昇に転じたのである。

ただし、名目賃金の上昇率は、この間の物価上昇率に及ぶものではなかった。実質賃金低下に伴う製品輸出のコスト競争力と、さらに円安の助けによって、輸出主導で経済拡張が進行することとなった。もちろん、こうした経済拡張は、その質を問えば、とても「経済成長」として評価できるようなものではなかった。しかし、政府の世論誘導は巧みであり、効果的に「成長戦略」を打ち出すことによって、大衆がGDPの量的増大を歓喜をもって受け入れる土壌を、着々とつくり出していったのである。

こうして、労働者は給与明細書上の賃金額の増加に満足し、片や、企業は実質賃金の低下によって収益環境が確保され、さらに、輸出型大企業は円安による恩恵をも享受することで最高益を更新するという、魔術的な経済運営が繰り広げられた。

一人ひとりの労働者には実質購買力の現実はわかりにくく、官製春闘を進めるナショナルセンターがその事実に向き合わなかったことによって、労働者の窮乏化が進みながら、政権は大衆的な支持を獲得することができたのであった。

しかも、最低賃金の引き上げは極めて戦略的であり、政権の意向を迎え入れる社会層の歓心を買うことに成功した。賃金の分布をみれば、大幅な最低賃金の引き上げは格差の縮小に資するものではあるが、平均賃金の上昇率を上回る物価上昇のもとでは、賃金の中・

上位層ほど実質賃金が削り込まれるのに対し、賃金下位層ほど名目賃金上昇率は大きくなる。これらの賃金分布の変化を伴いながら、労働者全体としての実質所得が低下していくこととなるが、こうした現実は、社会全体として問題提起されない限り、一人ひとりの労働者にはわからない。特に、ナショナルセンターとの関わりを意識することのない労働者層にとっては、賃金額の増加として素直に受け入れられたに違いないのである。

†会社の行方

労働者と企業の関係をみれば、労働運動の後退によって所得分配の悪化はとどまるところを知らず、社会の富はますます企業へと集まっていった。労働者の実質購買力が伸び悩み、さらにはそれが低下するに及んで、国内市場の疲弊と縮小は決定的なものとなった。

このような状況のもとで、企業は市場を海外に求め、国内の実質的な低賃金を利用して国際競争力を保持する方向へと傾くことは避けえないであろう。また、現状における莫大な企業利益にとって有効な投資機会を、実体経済の中に見いだすことは不可能であり、企業の資金は金融資産で運用される傾向を強めることは間違いない。

果たして、こうした平成の歴史は、日本に働く人たちにとって、どのような意味を持ったのだろうか。

戦後日本の労働運動は、企業別労働組合を基本に、それぞれの労使関係を産別組織、ナショナルセンターによって集団化、社会化することに取り組んできた。これに対し「構造改革」は根源的な改革を試み、「労働市場論」を用いて、人が「働く」ということを市場の競争原理の中に投げ込んだ。

この改革は、格差の拡大、平均賃金の低下、人々の働きがいの喪失、さらにはリーマンショックに象徴される経済の不安定化へとつながっていった。しかし、社会の混乱と人々の不安心理の高まりは、戦後日本社会が創り上げてきた「日本型雇用」の価値を再発見するという方向ではなく、強大な国家権力によって直接的に人々が救済される方向へと、大衆社会を誘うこととなったのである。しかも、こうした状況のもとで、現実には人々の窮乏化が進行しているにもかかわらず、国家へと救済を求める志向性にとどまる気配はない。

このような社会にあって、一つ一つの会社の中に、人々の幸せを掬い上げる多様なドラマが展開されることは、次第に期待できなくなっている。アベノミクスで強調されるようになった、いわゆる「働き方改革」も国家主導で推し進められるだろう。

このような動きを、私たちはどのように考えるのか。現代社会に対する歴史的な認識をもって、日本の政治と会社の行方を見つめ直すことが求められている。

さらに詳しく知るための参考文献

依光正哲・石水喜夫『現代雇用政策の論理』（新評論、一九九九）……バブル崩壊後に提起された日本型雇用システムの改革論議（いわゆる「構造改革」や「雇用流動化論」）が、新古典派経済学の論理に基づくものであることを示し、それに代替する経済思想を構想すべきことを論述。

高梨昌『変わる春闘――歴史的総括と展望』（日本労働研究機構、二〇〇二）……二一世紀初頭の厳しい雇用情勢や春闘無用論などに対し、企業別労働組合の現実を踏まえつつ、社会的な労働条件形成における春闘の歴史的役割をまとめ、今後の意義ある継承について提言。

石水喜夫『現代日本の労働経済――分析・理論・政策』（岩波書店、二〇一二）……雇用、賃金など労働経済の基本的データを分析（最新のデータについては、産労総合研究所『賃金事情』において「図説労働経済」として二〇一七年四月二〇日号より毎月連載）。

久本憲夫「正社員の歴史」（同『新・正社員論――共稼ぎ正社員モデルの提言』［中央経済社、二〇一八］に補論として収録）……日本的雇用慣行の核となる概念に「学卒一括採用」「終身雇用」「年功賃金」があるが、これらを会社に勤める者の規範として認めるようになっていく歴史を社会思想史的観点から解説。

軽部謙介『官僚たちのアベノミクス――異形の経済政策はいかに作られたか』（岩波新書、二〇一八）……二〇一二年末に成立した政権が、金融緩和、財政拡張、規制緩和などの政策パッケージを成立させた経過を詳述。

第5講

若者の困難・教育の陥穽

本田由紀

†翻弄されてきた若者と教育

本講の目的は、平成の三〇年間に若者と教育に何が起こったかを論じることにある。個別の事象を詳述する前に、まず大きな流れを概説しておく。

平成期、より正確には一九九〇年代初頭のバブル景気崩壊後に、日本社会において顕在化したのは、それまで少なくとも表面的には効率的に作動していた独特な社会モデル――筆者の言葉で言えば「戦後日本型循環モデル」（本田由紀『社会を結びなおす』岩波ブックレット、二〇一四）――が、労働市場の変容を発端として破綻を迎えたことである。一九六〇年代を中心とする高度経済成長期に形成され、石油危機後の一九七〇～八〇年代の安定成長期に普及と深化を遂げた戦後日本型循環モデルにおいては、主に男性が企業の長期雇用と年功賃金により家計を支え、家族は次世代である子どもの教育に多額の費用と意欲を注ぎ、教育を修了した子どもは新規学卒一括採用により間断なく企業に包摂されるという循環構造が成立していた。この循環構造を前提として、政府は産業政策により企業の雇用を維持しておけば、教育および家族への政府支出をきわめて低く抑制することが可能となっていた。この独特な構造、特に企業の雇用慣行のあり方は、他の欧米先進諸国とは異質であるが有効性の高い一つのレジームとして、安定成長期においては世界的な瞠目と称賛の対象となっていた。

しかし、バブル景気が崩壊したのち、経済の低迷とバブル期の新卒過剰採用、中高年齢層に達した団塊世代の人件費負担、後発諸国の経済的台頭などの複数の要因により、九〇年代から今世紀初頭にかけての日本企業は、新規学卒者を正社員として採用する余力を著しく低下させていた。その結果生じた「就職氷河期」や「ロストジェネレーション」の直接の対象となっていたのが、折しも二〇代の年齢層であった団塊ジュニア世代である。団塊世代の子どもを含み人口規模の大きい団塊ジュニア世代は、「学校から仕事への移行」において大きな困難に直面した。その経歴面での傷跡は、彼らがすでに四〇代半ばへと加齢した平成末期においても、彼らの中に明確に残っている。

今世紀に入ってからは、二〇〇二年頃に開始したいわゆる「いざなみ景気」により新規学卒労働市場には回復が見られたが、二〇〇八（平成二〇）年にアメリカで発生した国際金融危機（リーマンショック）によりこれは終了した。二〇一一年には東日本大震災が発生し、雇用情勢にも負の影響を及ぼした。しかし、二〇一二年頃から団塊世代が六五歳に達して労働市場を退出しはじめてからは、むしろ人手不足が問題化して若年新卒者は「売り手市場」化している。ただし、就職後の労働条件については明確な回復が見られず、長時間労働や低賃金、ハラスメントなどを意味する「ブラック企業」は広範に日常化している。

このように、一九九〇年代以降の日本の若年層は、主に労働市場の需給変動や雇用環境・労働条件の変化によって翻弄されてきた。総じて生活の困窮度は増大し、それとともに収入や生活状況の格差も広がった。しかし、同時期に日本社会で優勢であった言説は、むしろ日本の経済社会の低迷や閉塞の原因を若者の「劣化」に帰責する内容のものであった。

この言説がもたらした悪しき帰結の一つは、若者の雇用状況に対する政策的対処や社会の循環構造の組み換えがきわめて不十分なものに留まり、個々人自身のサバイバルを称揚する社会的風潮が色濃くなったことである。

もう一つは、「劣化」したとされた若者を矯正するために、学校と家族における教育への梃入れが強化されたことである。平成期の教育政策は、九〇年代の「ゆとり教育」と「生きる力」の強調から、今世紀に入ると「脱ゆとり」へと舵が切られ、さらには右派を支持母体とする安倍政権下においては、教育基本法の変更と、国家への貢献を要請する内容の学習指導要領を通じた「教化」――教育目的・内容・方法のすべてが動員されているという意味では「ハイパー教化」とも呼ぶことができる――の浮上へと変化を遂げている。しかし、為政者の身勝手な欲望を体現したこのような教育への介入は、生活の安定や経済社会の活気を生み出すどころか、「勝ったもん勝ち」とでも表現されうるような残酷さと、諦念や同調とないまぜになった現実主義を若者の間に浸透させている。

この間の主要な動向をまとめたものが表1である。

以下では、このような概略をより詳しくたどり直す形で、平成期に若者と教育に何が起こったかを、統計データ等を適宜参照しながら論じてゆく。

†若年労働市場の推移

戦後日本型循環モデルの重要な構成要素の一つは、新規学卒一括採用という世界でも特異な「学校から仕事への移行」の慣行である。高校や大学の卒業よりもずっと前に就職活動をして内定を獲得し、卒業後に間隙《かんげき》なく従業員として企業の雇用に包摂されてゆくこの慣行は、石油危機後に他国で若年失業率が急上昇した際にもそれをきわめて低い水準に保つことを可能にし、有効性の高い慣行として注目を浴びた。

	政治・世相	若者関連	教育関連
1989年	宇野内閣発足		
1990年	バブル景気		
1991年	宮沢内閣発足 ソ連崩壊、バブル経済崩壊		大学設置基準大綱化
1992年			学習指導要領改訂（「新学力観」）
1993年	細川内閣発足		
1994年	羽田内閣→村山内閣	「就職氷河期」流行語大賞	
1995年	阪神淡路大震災、地下鉄サリン事件		
1996年	橋本内閣発足		中教審「生きる力」答申
1997年		神戸連続児童殺傷事件 就職協定廃止	
1998年	小渕内閣発足		
1999年		労働者派遣法改正	「学力低下」問題化
2000年	森内閣発足	「ロストジェネレーション」	
2001年	小泉内閣発足		
2002年			学習指導要領改訂（「ゆとり教育」）
2003年		「フリーター」の数ピーク、若者自立・挑戦プラン	「PISA ショック」
2004年	「いざなみ景気」	「ニート」問題化	「キャリア教育元年」、国立大学法人化開始
2005年			
2006年	安倍内閣発足	地域若者サポートステーション設置開始	教育基本法改正、教育再生会議発足
2007年	福田内閣発足	「ワーキングプア」流行語大賞ノミネート	全国学力・学習状況調査開始
2008年	麻生内閣発足 リーマンショック	「派遣切り」、年越し派遣村、「内定取り消し」	
2009年	鳩山内閣発足	子ども・若者育成支援推進法制定	
2010年	菅内閣発足		
2011年	野田内閣発足、東日本大震災		学習指導要領改訂（「脱ゆとり教育」）
2012年	安倍内閣発足		
2013年		「ブラック企業」流行語大賞	教育再生実行会議発足
2014年	団塊世代退職		
2015年		生活困窮者自立支援制度開始	
2016年	国勢調査の結果で総人口減少		
2017年			「教育勅語」問題化、学習指導要領告示、「人づくり革命」
2018年			

表1　平成期の若者・教育関連年表

注：本田由紀・筒井美紀編著『リーディングス日本の教育と社会19　仕事と若者』（日本図書センター、2009）の表序-1（5-6ページ）に大幅に加筆。

しかし、一九九〇年代には、その「間断なき移行」に異変が生じた。新規高卒求人数は、バブル絶頂期であり一八歳人口もピークであった一九九二年には一六五万人を超え、求人倍率は三・三倍に達していたが、九五年には六〇万人、二〇〇〇年には二三万人へと激減した。就職先を失った高卒者の中では非正規労働者や無業者が増加するとともに、大学や専修学校への進学者が急増した。九〇年には二五%にとどまっていた四年制大学への進学率は、二〇〇九年までに倍増して五〇%を超えた。特に女子の四年制大学進学率の上昇は顕著であり、九〇年の一三%から二〇一八年には四八%と男子の進学率に迫っている。

しかし、大学の出口においても就職難は待ち構えていた。進学率の上昇とともに増加した大卒者の中で、増加した人数がほぼそのまま安定した就職先を得られない事態が二〇〇三年頃まで続き、同年には新規大卒者の中で「進学も就職もしていない者」と「一時的な仕事に就いた者」を合わせた比率が二七%に達した(図1)。

労働統計の側から見ても、平成の期間中に非正規労働者は増え続けてきた。図2(一四〇頁)が示すように、非正規雇用のジェンダー格差は明確であり、女性ではむしろ若年層よりも三〇代半ば以上で非正規雇用率が高く、女性全体で見れば五五%を占める。男性は総じて女性よりも非正規雇用率は低いが、二五~三四歳層で平成初期には三%にすぎなかったものが平成終盤には一五%を超えている。

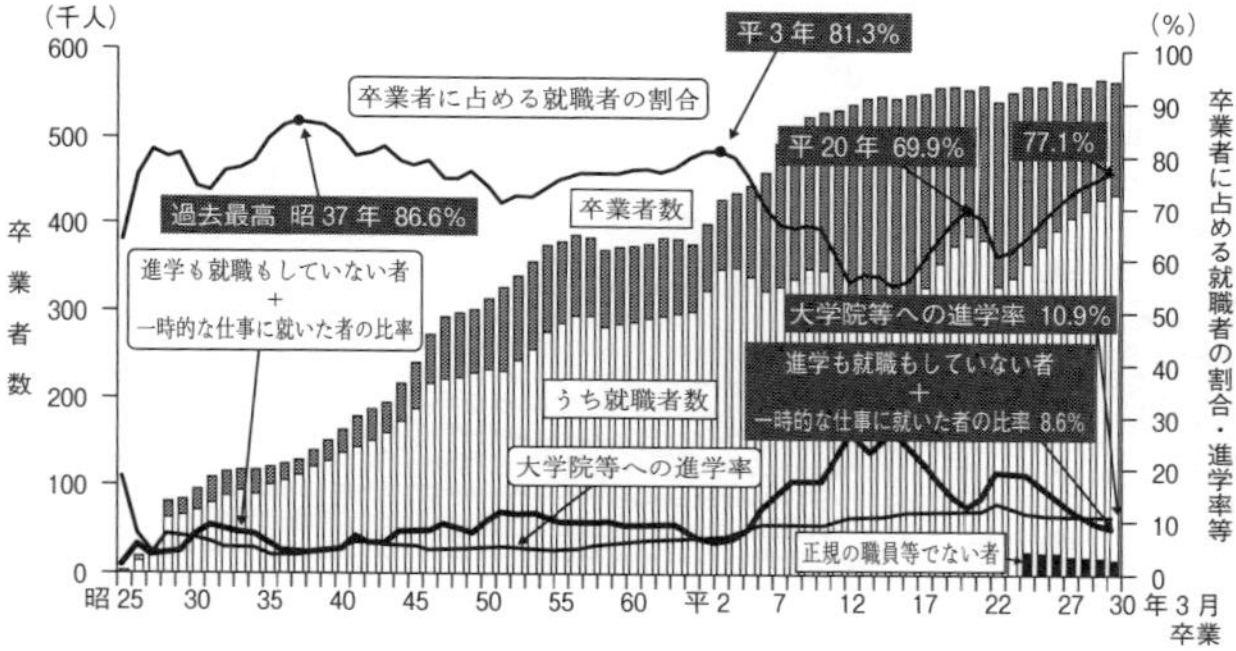

注：1)「進学も就職もしていない者」とは、家事の手伝いなど就職でも「大学院等への進学者」や「専修学校・外国の学校等入学者」等でもないことが明らかな者である。なお、平成 15 年以前の数値には、「専修学校・外国の学校等入学者」を含む。また、「一時的な仕事に就いた者」とは臨時的な収入を得る仕事に就いた者であり、昭和 62 年以前は「進学も就職もしていない者」に含まれる。
2) 就職者のうち「正規の職員等でない者」とは、雇用の期間が 1 年以上の期間の定めがある者で、かつ 1 週間の所定労働時間 40〜30 時間のものをいう。

図 1　卒業者数、就職者数及び卒業者に占める就職者の割合等の推移 ［大学（学部）］

出所：学校基本調査年次統計

そもそも日本の労働市場は、正規雇用と非正規雇用との間で雇用の安定性や賃金構造に明確な格差が存在することを特徴としてきた。戦後日本型循環モデルのもとでは、主に男性から成る正規労働者は企業の構成員として包摂され安定雇用と年功的に上昇してゆく賃金を得る代わりに無限定な貢献を要請され、他方で非正規労働は主婦や学生など補助的・一時的な収入を目的とする層が対象であったために、短期雇用と低水準の賃金が当然視されていた。

しかし平成期には、家計維持者でありながら非正規雇用に従事する者が増加したにもかかわらず、正規との間の強固な分断線は維持され続けている。それに加えて、相対的に非正規よりは有利であるはずの正規労働者の中でも、長時間労働や低賃金、ハラスメントなどの労働条件の悪化が進んでいる。

九〇年代から今世紀初頭にかけて、新たに発生した若年雇用問題の中核とみなされてき

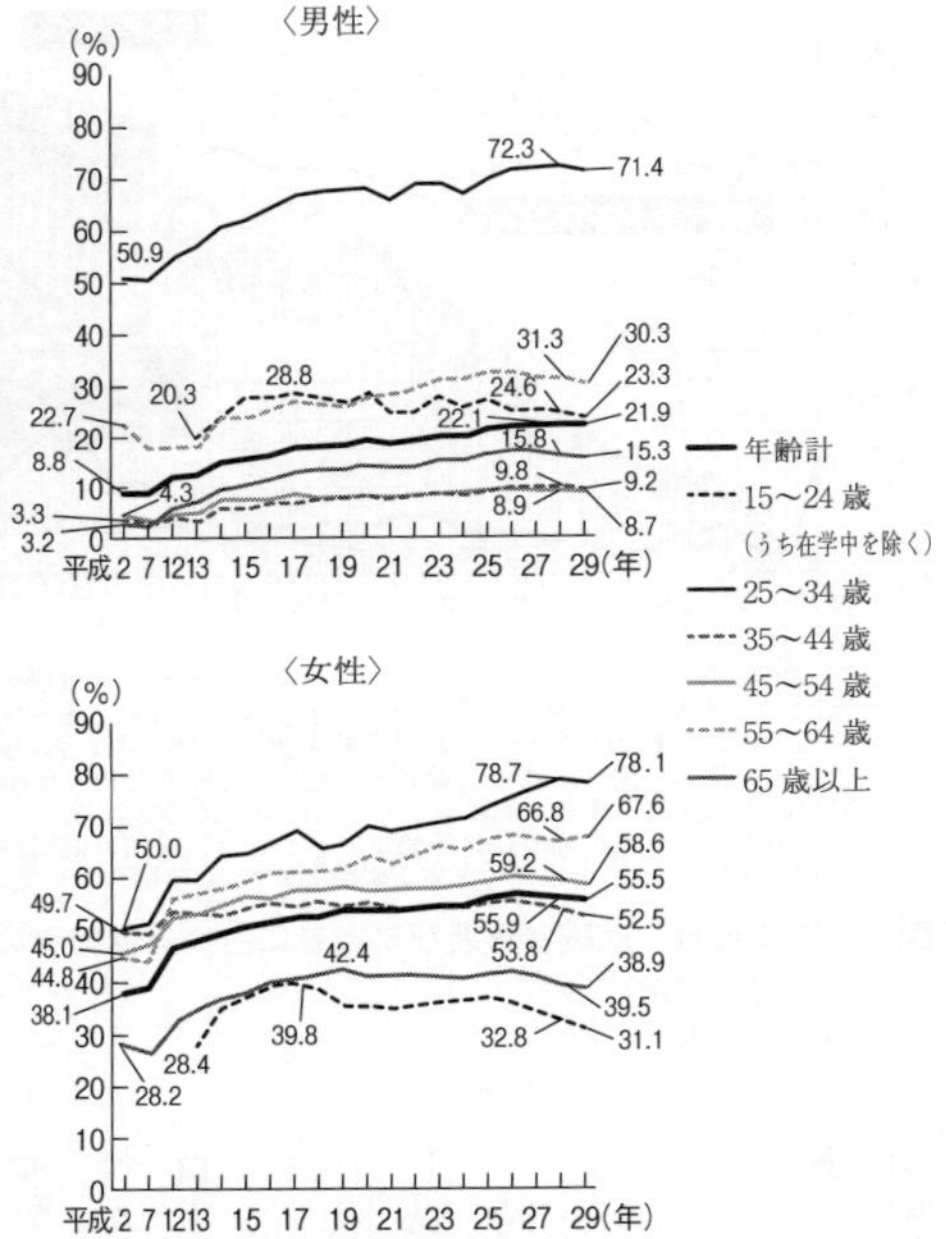

備考：1）昭和60年から平成13年までは総務庁「労働力調査特別調査」（各年2月）より、14年以降は総務省「労働力調査（詳細集計）」（年平均）より作成。「労働力調査特別調査」と「労働力調査（詳細集計）」とでは、調査方法、調査月等が相違することから、時系列比較には注意を要する。
2）「非正規の職員・従業員」は、平成20年までは「パート・アルバイト」、「労働者派遣事業所の派遣社員」、「契約社員・嘱託」及び「その他」の合計、21年以降は、新たにこの項目を設けて集計した値。
3）非正規雇用労働者の割合は、「非正規の職員・従業員」／（「正規の職員・従業員」＋「非正規の職員・従業員」）×100。
4）平成23年値は、岩手県、宮城県及び福島県について総務省が補完的に推計した値。

図2　年齢階級別非正規雇用労働者の割合の推移

出所：内閣府『平成30年版男女共同参画白書』

たのは、正規雇用に参入できない若者の増加であった。「フリーター」と名付けられた若年不安定雇用者の増大への対策として、二〇〇三年に戦後初めて省庁合同で実施された政策群が「若者自立・挑戦プラン」である。〇四年から〇五年にかけては、求職していない無業の若者を意味する「ニート」が社会問題化した。しかしそれ以降、正規労働者であっても厳しい労働条件に直面している若者の存在が指摘されるようになり、そうした現象を表す「ワーキングプア」および「ブラック企業」という言葉が社会に広がった。同時に、非正規雇用についても単なる不安定雇用や低賃金に留まらず、報酬に見合わない多大な責任や長い労働時間を求められる「ブラックバイト」化の進行も指摘されている。

日本企業の変質については第4講「会社の行方」を参照されたい。本講で確認しておくべきは、平成期の若者の困難の最も主要な震源地が労働市場にあったということである。

†若者の貧困と格差

人々の生活保障をほぼ全面的に企業の雇用と賃金に依存していた戦後日本型循環モデルにとって、企業すなわち労働市場の変容は、直接的に生活困窮層の増大をもたらした。二〇〇六年に竹中平蔵総務大臣（当時）は新聞紙上のインタビューで「社会的に解決しないといけない大問題としての貧困はこの国にはない」と発言した。しかし、〇九年に民主党が政権に就いた直後に厚生労働省が初めて公表した日本の相対的貧困率は、〇七年に関して一五・七％と、ＯＥＣＤ加盟三〇ヵ国中で四番目に高い水準であった。それ以後、国内でも貧困の実情に関する分析が蓄積されるようになっている。

図3は、性別・年齢層別・時点別の貧困率に関する阿部彩の分析結果である。まず男性について見ると、時期が後になるほど高齢層の貧困率が低下し、逆に二〇代前半を中心として若年層の貧困率が上昇して二〇％を超えている。女性では高齢層の貧困率の低下は男性ほど明瞭ではないが、若年層の貧困率上昇は男性と同様に生じている。男性高齢層の貧困率の低下は、退職後の年金等を確実に得られる世代が高齢期に達したことに起因すると考えられる。逆に、一九九〇年代以降の日本型循環モデルの崩壊に本人や親世代が遭遇してきた子ども・若者世代では、生活を送る上での収入が端的に不足するという問題が顕在化しているのである。

若年層の経済的窮乏の一因となっているのは、先述した大学進学率の上昇とともに、奨学金受給者も増加していることである。日本学生支援機構（二〇〇四年までは日本育英会）の奨学金の対象者は、一九九八年の五〇万人から、ピークとなった二〇一三年には一四五万人へと、約三倍にまで膨らんだ。日本の大学の授業料は世界的に見ても高額であり、進学者の増加は経済的に無理をしてでも大学に就学する者の増加に直結していた。この奨学金は従来すべて貸与制であり、一人当たりの返済総額の平均は三〇〇万円を超える。大学卒業とともにこれだけの負債を背負って社会に出る若者が増えたことは、その後の彼らのライフコース選択にも影を落とした。

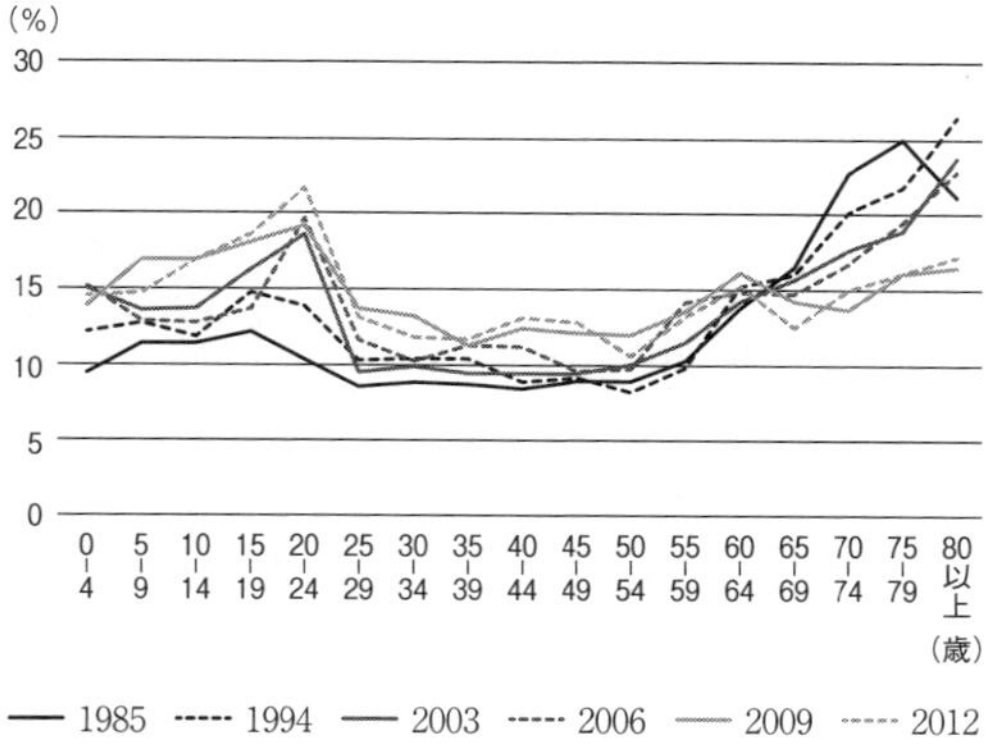

図 3-1　男性の相対的貧困率（1985-2012）

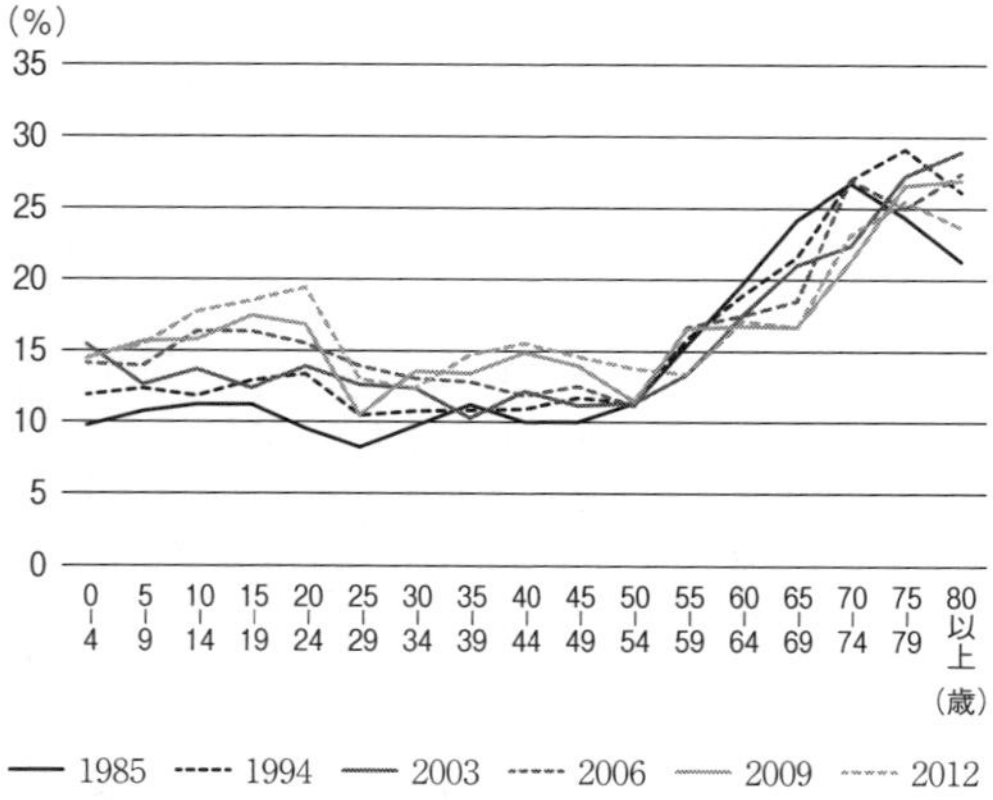

図 3-2　女性の相対的貧困率（1985-2012）

出所：阿部彩「貧困率の長期的動向：国民生活基礎調査 1985〜2012 を用いて」『子どもの貧困の実態と指標の構築に関する研究　平成 26 年度総括研究報告書』、2015

学校を卒業すると同時に正社員として就職し、数年の間に結婚して子供をつくるという、戦後日本型循環モデルにおいては標準的であったライフコースは、九〇年代以降に大きく崩れていった。九〇年時点では三〇代前半の男性で三二％、三〇代後半の男性で一九％であった未婚率は、二〇一五年にはそれぞれ四七％と三五％となり、生涯未婚率（男性）も同期間に五％から二三％にまで上昇する。労働市場の不安定化は家族形成を阻害し、それは八〇年代からすでに進行していた少子化に拍車をかけた。人口規模が大きい団塊ジュニア世代にベビーブームが訪れなかったことにより、日本の少子高齢化と人口減少が抑制されるチャンスはほぼ永久に失われることになったのである。親世代にとっては「当たり前」であった人生のステップを一つ一つ登れなくなった若者世代の出現は、過去の経済成長期には広範に生じていた世代間の階層的な上昇移動を、むしろ下降移動へと逆転させる結果になった。

ただし、若者の困窮やライフコースの変化は、若者の内部で一様に生じていたわけではない。若者の間には、ジェンダーはもとより出身家庭の経済状況や居住地域、学歴など、有利さ・不利さを分ける仕切り線が縦横に走っている。大学進学者の増加はその内部において就職等の面での大学間格差をいっそう顕在化させていたが、かつてより少なくなった非大卒者と大卒者の間の格差もまた深刻化している。吉川徹が社会調査データに基づき指摘するように、若年非大卒層は大都市よりも地方に多く居住し、仕事の不安定さの度合いは大きく、収入は低く、文化的活動・消費行動・政治参加など様々な点で大卒層よりもきわめて消極的である（吉川徹『日本の分断――切り離される非大卒若者《レッグス》たち』光文社新書、二〇一八）。

一方には、社会の循環構造が破綻する中でも、大都市の高階層の家庭に生まれ育ち、有名大学から有名企業や官公庁へと首尾よく移行できる可能性を相対的に多く享受できる若者が存在する。他方にはそれとはまったく異なる人生が存在する。若者と一言で呼ぶことはできない差異が一つの世代の中にも刻み込まれており、「生きづらさ」は濃淡をもって現れている。

†若者を語る言説、若者を矯正するための施策

ここまで述べてきた若者の変化は、社会からの関心と様々な議論を呼び起こした。平成期は、それ以前の時期にも増して大量に、「若者」を語る言説が生み出されてきた期間でもあった。その呼び水となっていたのは、平成のごく初期から続けて生じた、いくつかの事件である。一九八九年に犯人が逮捕された東京・埼玉連続幼女誘拐殺人事件、高学歴の若者が多数入信していたオウム真理教が引き起こした複数の殺人事件（一九九四年松本サ

リン事件、一九九五年地下鉄サリン事件など)、一四歳の中学生が犯人であった神戸連続児童殺傷事件(一九九七年)などが九〇年代には大きな社会不安を生み出し、それらの原因論として子どもや若者の「心の闇」が様々に言及された(鈴木智之『「心の闇」と動機の語彙』青弓社、二〇一三)。

こうした若年層への不安感が、若年雇用問題と合流することにより、様々な若者バッシング言説が九〇年代後半から繰り広げられる。親世代に寄生し自立しない若者を意味する「パラサイト・シングル」が、定職に就かない「フリーター」増加の背景となっているといった議論を経て、二〇〇四年から〇五年にかけては、働く意欲をもたない若者を指す「ニート」という言葉がイギリスから輸入され、日本独自の定義を与えられてマスメディア等で大きく取り上げられた(本田由紀・内藤朝雄・後藤和智『「ニート」って言うな!』光文社新書、二〇〇六)。「ニート」をめぐる言説の主流となっていたのは、「ニートとは、甘えた、精神的にひ弱な人間であり、彼らがそのようになったのは親の育て方に問題がある」という認識であり、社会にリスクをもたらす彼らを害悪とみなす視線であった。

若者に関するこれらの言説は、まずマスメディアやインターネットを培地として広がり、時を置かずに様々な政策文書に転移し、そのような若者観に基づいて政策が実施されるというプロセスを駆動していた。たとえば、一九九七年六月に神戸連続児童殺傷事件の犯人が逮捕された直後の八月には文部大臣から中央教育審議会に対して「幼児期からの心の教育の在り方について」諮問が出され、翌九八年六月には答申「新しい時代を拓く心を育てるために―次世代を育てる心を失う危機―」が提出された。その中では「モラルの低下」を克服し「心の豊かさ」と「生きる力」を育成するために、家庭・学校・地域に対して多岐にわたる要請が記載されている。

また、若年雇用問題の系列としては、二〇〇三年に文部科学大臣・厚生労働大臣・経済産業大臣・経済財政政策担当大臣が連名で発表した、前述の「若者自立・挑戦プラン」がその典型と言える。このプランでは、若年雇用問題の原因として、需給ミスマッチおよび人材育成システムの変革の遅れと並んで「将来の目標が立てられない、目標実現のための実行力が不足する若年者が増加していること」を挙げている。そして具体的対処策として列挙されている政策は、「キャリア教育、職業体験等の推進」「日本版デュアルシステムやフリーター再教育プランの推進」「ジョブサポーターによる就職支援」など、労働供給側の若者への介入と就労支援が中心となっていた。翌〇四年に策定された「若者の自立・挑戦のためのアクションプラン」においては、「ニート」対策として「働く自信を高め、意欲を喚起・向上するため、合宿形式による「若者自立塾（仮称）」を創設する」施策が新たに追加された。

能登半島地震の被災地でボランティア活動を行う「ニート」の若者たち。右端は若者自立塾の支援者＝2007年4月12日、石川県輪島市門前町（共同通信）

「若者自立・挑戦プラン」と同年に内閣府に設置されていた「人間力戦略研究会」が提出した報告書では、「我が国においては、経済・社会システムのみならず、その根本をなす国民の基盤的な力である人間力が近年低下しつつあるのではないか、との問題提起」に基づき、やはりキャリア教育の導入など学校の変革と、家庭・地域の教育力の向上を提唱している。

このように、九〇年代から今世紀初頭にかけての若者関連の諸政策には、若者のモラルや意欲の低下を諸問題の原因とし、それを向上させ「生きる力」や「人間力」を高めることが解決策となるという見方が通底している。

その後の平成期後半には、労働需要側（企業）の問題を指摘する対抗言説の出現や、労働需給構造の変化により、若者をバッシングする言説は今世紀初頭ほどの影響力はもたなくなっているが、「ゆとり世代」「若者の〇〇離れ」など、様々に形を変えるキーワードによって若者を揶揄する言説はいまだ残り続けている。平成の初期に社会に出た若者たちは、平成が終わりを告げようとしている現在、すでに中高年齢層へとさしかかっている。仁平典宏が指摘するように、かつての若者は若者でなくなり、かつての若者の状況は社会に広がり、若者の中での格差は広がっている中で、「若者論」がもつリアリティは弱まっている（仁平典宏「融解する若者論――〈3・11〉以後の社会的条件との関連で」『学術の動向』二〇一五年一月号）。

†教育政策の変容

前述したように、平成期の若者言説は若者バッシングと矯正の必要性を基調としており、矯正のための主要なルートと目されていたのは学校と家族であった。家族における教育すなわち「家庭教育」の強調とそれを実現するための家族への政策的介入は重要な主題であるが（本田由紀・伊藤公雄『国家がなぜ家族に干渉するのか』青弓社、二〇一七、などを参照）、本講では学校を対象とする教育政策の変化に焦点を絞って論じる。

平成期の教育政策の大きな流れを集約したものが表2である。表内の「メリトクラシー」とは、知識・能力面での優秀さ――主要には「学力」と表現される――を重視する考え方を意味しており、他方の「ハイパー・メリトクラシー」とは、知的側面以外の人格や

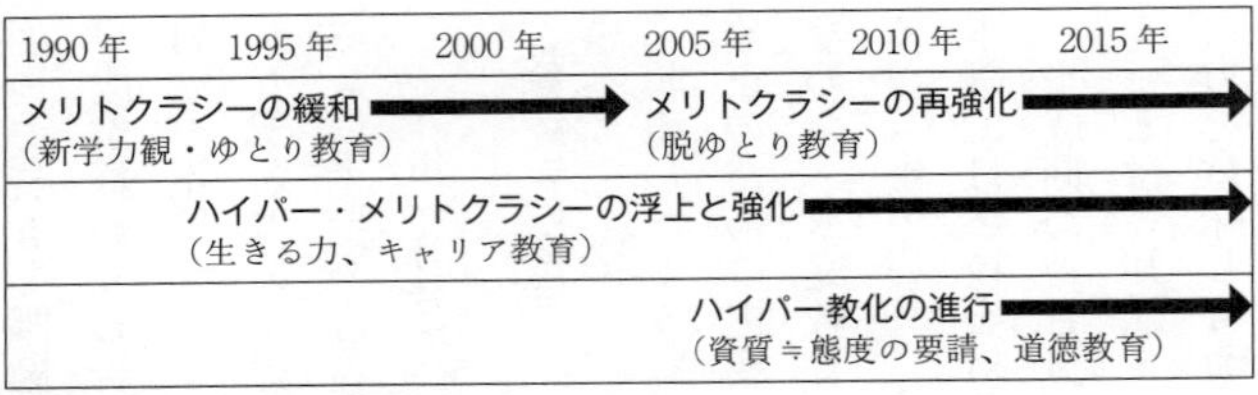

表2　平成期の教育政策の推移

感情・意欲など――「生きる力」「人間力」等をキーワードとする――を強調する考え方を意味している。また、「ハイパー教化」とは、戦前の教育勅語体制下で支配的であった、特定の価値意識や態度を全員に要請する「教化」が、より強力にバージョンアップされた状態を表現している。これら三つの動きが、それぞれの浮沈の経緯を経て、平成末期にはいずれも推進されるようになっている。その過程をより詳しく説明しよう。

平成初期の教育政策は、それに先立つ一九八五（昭和六〇）～八七年の臨時教育審議会の四次にわたる答申の影響を受け、「個性重視の原則」や「教育の自由化」を基本方針とするものであった。それは、九二（平成四）年から実施された学習指導要領における、主体的に自ら考え学ぶことを重視する「新学力観」の打ち出しと教科の学習内容の削減および学校週五日制の導入、そしてそれに続く二〇〇二年実施の学習指導要領における授業時間数の大幅削減や「総合的な学習の時間」の新設などに具体化されており、いわゆる「ゆとり教育」と総称される政策であった。これらにより、「詰め込み的」なメリトクラシーは一時期緩和されたかに見えた。

しかし、九〇年代後半からすでにこうした方向性が「学力低下」を招くとする議論や調査結果が多数現れ、〇二年の初頭には遠山敦子文部科学大臣（当時）が「学びのすすめ」と題する緊急アピールにより、「確かな学力」の重要性を訴えるにいたった。〇三年には、実施されたばかりの学習指導要領が一部改正され、学習指導要領は最低基準であり「発展的な学習」も教えることができるとされた。その後の学習指導要領では、削減されていた学習内容や授業時間数は再び増加し、メリトクラシーへの揺り戻しが起こった。

それと並行して、九〇年代に進んだ新たな流れは、知的な面以外の、より柔軟で全面的な「〇〇力」の必要性を強調するハイパー・メリトクラシーである。その典型は、九六年七月に提出された中央教育審議会答申「二一世紀を展望した我が国の教育の在り方について（第一次答申）」に見いだされる。以下はこの報告書における「生きる力」の説明である。


「生きる力」は、全人的な力であり、幅広く様々な観点から敷衍することができる。

まず、「生きる力」は、これからの変化の激しい社会において、いかなる場面でも他人と協調しつつ自律的に社会生活を送っていくために必要となる、人間としての実践的な力である。それは、紙の上だけの知識でなく、生きていくための「知恵」とも言うべきものであり、我々の文化や社会についての知識を基礎にしつつ、社会生活において実際に生かされるものでなければならない。

「生きる力」は、単に過去の知識を記憶しているということではなく、初めて遭遇するような場面でも、自分で課題を見つけ、自ら考え、自ら問題を解決していく資質や能力である。これからの情報化の進展に伴ってますます必要になる、あふれる情報の中から、自分に本当に必要な情報を選択し、主体的に自らの考えを築き上げていく力などは、この「生きる力」の重要な要素である。

また、「生きる力」は、理性的な判断力や合理的な精神だけでなく、美しいものや自然に感動する心といった柔らかな感性を含むものである。さらに、よい行いに感銘し、間違った行いを憎むといった正義感や公正さを重んじる心、生命を大切にし、人権を尊重する心などの基本的な倫理観や、他人を思いやる心や優しさ、相手の立場になって考えたり、共感することのできる温かい心、ボランティアなど社会貢献の精神も、「生きる力」を形作る大切な柱である。

このような内容から成るハイパー・メリトクラシーは、今世紀に入ると「キャリア教育」の構成要素として位置づけ直される。二〇一一年の中央教育審議会答申「今後の学校

における キャリア教育・職業教育の在り方について」では、「人間関係形成・社会形成能力」「自己理解・自己管理能力」「課題対応能力」「キャリアプランニング能力」から成る「基礎的・汎用的能力」を身につけさせるための教育として「キャリア教育」が定義され、すべての学校教育段階および生涯教育を通じて追求される必要があることが提言されている。

メリトクラシーが重視する「学力」であれ、ハイパー・メリトクラシーが重視する「人間力」であれ、それぞれ何らかの「力」であり、その有無や高低には個人差があることが暗黙の前提とされている。それに対して、すべての人々に一定の価値や規範を一律に注入する「教化」の体制においては、人々の間の差は許容されない。全員に義務として特定の考え方・感じ方とふるまいを強要するのが「教化」である。平成の後半になってみるみる色濃くなってきた「教化」の体制の基盤が整えられたのは、二〇〇六年に成立した新教育基本法によってであった。

更新された教育基本法においては、第一条で教育の目的として「平和で民主的な国家及び社会の形成者として必要な資質を備えた心身ともに健康な国民の育成」が記載され、第二条ではそれを具体化した教育の目標として五つの項目が挙げられ、そのすべてが「……態度を養う」という言葉を含んでいる。すなわち、新教育基本法では教育とは資質≒態度の育成のために行われるものと規定されたのである。これに対して、安倍晋三首相の支持母体の一つである保守系団体の日本会議は、そのホームページ上で、新教育基本法により「伝統を重んじ、国を愛し、公のために尽くす「知徳体」を備えた青少年を育成するという「目標の達成」を義務化する」ことが可能になったと歓喜を表している(二〇〇七年三月一五日「オピニオン」欄、傍点は引用者による)。

教育基本法更新の二年後に告示された改訂学習指導要領では、準備期間の短さから、新基本法はそれほど反映されていない。しかし、その次期にあたる一七年告示の改訂では、従来の学習指導要領とまったく異なる構造へと大きな変更が加えられた。すなわち、教育は「資質・能力」の形成のために教育内容(「社会に開かれた教育課程」)と教育方法(「主体的・対話的で深い学び」)のすべてを駆使して実施されるものと定義された。さらに、形成されるべき「資質・能力」の中でも、「知識・技能」および「思考力・判断力・表現力等」の「能力」よりも上位に君臨するものとして「学びに向かう力・人間性等」の「資質」が掲げられた。

これをもって、新教育基本法で定められた資質≒態度の形成の「義務化」は、具体的なプログラムとして学校教育に組み込まれたのである。「特別な教科」としての「道徳」(小中学校)および「公共」(高校)が新設されたこともその重要な一環である。

同じ一七年には、敗戦後に排除されたはずの教育勅語を学校現場で使用することを容認するという発言が国会で閣僚によってなされたことに対して、社会から批判の声があがった。戦前の教育勅語は、徳目を列挙した天皇の私的文書にすぎなかったにもかかわらず、学校教育現場では「教化」の装置として絶大な威力を発揮していた（教育史学会編『教育勅語の何が問題か』岩波ブックレット、二〇一七）。それをも凌駕する、学校における教育内容・方法のすべてを、国家への貢献という資質＝態度の満遍ない育成に向けて吸い上げる「ハイパー教化」と呼ぶべき学校教育の構造が、平成の末期にいたって姿を現したと言える。

このような、メリトクラシー、ハイパー・メリトクラシー、ハイパー教化の三つ巴《どもえ》が、若者たちに何をもたらすか、その全貌はいまだ明らかではない。しかし、若者たちの中には、平成期の言説や施策の中にあふれるように込められていた暗黙のメッセージが、すでにかなりのていど定着しているようにさえ見えるのだ。

†若者の「リアリズム」

戦後日本型循環モデルのひび割れの中に放り出された若者に浴びせかけられたのは、「境遇が厳しいのは意欲や人間力がないからだ」「意欲や人間力をつけて生き延びろ」というメッセージであり、「この国を愛せ、この国のために貢献しろ」という要請であった。これらの呼びかけは、若者たちの中に何を刻み込んだのか。

二〇〇七年から一一年まで、同じ若者を対象として追跡調査をしたデータがある。その中には社会意識に関する項目も含まれている。それらの意識項目を分析した有海拓巳によれば、「若者が安定した仕事につけないのは、本人のがんばりが足りないからだ」「貧しいのは本人の責任だ」など、いわゆる「自己責任」的な意識への肯定率は、調査期間中に約五割で推移している。また、「自分の能力を発揮して高い実績を上げた人が高い収入や地位を得るのは、良いことだ」「自分の能力を発揮して上げた実績によってその人の価値が判断されるのは、良いことだ」「仕事には、その仕事にふさわしい能力をもった人がつくべきだ」といった、「能力主義」を意味する項目については、調査期間中の肯定率はいずれも八〜九割の高水準で推移している。「とてもそう思う」から「まったくそう思わない」までの選択肢にスコアを与えて変動を検討すると、これらの意識は〇八年から一一年までの間に上昇してさえいることが統計的に確認される。多変量解析により変化の要因を分析すると、政府や企業への不満が高まった者ほど「自己責任」意識は低下するが、逆に「能力主義」意識は上昇する傾向がある（有海拓巳「若者の社会観・意識と変容」乾彰夫他編『危機のなかの若者たち』東京大学出版会、二〇一七）。

何らかの「能力」――そこにはメリトクラシーとハイパー・メリトクラシーが混在しているだろう――を発揮して生き延びろ、生き延びるしかない、政府や企業が当てにならなければいっそうそうするしかない、という意識が、平成の若者の間には広く深く浸透している。それは裏返せば、「能力」がないやつ（仮に自分がそうであっても）はどうなろうと知ったことではない、という残酷で個別化された意識でもある。

しかし若者はただ砂のようにバラバラにされているだけではない。彼らを国家という枠でまとめあげようとする為政者の意図が、実現されつつあることを示す調査結果がある。友枝敏雄らが福岡県の高校生を対象として二〇〇一年、〇七年、一三年の三時点で実施した調査結果によれば、「日本の文化や伝統は他の国よりも優れている」を肯定する比率は二九％→三八％→五五％、「行事の際に、国歌・国旗を用いるべきだ」を肯定する比率は一七％→二六％→三九％と、いずれも明らかに上昇している（友枝敏雄編『リスク社会を生きる若者たち』大阪大学出版会、二〇一五）。

彼らは矯正を受け入れ、それ以外の選択肢がないかのような、乾いた「リアリズム」の中を生きている。それをもたらした平成という時代の残響が、これから未来にわたってこの国に長く尾を引いてゆくことになる。

さらに詳しく知るための参考文献

片瀬一男『若者の戦後史――軍国少年からロスジェネまで』（ミネルヴァ書房、二〇一五）……質問紙調査データ、政府統計、文書資料などを駆使し、軍国少年、集団就職、モラトリアム、情報新人類、ロスジェネなど時期別の若者の主要なイシューについて「歴史過程」の記述とリアリティの再構成に挑んでいる。変化の果てに失われた「批判・対抗・協同の文化」を回復させるための若者文化のあり方を考察。

有田伸『就業機会と報酬格差の社会学——非正規雇用・社会階層の日韓比較』(東京大学出版会、二〇一六)……日本における正規雇用と非正規雇用の間の格差の淵源を、主に韓国との対比により、理論的・実証的に掘り下げている。個人の能力に報酬が結びつくのでなく、ポジションによって報酬が決まる日本の労働市場の特殊性が、計量分析のみならず政府統計で用いられる用語の定義など、多様な素材に基づいて描き出されている。

石井まこと・宮本みち子・阿部誠編『地方に生きる若者たち——インタビューからみえてくる仕事・結婚・暮らしの未来』(旬報社、二〇一七)……若者へのインタビューと政府統計等を組み合わせて、地方で生活している若者たちが教育・仕事・家族形成などの面で抱える困難を記述している。政策的な支援が不十分である中で、若者の自立をいかに立て直してゆくかが議論される。

小谷敏編『二十一世紀の若者論——あいまいな不安を生きる』(世界思想社、二〇一七)……九〇年代から二〇一〇年代までの様々な「若者論」について、若者の実態とそれらについての言説とを合わせ鏡にしつつ検討を加えている。少年犯罪、ニート、スクールカースト、オタク、ヤンキーといった多様な事象をめぐり、バッシングの性格が濃くなってきた「若者論」を批判的に捉えなおす。

藤田英典『安倍「教育改革」はなぜ問題か』(岩波書店、二〇一四)……思想統制、人格統制、教育機会の制度的格差化、教育統制、財政的・行政的統制という「五本の矢」を特徴とする安倍政権下の教育政策の問題点を丹念に論じた上で、グローカル化という文脈の中でいかなる是正の方向性がありうるかを提示している。

第6講　メディアの窮状

音　好宏

日本の近代メディア史のなかで、平成という時代は、電気通信技術の発達を背景に、その多様化が急速に進んだ三〇年であったと言える。平成の三〇年のうち、その前半は、多メディア化・多チャンネル化の波、その後半は、デジタル化とグローバル化の波のなかで、メディア事業そのものが変容していった。特にインターネットの登場は、私たちが日常的に接するメディア・コミュニケーションの過程を大きく変化させた。そこでは不特定多数に対する一方向のメッセージ伝達という旧来型のマスメディアが独占的に担ってきたマス・コミュニケーション過程に、誰もが容易に参入可能な状況をもたらしたことになる。

当然のことながらこのようなインターネットの登場に象徴されるメディア技術の変容は、日本のメディア史の発達のなかで、常にその先導的な役割を果たし続けてきた新聞、放送、出版といった伝統的マスメディアにも、少なからず変容を求めることとなった。

ただ、広告メディアのビジネス・モデルがマクロ経済の動向に連動していることに象徴されるように、平成期の前半において、日本の伝統的マスメディアは、日本経済がバブルの絶頂を極めるのと軌を一にして、その事業の絶頂を迎えることとなった。それが一転して平成期の後半では、バブル経済の崩壊に伴う日本経済の失速と、新たなデジタルメディアの伸長に揉まれるなかで、その勢いに陰りが見えてきた時期でもあった。その環境変化のなかで伝統的マスメディアは、時代に取り残されまいとドラスティックな構造改革を迫られるのである。

ここではまず、平成期にメディア事業はどのように歴史を辿ったのか。伝統的メディアの中心である新聞と放送から振り返ってみよう。

†平成の新聞

日本の近代メディアの発達史の特徴としてしばしば指摘されるのが、その有力な牽引役として、常に新聞資本が存在してきたということである。明治期に小《こ》新聞として登場した大衆新聞が、大正期には急速に発達。今日の朝日新聞、毎日新聞といった全国紙の基礎が築かれた。その後、昭和に入って進められた国家総動員体制のなかで新聞統合が行われたわけだが、この全国紙と寡占化された有力県紙との併存体制は、戦後に引き継がれることになる。

戦後、新たに登場した商業放送（民間放送）、特にテレビ放送の設立にあたっては、新聞資本は積極的に関与を求めることで、その濃淡はあるものの、多くの放送事業者への資本参入を実現。一方で、受信料を主たる財源とするNHKの業務の拡大に対しては「民業圧迫」といった牽制をすることで、日本の新聞資本は、放送事業に対する一定の影響力を行使し続けてきたと言えよう。

そのことが、日本のメディア事業において、新聞のプレゼンスを維持する一因にもなった。その圧倒的な取材力は、ニュースサービスとして他のメディアの追随を許さず、国政にも、地方政治にも、一定の影響力を行使してきたと言える。つまり、新聞が政治の詳細を報ずることで国民は政治動向を知り、また、新聞が世論を喚起することで、政治に対する国民の評価が顕在化していくという新聞神話が生まれた。政治が流動化する時期にはこの新聞神話はより力を持つのだが、平成期に起きた二度の非自民政権の誕生とその後の自民党の政権復帰において、新聞の政治報道が少なからず影響を与えたことは確かだろう。

その一方で、平成期の半ばから後半には、「テレポリティクス」と呼ばれるテレビ的政治報道や、インターネットの伸長を背景にした政治的メッセージの直接的な伝達方法の拡充によって、この新聞の政治神話が揺らぐことになったのも、平成期の特色と言えよう。

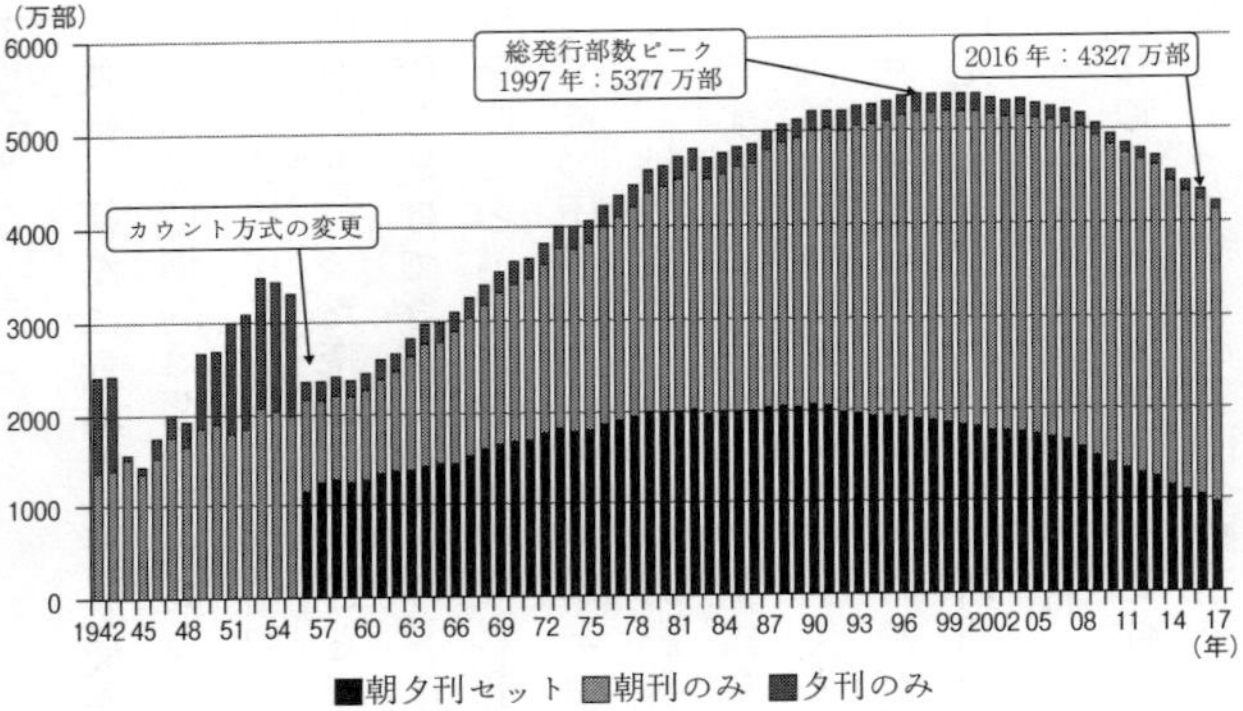

図１　新聞発行部数の推移（1942〜2017 年）
社団法人日本新聞協会資料より作成

産業的に見ると、日本の新聞は、平成期の前半にその頂点を経験する。一九九七（平成九）年、日本の新聞の総発行部数は五三七七万部を記録。新聞社の総売上高は、二〇〇七年に二兆二四九〇億円となったのを頂点に、下降を続けている。

日本の新聞は宅配制度が充実しており、日本ではこの宅配制度に支えられて、高い発行部数を維持してきたと言える。新聞社は、自社の新聞を読者に届ける独立経営の新聞販売店を、できるだけ自社の専売店とすることで他紙との競争力を維持する一方、その販売店をネットワーク化し、販売店（専売店）と連携して新規読者獲得の専門部隊である「拡張員」を派遣することによって、部数の維持・拡充を図ってきた。

日本の人口は、二〇一〇年代まで右肩上がりで増え続けるとともに、核家族化の進行によって、世帯数も増え続けた。

もちろん部数の拡大は、新聞広告の媒体力アップに直結する。日本の広告会社の最大手である電通が、毎年一月に発表している広告統計「日本の広告費」を見ると、新聞、テレビ、ラジオ、雑誌のいわゆる4マス媒体の媒体別広告費において、新聞がトップの座をテレビに譲ったのは一九七五年。それ以降、その差は拡大する一方であったが、新聞広告単体としては、それ以降も右肩上がりの成長を続けた。バブル経済を追い風に新聞広告が伸長を遂げたのも、その一因と言える。

ところが、バブル経済の崩壊後、新聞の発行部数は急速に減少していくことになる。先に見たように、これまで新聞の発行部数が最も多かったのは一九九七年だが、それ以降、急速な減少を続けた。二〇〇五年に二兆四一八八億円あった新聞業界の総売上は、二〇一五年には一兆七九〇〇億円となっている。つまり、新聞の総売上が、この一〇年間で、約五九〇〇億円も縮まったことになる。日本ABC協会の調査によると、その総発行部数も、二〇〇六年には五二三一万部だったものが、二〇一六年には四三二七万部となっている。平成後半の一〇年で、約五分の四のサイズに、そのマーケットが縮小したことになる。

ちなみに、世代的に最も新聞に親和性が高いのは「団塊の世代」だとされる。人口動態を見ると、新聞というメディアがその絶頂期を迎えた平成前期は、団塊の世代が家庭や職場で新聞の購読決定権を持つ存在であった。

平成が幕を閉じる二〇一九年。団塊の世代は、七〇代半ばを迎える。日本人の平均年齢は八〇歳代を超えているものの、健康寿命は、男性で七一・一九歳、女性で七四・二一歳とされている。

新聞の有力読者層である高齢世帯で新聞購読の契約を終了するのは、本人の死亡はもちろんのこと、本人が施設に入居したり、本人や伴侶に介護が必要になったときだとされる。つまり、健康寿命を超えると、新聞契約の打ち切りの可能性が、俄然高まってくるのである。これまで新聞閲読世代の中心であった団塊の世代が、二〇二〇年代半ばで平均的な健康寿命を上回ることを考え合わせると、新聞の未来に暗雲が漂っていることになる。

もちろん、新聞事業においても、このような状況に手をこまねいていたわけではない。早くから、新聞の未来の姿として、電子版への移行の可能性が指摘されてきた。宅配制度という日本の新聞産業を支えた独特なシステムに依存することで部数維持が図られてきたが、それゆえに二〇〇〇年代以降に急速に進行する部数減のなかで、販売店（専売店）の切り捨てになりかねない電子版への移行は、新聞事業の基盤を揺るがす変革であることは間違いない。

現在、その先頭を走るのが日本経済新聞で、同紙は他紙に先駆けて、電子有料版を二〇一〇年三月にスタート。二〇一八年六月五日付朝刊の日本経済新聞の電子版紹介記事によると、有料会員数は六〇万に達しているという。それは、信濃毎日新聞、静岡新聞といった中堅どころの県紙と同等の契約数を獲得するところにまで成長していることになる。

もちろん日本経済新聞は、その読者の割合が他の全国紙に比べ圧倒的に東京、大阪に集中しており、販売店の問題に関しても対応しやすかったことが幸いしていると言える。逆に、他の新聞が今後どのように電子版化に取り組めるのか、その鍵は日本独特の制度である宅配制度をどうしていくのかにあるとも言えよう。

†放送の多様化・有料放送の誕生

一九八九年六月、NHKは世界に先駆けて、視聴者が直接受信できる衛星放送をスタートした。NHKは、一九八四（昭和五九）年六月から放送衛星の試験放送を開始していた。言うなれば、試験放送から五年で本放送にリニューアルしたことになる。

NHKは、放送法第一五条で、「あまねく日本全国において受信できるように」放送を行うことが規定されている。この規定を「あまねく規定」と呼ぶが、言うなれば、NHKは日本国内の全ての地域に放送サービスを提供する義務がある。ところが、離島や山間僻地などのなかには、受信環境の整備には多額の費用がかかるにもかかわらず、そのサービ

1984年に実用放送衛星「ゆり2号a」の打ち上げに成功し、NHKは衛星試験放送を開始。この5年後に本放送が始まった＝1984年1月23日（共同通信）

スの享受者が少ないというケースも少なくなかった。そのようなエリアへの放送サービスの提供に、衛星放送というシステムは極めて効率がよいシステムと言える。そのような地域で暮らす国民・視聴者に対しても、放送衛星から、直接、放送サービスを提供できるからである。

　ＮＨＫのＢＳ放送の開始は、第一義的には、放送法で定められたこの「あまねく規定」の履行がその目的であるが、もちろんＮＨＫによる衛星放送サービスの開始は、モアチャンネルによる放送の多様化はもちろんのこと、その高画質化やデータ放送など、新たな放送サービスの可能性を探る場となっていく。

　ちなみに、放送の将来像として、ＮＨＫが自前の衛星を打ち上げ、各家庭で直接放送を受信するという「衛星放送構想」を当時のＮＨＫ会長・前田義徳《よしのり》が発表したのは、一九六五年である。前田会長の構想は四半世紀後に実現したことになる。もちろん、前田義徳が放送の将来像として掲げた衛星放送は、ただ単に難視聴対策のための施策というだけでは

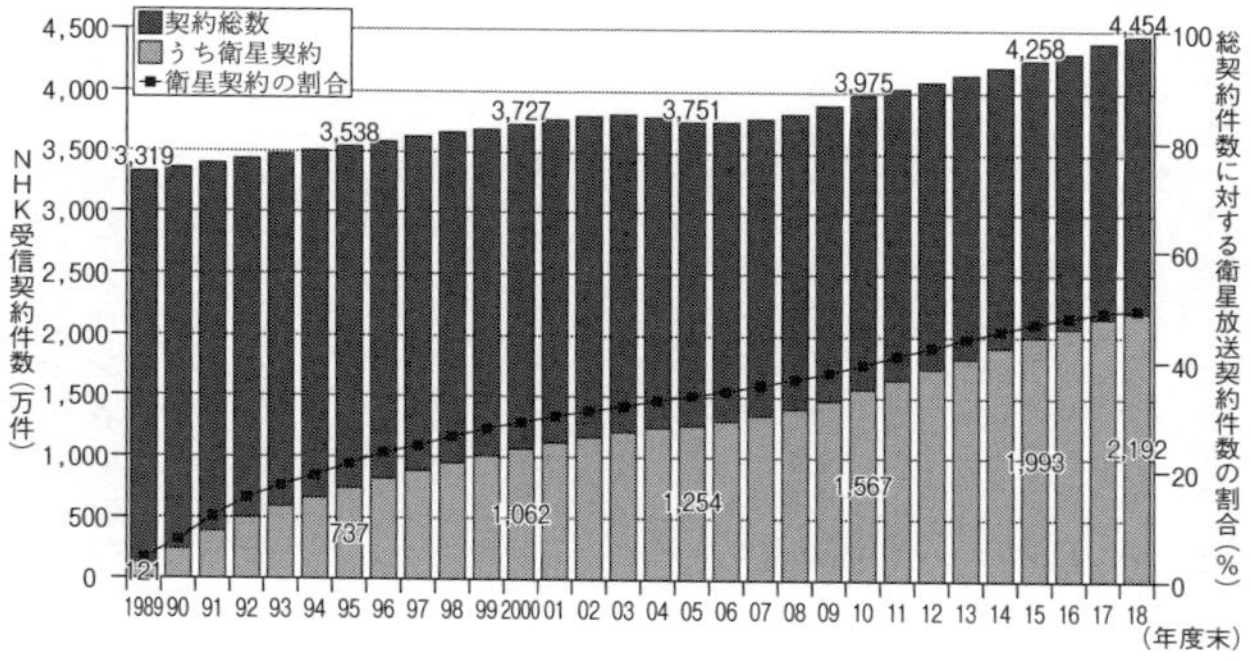

図２　NHKの受信契約件数の推移

NHK ホームページ「受信料・受信契約数に関するデータ」より作成
2018年は9月末時点

なく、放送の将来を探る場でもあった。

他方で、この一九八九（平成元）年三月六日、伊藤忠商事などによって設立されていた日本通信衛星株式会社（JSAT）が、アリアンロケットを使って、通信衛星JCSAT-1の打ち上げに成功。これが日本における民間商用衛星の第一号となる。同年、五月六日、三菱商事グループによって設立された衛星会社・宇宙通信が、同社初の衛星SUPERBIRD一号機の打ち上げに成功。この二社の民間通信衛星の登場により、事業的な変化をもたらされたのがケーブルテレビである。

日本のケーブルテレビは、地上テレビ放送の補完として、テレビ放送開始から二年後の一九五五（昭和三〇）年、群馬県・伊香保温泉に、NHKが共聴施設を設置したことに始まる。当初、CATVがコミュニティ・アンテナ・テレビジョンの略とされたのもそのためである。そのケーブルテレビが地上放送の再送信に使われている以外の空きチャンネルを利用して、独自のサービス（自主チャンネル）を行うことで、ケーブルテレビというメディアの付加価値を高めようとする動きが出てくる。一九八〇年代、当時の郵政省や通商産業省は、新たなメディアシステムを地域活性化につなげようとする施策を掲げるなど、新たな情報通信システムへの注目が集まる。いわゆる「ニューメディア」ブームである。

†スペース・ケーブルネット

そのようななか、一九八六年七月、東北新社を中心に設立したばかりの洋画専門チャンネル「スター・チャンネル」が、日本最初の有料専門チャンネルとして、ケーブルテレビやホテル向けのチャンネル・サービスを開始する。ちなみに、このチャンネルを最初に自社のチャンネル・ラインナップに取り入れたのは、長野県上田市の上田ケーブルビジョンである。スター・チャンネルは、上田ケーブルビジョンに放送用番組（映画）を、カセットテープで納品。ちなみに、上田ケーブルビジョンでこのサービスを開始した一九八六年七月のスター・チャンネルの契約世帯は一八九世帯だったという。

そこに登場したのが、民間通信衛星である。

「スター・チャンネル」は、一九八九（平成元）年九月、前出のSUPERBIRD一号を介して、ケーブルテレビ向けの番組配信を始める。JSATも同様のサービスを開始するが、これは、全国の都市型ケーブルテレビに対して、衛星を介することで、地上テレビ放送のネットワークとは異なる番組供給システムが成立したことを意味するもので、「スペース・ケーブルネット」と呼ばれた。

ちなみに、このケーブルテレビ向けの番組供給にあたっては、一九八九年七月に三菱商事、ソニーらによって設立されたスカイポートセンターが管理運営する形とされた。このスカイポートセンターの設立は、ケーブルテレビ向けの番組配信のみならず、個人・一般家庭でも受信できるシステムを念頭に設立準備が進められていた。しかし、この構想は、「通信」としてケーブルテレビ向けに行っている配信サービスを、「放送」にあたるものにしてしまう恐れがあるとして、郵政省から、事業展開に待ったがかかった。いわゆるスカイポート事件である。

総務省は、通信衛星の一定のチャンネルで放送事業自体が認められれば、特に別法人を設立した上で、段階的に一部コンテンツが使用チャンネルを合わせる手法により、スカイポートを介して個人・一般家庭向けの放送サービスを認めることとした。これにより、一九九二年四月にCS放送がスタートする。

当時、通信衛星のトラポン（中継器）の使用料は年間約一億円であり、できるだけ多くの顧客を獲得しなければ、トラポン代が番組供給事業者側に重くのし掛かることになる。それゆえに、同事業者側からすれば、個人の利用を含め多くの顧客を獲得し、地上波放送とは異なる有料放送事業を早く軌道に乗せたかった。他方で郵政省にとっては、今後ますます広がることが予想される通信と放送の境界領域でのサービスが、十分な制度整備がなされていないこの時期に始まってしまえば、その後、整理を推し進めようとしても既得権益を盾にされ、整理が難しくなってしまうという危惧があった。

一九九六年九月、伊藤忠商事らが出資する衛星プラットホーム会社の日本デジタル放送サービスが、JSATの通信衛星を用いたデジタル放送方式による多チャンネル放送プラットホームとして、パーフェクTVを開始。CSデジタル放送では、トラポンを有効活用でき、その使用料は格段に安く提供できることになる。

前後する形で、米DirecTVと三菱グループ、カルチャー・コンビニエンス・クラブによる日本法人のディレクTV、並びに、ニューズ社、ソフトバンクらが資本出資をするジェイ・スカイ・ビーが、日本における衛星プラットホーム事業の立ち上げ計画を発表。

一九九七年一二月には、ディレクTVがSUPERBIRDを用いた多チャンネル放送プラットホーム事業を開始。新たなCSデジタル放送事業は、立ち上げ早々に、三つ巴の競争が行われるかに思われた。

しかし、一九九八年、ジェイ・スカイ・ビーは、事業開始前に日本デジタル放送サービスに合併。プラットホームの名称をパーフェクTVから「スカイ・パーフェクTV！」と変更。また、二〇〇〇年秋にはディレクTVも事業継続を断念し、加入者をスカイ・パー

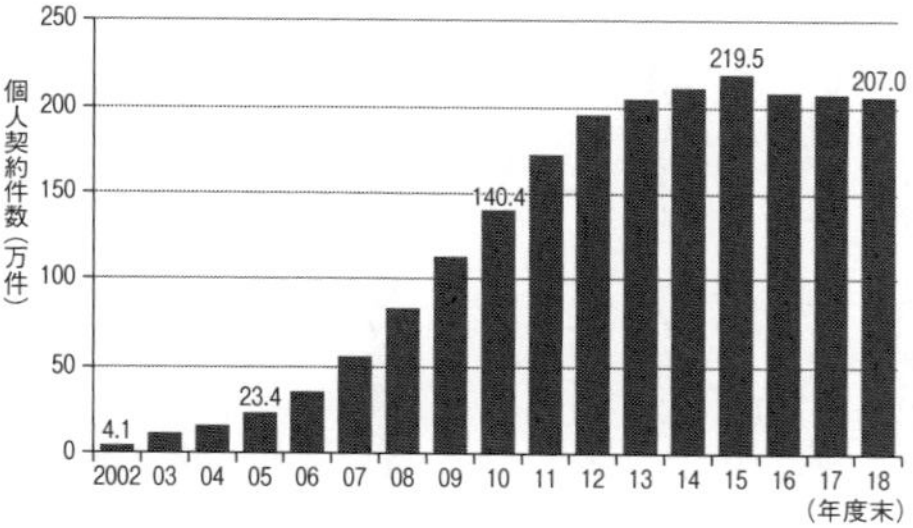

図 3-1　スカパー！（東経 110 度 CS 放送）の加入件数の推移

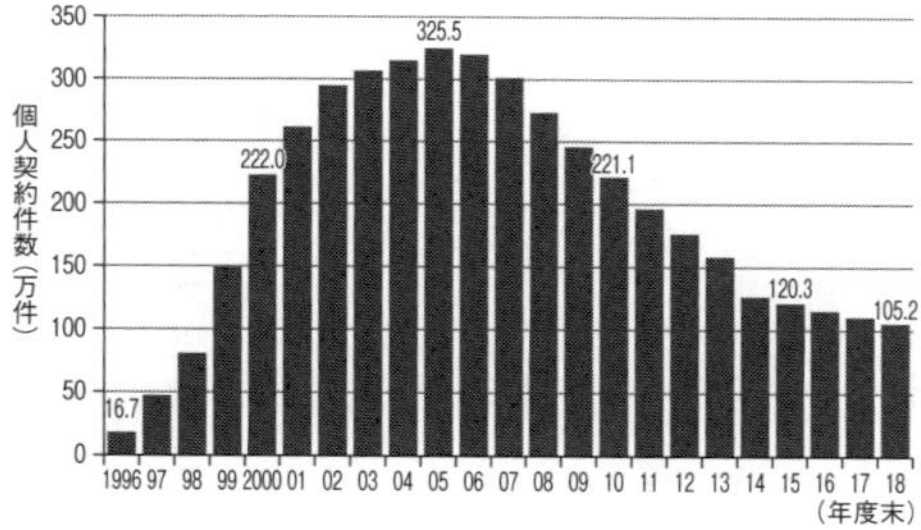

図 3-2　スカパー！　プレミアムサービス（東経 124/128 度 CS 放送）の加入件数の推移

スカパー JSAT 株式会社ホームページ「スカパー！　加入件数の推移」より作成
有料視聴契約（個人本登録）を結び視聴料の支払いが発生している加入件数の推移。2018 年は 9 月末時点

フェクTV！に移管させることで、事業を終了している。

その後、二〇一〇年八月には、スカイ・パーフェクTV！をプラットホームの名称とするスカイパーフェクト・コミュニケーションズと衛星運営会社のJSAT株式会社、宇宙通信株式会社が合併。スカパーJSATとして今日に至っている。

†ケーブルテレビの産業化と通信放送の融合

先にケーブルテレビ事業が、通信衛星と連動することで多チャンネルサービスを実現していったことに触れたが、ケーブルテレビは、コミュニティ・アンテナによる地上波の難視聴対策として登場したことに象徴されるように、「地域密着メディア」として認知されてきたし、また、政策的にも長らく地元資本の出資を優先するなどの制度的措置がとられていた。そこでは、地上波放送と同様に、外資規制も課せられていた。それが変化するのは、一九九〇年代に入ってからである。一九八〇年代半ば、郵政省内でケーブルテレビの産業化が検討され、大幅な規制緩和が行われる。

その背景には、米国・レーガン政権下でケーブルテレビ法が制定され、ケーブルテレビ事業の大幅な自由化が行われ、ケーブルテレビのMSO（ケーブルテレビ事業統括運営）化による統合・再編が進んだことが挙げられる。他方で、来たるべき通信と放送の融合時代の到来を念頭に、米国最大の電話会社であったAT&Tが分割される。

一九九五年、日本最初のMSOとして、一月一〇日にタイタス・コミュニケーションズが、同月一八日にジュピターテレコムが設立される。タイタス・コミュニケーションズは、伊藤忠商事、東芝と、米・タイムワーナーの共同出資により設立。ジュピターテレコムは、住友商事と、米国で当時最大のMSOであったTCI（現・リバティメディア）が共同出資して設立された。両社は、日本で最初のMSOとして積極的に地方都市のケーブルテレビを傘下に収め、二〇〇〇年九月には、ジュピターテレコムがタイタス・コミュニケーションズを完全子会社化するに至る。他方で、ジュピターテレコムの大手株主であったリバティ・グローバル（リバティ・メディアの海外展開を担当する子会社）は、二〇一〇年二月に、その所有する株をKDDIに売却。ジュピターテレコムは、二〇一七年度で連結売上高が七三〇〇億円（二〇一七年度）、従業員数一万七二六三名（二〇一八年二月現在）を抱える日本最大のケーブルテレビ事業者となっている。

現在、ケーブルテレビ事業では、放送サービスのみならず、インターネット事業、電話事業はもとより、電力など、多角的な経営が一般的となっている。KDDIが、TCIが所有していたジュピターテレコムの株を取得し、その経営に乗りだしたのも、通信業界における競争が激化するなかで、電電公社時代から築き上げてきた最も充実した通信網を持つNTTへの対抗措置と言える。

ケーブルテレビは、通信と放送の融合の最前線にあるのみならず、生活関連産業への脱皮を模索しつつあるとも言える。

地上テレビ放送局の多極化とデジタル化

では、地上テレビ放送にとって、平成とはどんな時代だったのであろう。

地上テレビ放送は、NHKと民間放送（民放）の二元体制を維持してきたが、両者とも、日本の経済成長を追い風に、急速に普及・発展してきた。特に広告放送は、マクロ経済連動型の事業であり、日本経済の堅調が経営に直結した。県域免許を単位とする民放局は、放送基本普及計画（チャンネルプラン）によって新規事業者の参入規制が図られていることもあって、長らく、開局すれば早々に初期投資を回収できる利益率の高い事業とされた。

ちなみに、民放テレビ局の開局では、一九五七（昭和三二）年の田中角栄郵政大臣の主導による大量予備免許の交付と、一九六〇年代後半のUHF局の開局によって、全国で複数の民放局が開局するものの、一九八〇年代までは民放が二局、三局という地区も多く、地域間の情報格差を訴える声が燻《くすぶ》っていた。このような声に応えるべく、一九八六年に、総務省は放送基本普及計画の初期基本方針を一部修正し、「全国各地における（民放）受

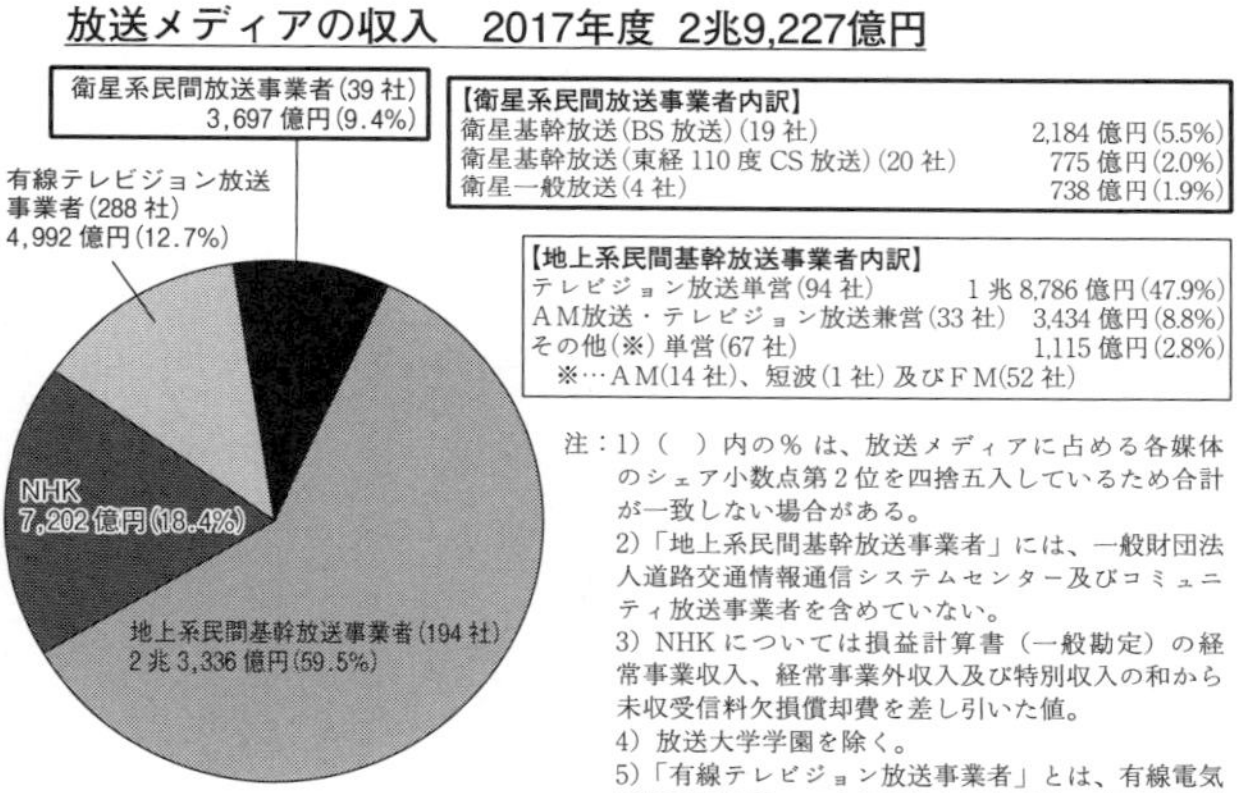

注：1)（　）内の％は、放送メディアに占める各媒体のシェア小数点第2位を四捨五入しているため合計が一致しない場合がある。
2)「地上系民間基幹放送事業者」には、一般財団法人道路交通情報通信システムセンター及びコミュニティ放送事業者を含めていない。
3) NHKについては損益計算書（一般勘定）の経常事業収入、経常事業外収入及び特別収入の和から未収受信料欠損償却費を差し引いた値。
4) 放送大学学園を除く。
5)「有線テレビジョン放送事業者」とは、有線電気通信設備を用いて自主放送を行う登録一般放送事業者（営利法人に限る）のうち、IPマルチキャスト方式による事業者等を除く者。
6)「衛星系民間放送事業者」の内訳には、BS放送と東経110度CS放送を兼営する事業者が3社存在し、また、衛星基幹放送と衛星一般放送を兼営する事業者が1社存在するため、総数（39社）とは一致しない。

図４　放送メディアの市場規模
総務省資料をもとに作成

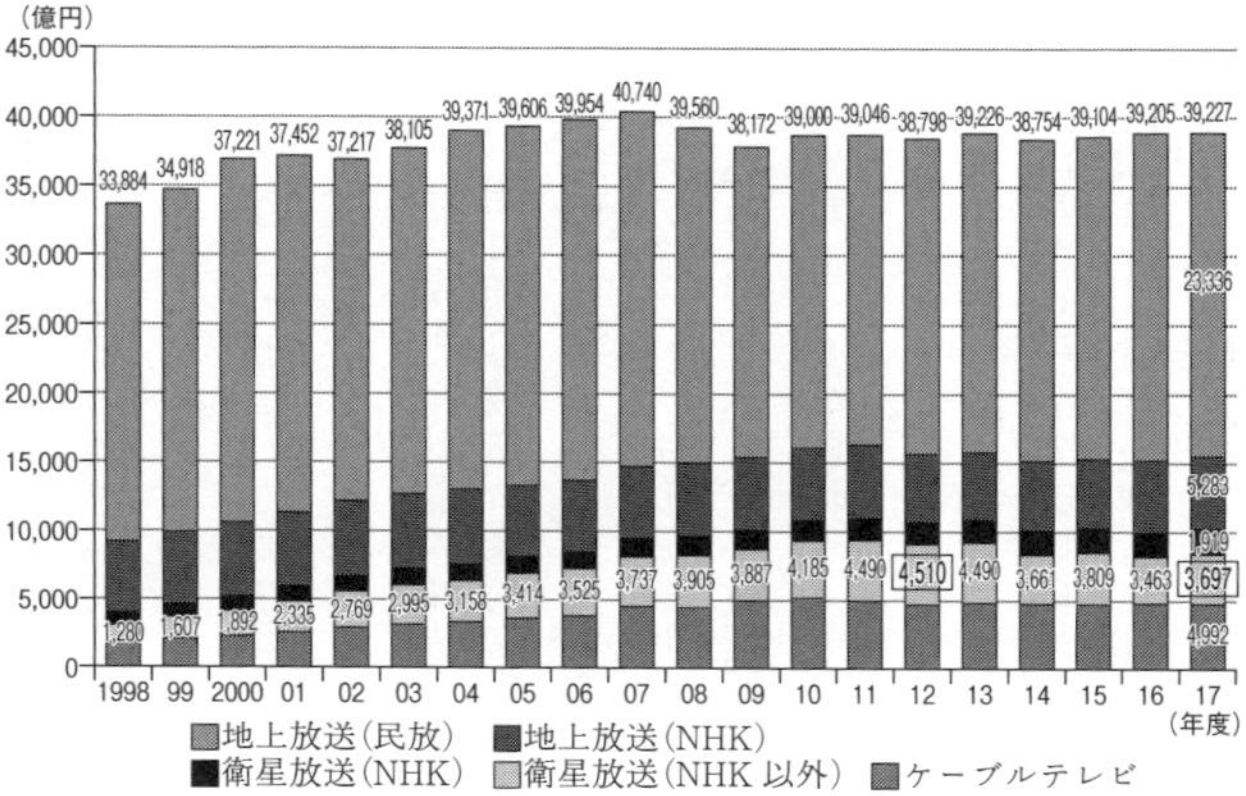

図５　放送の市場規模の推移
総務省資料をもとに作成

信機会平等の実現を図る」という項目に「一般放送事業者（民放テレビ局）による最低4の放送が受信可能となること」という文言を追加したことで、全ての県で「民放4波化」を目指すことが明文化された。

これにより、いわゆる「平成新局」が登場する。平成になって開局した局を北から並べると、青森朝日放送、秋田朝日放送、岩手めんこいテレビ、テレビユー山形、さくらんぼテレビジョン（山形）、長野朝日放送、チューリップテレビ（富山）、北陸朝日放送、あいテレビ（愛媛）、愛媛朝日テレビ、高知さんさんテレビ、山口朝日放送、長崎文化放送、長崎国際テレビ、熊本朝日放送、鹿児島読売テレビ、琉球朝日放送の一七局である。

しかし、県の経済規模から多局化を見合わせてきた県への置局は、テレビ局間の競争激化を招くとともに、バブル経済崩壊後のCM収入の落ち込みなどもあり、平成新局の経営は、それまでの地上民放テレビ局のように、置局すれば短期間で黒字転換するというものではなかった。

そのような平成新局の経営状況の厳しさ、並びに、後述する衛星放送などによる放送サービスの多様化のなかで、一九九七（平成九）年四月一日のさくらんぼテレビジョンと、高知さんさんテレビの開局を最後に、民放4波化政策は、事実上、棚上げとなった。現在、民放テレビが三局以下のままという地区は、鳥取・島根の二県一地区を含む一三地区一四県である。

一九五三年のサービス開始以来、日本経済の成長と共に右肩上がりの成長を続けてきたテレビ放送事業であったが、平成期の後半に入って、バブル経済の崩壊や、多チャンネル化、多メディア化の影響で、その媒体力に陰りが見えてきた。加えて、テレビ局各局は、アナログ放送からデジタル放送への移行という大きな課題に取り組むことになる。デジタル放送への移行は、テレビ局のスタジオ、マスター（主調整室）設備のリニューアルを含む、放送局側の設備を整えるのみならず、各家庭の受信施設の整備や、テレビ受像機のデジタルテレビへの買い替えを促す必要があった。

†地上デジタル放送のスタート

日本での地上デジタル放送の開始は二〇〇三年一二月、東京、名古屋、大阪で始まった。二〇〇六年までに全ての県庁所在地でデジタル放送を開始。二〇一一年七月二四日をもってアナログテレビ放送の停波が予定されていた。ところが同年三月一一日に発生した東日本大震災の影響で、岩手、宮城、福島の被災三県は、アナログテレビ放送の停波を延期せざるを得ず、この三県については翌二〇一二年三月末をもってアナログ放送を終了した。

デジタル放送への移行は世界的な流れで、一九九八年の英米での地上デジタル放送のス

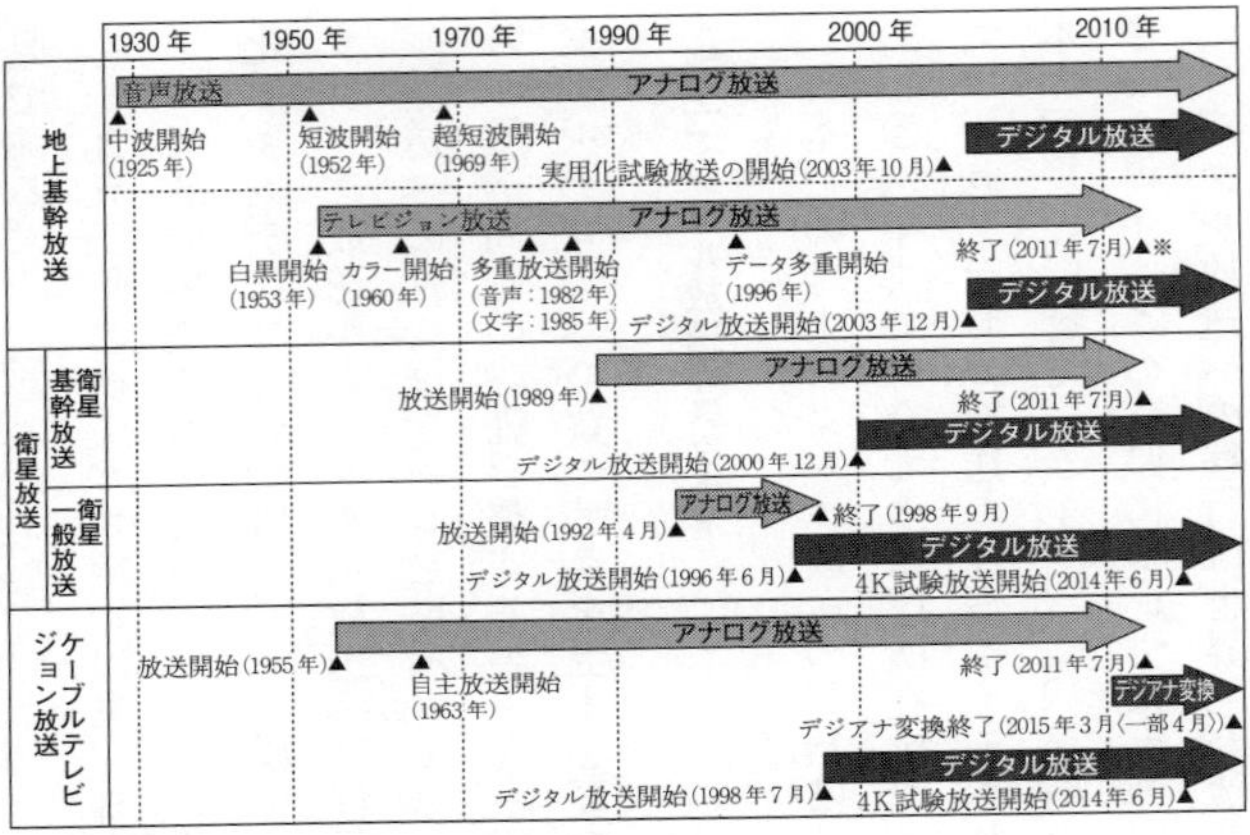

表1　日本の放送メディアの進展

総務省資料をもとに作成

※岩手・宮城・福島は2012年3月

タートを皮切りに、各国でその移行が行われている。

日本のデジタル放送への移行にあたっては、アナログ停波の直前まで、国内には「高齢者や社会的弱者が対応できずに、情報棄民化する」といった反対意見があったものの、結果的には、世界的に見てもスムーズな移行が行われたと評価することができよう。その最大の理由は、日本独特の官民一体となった移行の実施のためであった。また、国費を投じて社会的弱者などへのサポートがなされた。高齢者はといえば、テレビ好きであるがゆえに各々が早々に対応をして、彼らが自らの意思に反してテレビを見られなくなり、社会問題化するということはなかった。

むしろ、このデジタル放送への移行を契機に、テレビ受像機を持たない若者が増えるなど、若年層を中心に「テレビ離れ」が進んだことも確かである。彼らは、テレビからインターネットに、そのメディア接触の時間を移行していく。テレビ事業者が直面する最大の課題は、インターネット上でテレビ的サービスが急増するなかで、その事業をどう維持していくかであることは間違いない。

†インターネットの伸長と今後

日本でインターネットが広く普及し始めた年として、一九九五年を「インターネット元年」と呼ぶことが多いが、通信ネットワークの高度化に伴い、その速度と伝送容量は急速に拡大し続けている。

特に、一九九九年にNTTドコモがiモードを発表したことで、携帯電話をインターネット端末とした利用形態が普及・浸透。その後、スマートフォンが携帯端末として爆発的に普及するなかで、伝統的なマスメディア事業は、携帯端末の動向を無視できなくなっていく。

他方で、インターネット上で不特定多数に向けた情報提供のサービスが可能となったこ

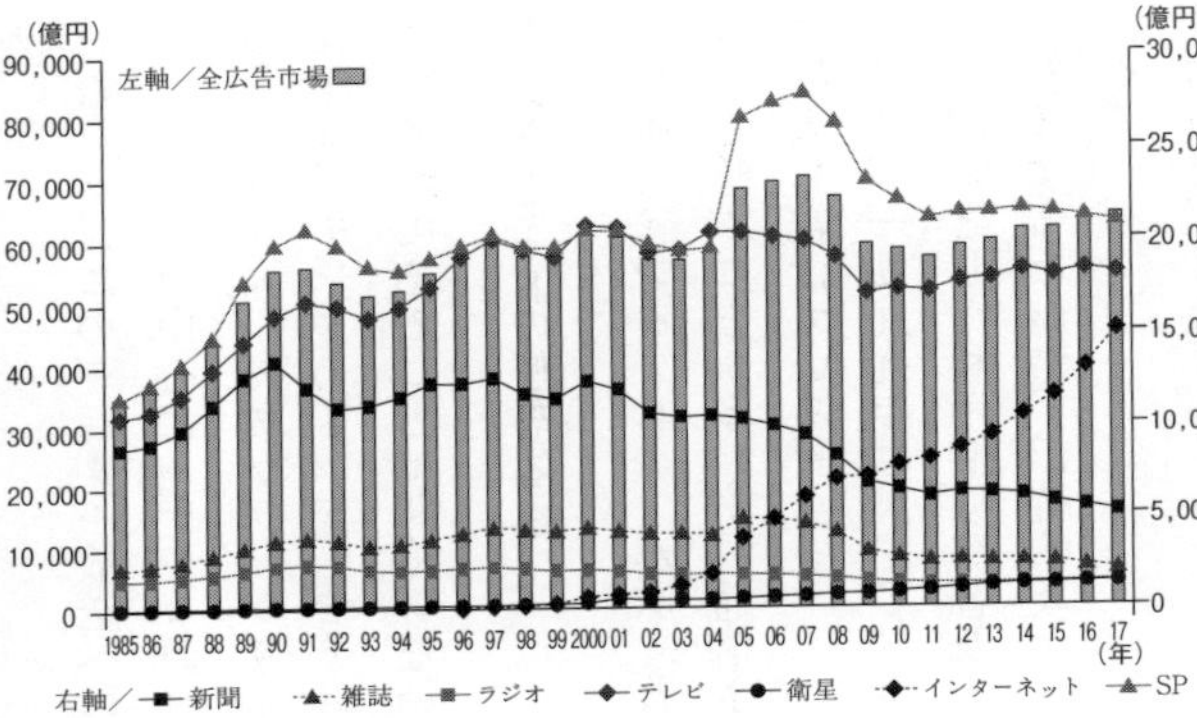

図６　日本の広告市場の変遷
出所：電通「日本の広告費」

とで、不特定多数に向けた情報サービスが勃興。新たなサービスが次々に誕生しては、自由競争市場のなかで、事業者同士の新陳代謝を繰り返している。

このインターネット上での不特定多数に向けた情報サービスに対して、伝統的なマスメディア事業者も無関心でいられず、二〇〇〇年代に入って、新聞事業においてはインターネット上で記事を提供する電子新聞のマネタイズ化を模索する一方、放送事業者も自社の放送コンテンツのインターネットでの展開を模索するようになる。

特に二〇〇〇年代後半に入ると、通信環境が高度化することで、動画配信が一般化。テレビ放送と同様のサービスがインターネット上で展開できるようになりつつある。

†動画配信サービスの本格化

二〇一五年は「動画配信元年」と呼ばれ、この秋には、Netflixやアマゾン・プライムビデオといった海外での事業展開を進めてきた定額制動画配信事業（SVOD）が、次々と日本でサービスを始めた。その後も、動画配信事業への新規参入は続いている。ただし、日本国内の動画配信サービスを眺めてみると、明らかに日本の市場規模をはるかに超えた事業者が乱立気味で、その再編、淘汰を覚悟の上で事業展開がなされている感すらある。

他方で、二〇一五年一〇月には、在京民放キー局が中心となって、地上放送で放送した番組を一週間に限り配信する見逃し配信サービス「TVer《ティーバー》」をスタート。こちらは、広告モデルでの配信（AVOD）で、動画視聴時には広告が必ずついてくるが、そこには地上放送時の広告とは異なるものも含まれる。言うなれば、これまで地上民放テレビが行ってきた広告モデルの延長線上での動画配信サービスが始まったわけである。

既存の放送事業者は、NHK、在京民放局を中心に、地上放送と連動する形で有料のオンデマンド・サービスも展開。TVerと連動することで、自社独自の有料動画配信に視聴者を取り込むことに躍起となっている。

加えて、二〇一八年一一月、総務省はNHKの地上テレビ放送をインターネット上で常時同時配信するための放送法の改正を決定。二〇一九年春の通常国会で改正が審議されることが予定されている。

二〇二〇年には、5G（第5世代移動通信方式）の商用化が予定されている。これにより、さらに大容量・高速の動画配信サービスが可能となるとされる。そのような環境変化のなかで、伝統的なマスメディア事業が担ってきた公共的な情報の提供や、社会をつなぐ装置としての機能をどのように担保していくかが課題である。

これまで、新聞や地上テレビ放送といった伝統的なメディアは、社会を統合する役割の一翼を担ってきた。平成に入って、そこに本格的に普及・浸透したケーブルテレビや衛星放送、そして、SNSや動画配信など、インターネットを介した様々な情報サービスは、私たちそれぞれが持つ多様な欲求を充足させる情報ツールとなっていったことは間違いない。これらの新規メディアによって多様な情報が提供されることは、社会の多様性を顕在化させるものであり、それは現代社会の「豊かさ」を象徴するものでもあった。

加えて、その情報発信システムへの参入ハードルは、ドラスティックに低下した。例えば、SNSを使って誰もが容易に、不特定多数に向けた情報発信が可能となった。そこでは、国境をも簡単に飛び越えて、個人が世界に向けて発信ができるようになったのである。このことは、電気通信技術の進歩が、情報発信の民主化をもたらしたかのようにも見えるが、そう単純に捉えることもできない。

他方で、それらの新たなメディアが普及・発達するなかで問題になってきたのが、情報接触のカスタマイズ化である。メディア利用者は、自らが好む情報のみを選択し、自らには直接的に関係はないけれども、同じ社会で生活するのなら共通認識として知っておくべきという情報からは、遠ざかる傾向が強まっている。

このようなメディア接触の変化は、メディアの社会統合の機能を後退させ、逆に、社会の分断化を促進する局面すら増えてきたと言える。

加えて、インターネットを介して不特定多数に提供される情報サービスに関しては、その接触状況を容易に捕捉できることもあって、そのビジネス的価値も高まってきている。勢い、より多くの接触が期待できる刺激の強いコンテンツの提供が求められることになる。しかし、伝統的メディアが特権的であるがゆえに課せられてきた社会的責任や公共性・公益性といった規範を、インターネット上のメディア・サービスに課していくことは、馴染まないであろう。

そのようななかにあって、「フェイクニュース」というコトバに象徴されるように、客観性や合理性、真実性を棚上げし、ある特定の層にとって都合の悪い情報を切り捨てる傾向すら見られる。伝統的メディアが担ってきたジャーナリズム機能や、異なる複数の意見を可視化し、討議させる機能が軽視されるようになってきているのも確かだ。

インターネットが私たちの社会生活のなかに普及・浸透し、通信・放送の垣根がなくなるなかで、伝統的なマスメディアの社会的存在意義が問われているというべきかもしれない。

さらに詳しく知るための参考文献

音好宏＋多チャンネル放送研究所編著『メディア融合時代到来――【コンテンツ至上主義】視聴者が「選ぶ」メディアは？』（サテマガ・ビー・アイ、二〇一六）……多チャンネル放送研究所が実施した事業者調査、視聴者調査などをもとに、メディア環境の変化や利用行動の変化と、動画配信サービスの展開を分析。メディア・ビジネスの変容と新たなメディア間秩序の方向性を考察している。

日本民間放送連盟・研究所編『ネット配信の進展と放送メディア』（学文社、二〇一八）……インターネット環境の高度化によって進むソーシャルメディアや動画配信の普及のなかで、放送メディアにどのような変化がもたらされているのかを、法学、経済学、社会心理学、メディア論、ジャーナリズム論など、専門の異なる研究者がそれぞれのアプローチから分析。

藤竹暁・竹下俊郎編『図説 日本のメディア［新版］――伝統メディアはネットでどう変わるか』（日本放送協会出版、二〇一八）……豊富なデータで、メディアの実像を図解する。本書は一九八〇年に初版が出されたが、以来、データを更新しながら版を重ね、最新版は、二〇一八年一一月に発行された。平成におけるメディアの変容を、データで追うことができる。

第7講

平成リベラルの消長と功罪

北田暁大

†平成にとってリベラルとはなにか

「平成」におけるリベラルとソーシャル、ということですが、私は選挙や政治の専門家ではありませんし、残念ながら二〇一七(平成二九)年の選挙に関するローデータを手にしてもいませんので、いえることには相当な限界があります。そのうえで依頼をお引き受けしたのは、「リベラル」という、三〇年前であればせいぜい一部の学者が使っていたにすぎない言葉が、おそらくは民主党政権の誕生を機として一般の言論空間にも浸透していること、その浸透とともに、逆説的に政治的立場を指示する概念としては奇妙なものとなってしまっているのではないか、そもそもそれは保守と対峙されるような概念なのか、ということを私なりに考えていたということがあります。

そこで、かなり予断を含むことを前提としつつ、仮説的に「リベラル」概念について検討してみたいと思い、かつて『現代思想』誌に「日本型リベラルとは何であり、何でないのか」という雑文を寄せました（二〇一八年二月号、青土社）。また、そこで書かせていただいた内容を受ける形で『Journalism』誌に「ソーシャル・リベラリズムは可能か」という雑文を寄せました（朝日新聞出版、二〇一九年一月号）。そのあたりで提示した仮説的議論をまだ深められていないというのが実情で、今日お話しさせていただくことも、基本的にそのあたりで提示した議論と重複するものです。

ただ、「平成」と「リベラル」概念の運用期は偶然とはいえかなり強い関連を持っているように思えます。将来的には平成はワイマール期や大正期のようなものとして記憶に留められるかもしれません。「社会」が忘却され、「リベラル」が「革新」に代わって登場し、強権的な政権により幕を閉じられた、脆い歴史の転換期として。まあ、それは誰にも予想のできないことではありますが。

私の見取り図は、きわめて単純です。現代日本語の「リベラル」という言葉は、「保守／革新」の図式における「革新」の代用語として、おそらくはアメリカの――社会主義色の薄い――「リベラル」を意識して登場したが、それは「革新」とも「リベラル（米）」とも異なる形で政治的に編成され、どういうわけか欧州における「リベラル」、つまり「ソーシャル」の対義語として使用される概念と近い経済・国家観（小さな政府）を生み出してしまった。アメリカ型のリベラルから、ソーシャルな部分を差し引いて生まれ出たのが現代日本のリベラルであり、それは「保守／革新」「保守／リベラル（米）」「リベラル（欧）／ソーシャル」のどの枠にも落ち着かない、つまりは理念的にはごった煮かつ曖昧で――どの国のどの政党でもそういうものですが、とりわけ――現在においては、「反自民」ぐらいの内容しか持たないものとなっている。それはブレアの第三の道を思わせるもので、いわば優し気な仮面を被った「新自由主義」と区別できないものとなってしまっている――と。

†「社会」の忘却

先にも述べたように、そもそも日本においてリベラルというカテゴリーが有意味なものとして認知されるようになったのは、民主党の誕生時、九〇年代後半ぐらいからのことです。それまでは保守・自民に対置して差し出される対概念は「革新」でした。「保守／革新」から「保守／リベラル」への転換において、なにがどう変わったのでしょうか。

二〇〇一年に当時の民主党党首鳩山由紀夫は「左派というのは民主党のコンセンサスではない」といいきってしまいました。もともとの中道左派の小世帯に自由党が入り込むことにより、民主党は「左派」とは異なる「リベラル」な政党へと自己規定していく。「政権担当能力」という不可思議な概念の代償として失われたのが、「社会」です。九六年にはすでに社会党は「社会民主党」と改称し、「社会」概念が持つ「労働」「労働者」との連関を実態的にも希薄化させていました。二〇〇三年の民主・自由の合流は、そうした議会制民主主義における「社会」の希薄化を加速させるものでした。あたかも労働組合との関係を希釈すること(社会党との違い)や、公費の無駄遣いを抑制する(既得権益層との違い)ことを良しとすることが、「政権担当能力」を示す営みであるかのように捉え、すでに始まっていた「失われた二〇年」において最大の問題となった労働問題を放棄するかのように、民主党はスタートしました。

そのイメージ的原点はおそらく、一九九三年、平成五年に誕生した細川護熙内閣があったのだと思いますが、あの烏合の衆政権がいかなる迷走を続け時計の針を大きく戻してしまったのかは記憶に新しい折、「民主党」は「政権担当能力を持つ」という自己規定を固めていきます。範型としては、「多様性に肯定的でスマートな政策を理知的に出す」アメリカ民主党のイメージがあったといえるでしょう。

九〇年代はまさに「社会なきリベラル」の典型ともいえるビル・クリントンが大統領職にあり、またイギリスでは九〇年代末に「労働なき労働党」の党首トニー・ブレアが政権を獲得していました。両者ともに、というかブレアの「第三の道」に顕著ですが、「社会的なもの」の色を、多様性を肯定する「リベラル」の標語のもとに後景化させる「左派」であり、二〇〇九年には政権を奪取する日本の民主党が意識していた「非自民」像は、そうした「リベラル」像に自らを折り重ねたものであったといえます。

しかしそれは、どういうわけか、「既得権益と戦う」というスローガンにおいて、社会的な事業の民営化を推進し、ポピュリズム的な人気を博した小泉純一郎政権の方法論を踏襲するものとなってしまいました。二〇〇九年の仕分け作業は、景気対策としての公共事業、公務員の増員というケインズ主義的方策を禁じ手としつつ、多元主義的理念のもとでの小さな政府を目指し、不況下での消費増税を政権の代償として自民党に約束させる、文字通り「自由主義的」な政権運営の兆候を指し示すものにほかなりません。消費増税はそれだけを聞くと「大きな政府」の方向性に思えるかもしれませんが、デフレ不況下でそれを行うのは、日本のように国債の安定性が見込みうる国家では、けっこうに信じがたい方策です。

そもそも逆進性の強い「痛みの共有」を労働者・非正規雇用者に押し付けることは、「リベラル」的には正しくとも――価値の多元性を保証しつつ、安定した財源から公的資金の抑制的・公正な支出を目指す――「ソーシャル」としては、もはや「革新」とは似ても似つかないカテゴリーになってしまいました。椅子の数を増やさずにその公正な配分のみを主張するのは、市場の機能を欠いた自由主義のそれにほかなりません。「泥臭い自民党」の利権政治を批判するということそれ自体は理解できるものの、かなり派手な形でそれを自民党内で実践した小泉政権の路線は相当程度踏襲されている。「左派ではないリベラル」のポピュリズムが民主党政権を生み出したといえるでしょう。

とはいえ私自身も、自民党に対抗しうる「左派」政党になりうる存在として民主党に期待していたのは事実です。しかし朝鮮学校の無償化措置からの排除など、党内で「リベラル」であることにすらコンセンサスがとれていない政党に、強い危惧を抱くようになっていきました。市場主義という自由主義とは異なる寛容の思想としての「自由な多元主義」すらも保証しえない政権では、どうにもならない。経済政策に限ってもデフレを深刻化させていく方向性ばかり追求している。「革新」はかくして、「社会なきリベラル」へと転態していったのです。いかにもスマートな、アイビーリーグ的な「リベラル」の顔をした同時期のアメリカ民主党の政権と同様に、です。

社会学者の市野《いちの》川容孝《かわやすたか》さんは、単著『社会』(岩波書店、二〇〇六)や、二〇〇七年に『論座』(朝日新聞出版)誌に寄せた論文のなかで、日本における「リベラリズムのおはしゃぎ」に警句を発し、「政権交代能力」の条件のように語られている小選挙区制の問題点、「革新」ならぬ「リベラル」が「社会的なもの」をそぎ落としていく動向を厳しく批判されています。市野川さんが『現代思想』誌や『社会』といった著作で、「社会の社会学的忘却」の典型例として挙げているのは、間違いなく私であり、アマルティア・センの厚生経済学のアプローチ（ケイパビリティ理論）からリベラリズムの可能性と限界を論じている者としては、自己責任論や自由市場の条件なき擁護を目指す自由主義と一緒にされるのは心外も甚だしいものでしたが、当時の選挙制度改革、政治状況における概念のもつれと問題性についての市野川さんの見立ては正しかったといわざるをえません。

民主党はたしかに「リベラル」という「革新」とは異なる政治理解の構図を持ち込みました。しかし、そこでは、「革新」がかろうじて持っていた「社会的なもの」がとことん希釈され、一面的にとらえられた「公共性」――「お上の公共」とは異なる「公共性」――がリベラルであることの証左であるかのように、議論の理由空間が構成されていきます。ここで詳しく論じることはできませんが、市野川さんがいう「社会的なものの忘却」は、「リベラル」の日本的定式化、「社会」に代わる政治的スローガンとしての「（新しい）公共性」によって、実態化されていきます。実際学術界でも、ハーバーマスの英訳を受けた英語圏での公共性論のブームに連動する形で、「公共性」「公共圏」という言葉が多義的なままに広く流通していました。その帰結が「社会なきリベラル」という空疎な、しかしある種の集合的な理解可能性を担保する概念であったわけです。

「新しい公共」の名のもとに、「コンクリートから人へ」の標語のもとに、民主党は、財政均衡を目指し、構造的デフレ時におけるケインズ的対応に弱腰で、たしかに「革新」的な理念は継承しているけれども、最後には政権の命運をかけて消費増税という課題を自民党に引き継がせる、というまさしく「新自由主義」を体現する政党となっていきました。

その後、二〇一五年の安保法制や森友・加計学園スキャンダル（二〇一七年）、相次ぐ閣僚の失言、入管法の強行突破など、安倍晋三政権の暴走を止めることはできませんでした。議会内で政治力ゆえにできなかったというだけではありません。安倍政権のあらゆる暴走を世論は批判的に捉えつつも、民主党や立件民主党を受け皿とは考えなかったのです。この点は、愚民論に走っても何の意味もありません。冷静に考えるべき議会制民主主義における代表制・代理性の問題です。

†若者の保守化？

先の選挙時、若者の支持政党、投票行動をめぐって、いくつかの記事が目にとまりました。たしか最初に見たのはSNSで流れてきた「東大生の自民党支持率が高い」という記事であったと思います。「東京大学新聞社が毎年新入生を対象に行なっている調査によると、自民党の支持率は近年劇的に上昇している。今年四月の調査では三六％に達し、過去三〇年で最高を記録した」というもので、たしかにグラフをみると「三〇年間で最高」の値であることは間違いないのですが（図1）、SNSで良心的左派たちが「東大生はやっぱり権威主義なのか…」とつぶやいているのをみると、逆に悲しくなってきました。なぜ左派はこうも「世論」に悪意を読み取ろうとするのだろう、と。

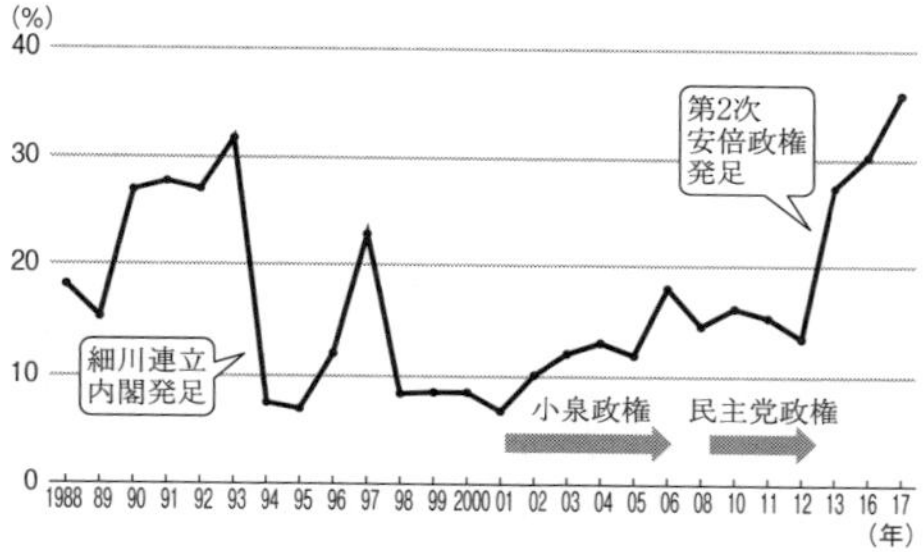

図1　東大生の自民党支持率の推移（1988〜2017年）
出所：東京大学新聞社のデータをもとにしたBUSINESS INSIDER JAPAN記事（https://www.businessinsider.jp/post-34482）

図を見てみれば一目瞭然ですが、「三〇年間で過去最高」とはいうものの、民主党政権が崩壊する二〇一二年ぐらいまでを見てみると、細川ブームで一度一割を切り、その後持ち直したものの、あのポピュリズムの権化だとか劇場型政治と呼ばれていた小泉政権時は低調、よくて微増です。というか、九〇年代に地に落ちた自民が小泉政権で少しずつ挽回し、一〇%台半ばまで持ち直した、というべきでしょう。一三年からの安倍政権支持率は、細川内閣支持と同様の「異常値」であり、三〇年間、線形的な傾向性があって自民支持が増加しているわけではありません。細川内閣のときに東大生が急に反自民になった、ということができるなら、ここ数年急激に親自民（保守？）化したともいえますが、じりじりと「保守化」が進んでいると考えるのは難しそうです。

そうしたことよりなにより、これが東大生に特有の傾向であるか、が問われなくてはなりません。指標として近いところでは、二〇代一般の政党支持率の推移に関する分析があります（薬師寺克行「若者の自民党支持率が高くなってきた理由――2012年が転機、保守化ではなく現実主義化だ」東洋経済オンライン、二〇一七年一〇月三一日公開）。件の二〇一三年には四〇％、一五年にはいったん三〇％強まで下げますが、一六年には四〇％台を回復。投票のあった一七年でも三六％ほどの支持率です。こうしてみると、安倍自民の高支持は、東大生に固有のものとはいえなさそうです。

むしろやや低いぐらいで、二〇一七年にはだいたい二〇代一般と拮抗している、といえるでしょう。東大新聞のデータは新入生を対象として行われたものです。昨年の選挙では一八、一九歳の自民党支持率の高さが目立つとされましたが、そのことを考えても、東大の数字は（新入生調査なので）やや高めに出ていると考えるべきです。二〇一七年には三〇代以下一般の安倍内閣支持率は六割を超えていました。どう意地悪に見ようとも、東大生がことさらに安倍内閣支持に走っているとはいえないし、数年の数字だけをみて「東大生は権威的」などという予断を吐露するのは控えるべきでしょう。反権威主義は往々にして権威主義を呼び込んでしまうものです。

ただし、です。超短期的な自民政権支持率からもう少し時間の幅をとって、「保守化」の指標として、愛国心の強さの自認、具体的には総務省の行っている「社会意識に関する調査」での「愛国心が他人に比べて強いと思うか、低いと思うか」の中長期的傾向をみてみると、「国を愛する心」を持つということに関して、若者が大きな抵抗感を抱かなくなってきている（肯定的になってきている）のも事実です。

愛国心が「他のひとと比べて」強いか否かを尋ねているもので、ナショナリズムに関する尺度から析出されたものではなく、そうであるがゆえに自らの信念や傾向を再定式化しているという点で強い含意を持つ（極端に低く／高く出てもおかしくない）設問です。この数値が愛国心や保守性を表しているものと考えるならば、たしかに若者は「保守化」しているようです。図2は図1で転換点となっているようにみえる二〇〇一年から一七年に至るまでの、この愛国心設問に対する二〇～二九歳（ただし二〇一七年は一八、一九歳を含む）と、全世代の回答傾向を二年毎に示したものです。

これをみると、極右的な発想にも近づいてしまう「非常に強い」という回答は、全世代でみても、二〇代・若者においても、安倍政権のような極右的なスタンスが増加しているようにみえないのですが、もう少しライトな愛国者（「どちらかといえば強い」）は二〇〇〇

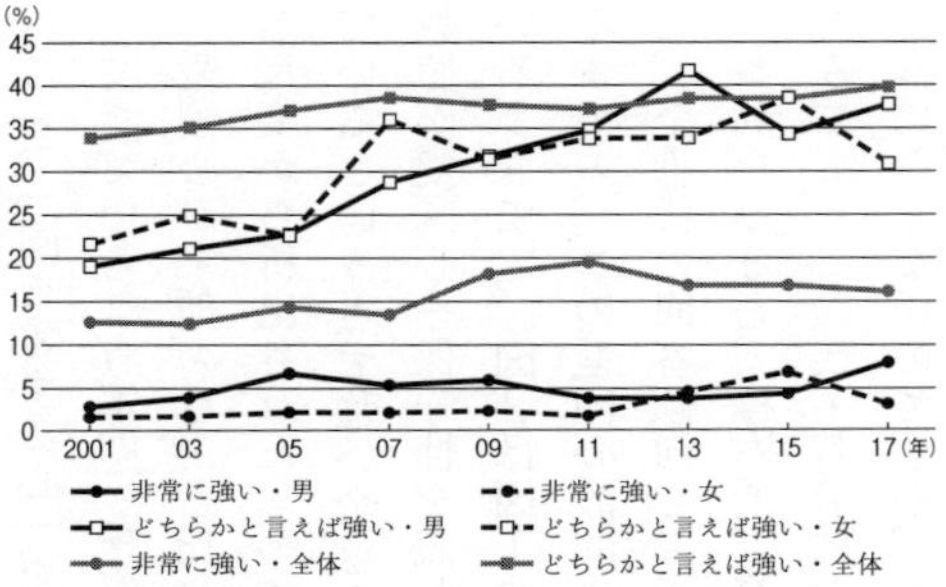

図２　若年層と全体における愛国心の推移
総務省「社会意識に関する調査」をもとに著者作成

年代以降漸増傾向にあることがわかります。この傾向は若年層で顕著です。

全年齢層でみると、一七年かけて五〜六%の漸増であるのに対して、二〇代・若者層は男性で一九・一%→三七・八%、女性で二一・七%→三一・三%（二〇一五年には三八・五%）と増加のピッチが速く、二〇一一年以降は全体との差が見い出しにくくなっています。この質問項目への回答は、一九七〇年代以降、一貫して二〇代が全体よりも低く、二〇〇四年ぐらいまでは、「非常に強い」をあわせて三〇%弱（全体は五〇%前後）で安定していたのですが——増えても減っても全体の動静と対応しており、特に若者固有の現象ではなかった——〇〇年代にかけて「愛国心の七〇年代体制」は綻びを見せ始め、〇〇年代後半となると、「若者は往々にして愛国心が薄い」という年齢による効果が薄らいでいます。

これを安倍首相のせいにするのはやや無理があって、期間は小泉・第一次安倍・民主政権（鳩山、菅、野田）・第二次安倍政権に及びます。漸次的な傾向ですから、政権政党のイデオロギーに因を帰するわけにもいかなそうです。

これを若者の「保守化」と呼ぶか否かは愛国心の捉え方次第です（とすれば民主党政権下でも保守化が進んだということになります。朝鮮学校の無償化排除などを想起するとそういえるように思えますね）。

しかし、ちょうど平成年間期、三〇年間ほど安定していた数値が〇〇年代以降漸増し続けていることは、気になるところです。少なくともそれが政権政党の立ち位置による変化を示したものではないこと、第一次安倍政権の「愛国趣味」によって直接もたらされたものではないこと、〇〇年代以降次第に社会問題とされてきた何らかの変数群とかかわりをもっていること、このことは事実であるように思えます。

ここでこの要因を特定化する材料はありませんが、若者が、国家（というか国）に対する肯定的な感情を持つようになってきたとすれば、たしかに自民党的なイデオロギーに合致するものではあり、図1にみえる〇〇年代以降の自民支持率の変化を保守化と呼ぶことも不可能ではない気がしてきますが、とはいえ、この傾向は民主党時代も続いているものであり、またリーマンショックにも大きな影響を受けていません。狭義の意味での政治でも経済でも説明が難しい傾向性です。

こうした社会意識の変化については、専門的な政治学者や計量社会学者に任せたいと思います。ただ、私としては、この「若者の保守化」に、冷戦構造のなかで作られた「保革」という対立構図でみることの限界が現れているように感じます。これは保守／革新といった対立軸での「保守化」ではなく、それとは異なる視角において分析すべき現象なのではないでしょうか。問われるべきは、「保守化」と名指すその分析視座そのものである、と。

†政治地図の構造転換

二〇一七年の選挙絡みで話題となった研究があります。

読売新聞社と早稲田大学現代政治経済研究所が二〇一七年七月三日〜八月七日に共同で行った調査をもとにした論文が『中央公論』（中央公論新社）二〇一七年、一〇月号に掲載されました。高知大学（当時）の遠藤晶久《まさひさ》先生、武蔵野大学の三村憲弘先生、武蔵野大学講師の山崎新《あらた》先生の共著論文「世論調査にみる世代間断絶」です。

ここでは、若者による政党のイデオロギー的把握が、論壇誌などが前提とする保守／革新、保守／リベラルとは異なる水準で達成されていることが示されています。七〇代以上をみると、自民や維新が保守、民進・共産がリベラル側と「保革」の構図をそのままなぞっているのですが、「十八歳から二十九歳の若者」では「最も保守的な政党は公明で、無党派層、共産、民進と続き、中間地点に自民、リベラル側に維新が位置づけられている」（前掲論文五二頁）。これは二〇代までの若者のみにいえる傾向ではなく、「維新を共産よりも保守側に位置づけるのは五十代以上の有権者のみ」であり、「保守―リベラル次元における政党間対立認知の世代的断絶は四十代と五十代の間にある」とも示唆されています（同五三頁）。

この知見は信頼できる調査方法から析出されており、解釈こそ分かれるものの、まずはこうした「リベラル」「保守」概念の世代による異なる意味付与については前提として議論を進めても問題はないと思われます。

共産党が「保守的」で、維新が「リベラル」というのは、もはや政治学的な意味での保守主義やリベラリズムが現実の概念運用において適合性を失っていることを意味するのではないでしょうか。これに対して、若者の政治的概念の混乱を嘆き、教導するという理性啓蒙もありうる態度だと思いますが、説教は説教にすぎません。まずはこうした概念の使用がいかにして可能になっているのか、を考えるべきでしょう。

ひとつには、民主党誕生時ごろから「革新」に代わる政治的スタンスを指すようになった「リベラル」自体が、「既得権益や規制を排する」という語の原義である「自由主義liberalism」へと立ち戻ったということがありえます。

「リベラル liberal」という語は、それまでの労組の意向と相まって存立する「社会 social」的な政党――社会党・社民党――から、「保守・自民ではない」大衆政党を名指すために用いられたものと考えられますが、それは「官僚と一体化」する「金まみれの腐敗政党」としての自民党の像があってはじめて有意味たりうるものでした。そうした自民像とソーシャルの泥臭さを削ぎ落したところに、経済界や官僚、そして労組のような「既得権益層」を仮想敵とする日本版「リベラル」が誕生した。おそらくはアメリカの共和党（保守）と民主党（リベラル）の対立構図を想定しての対立軸の設定であったと思います。しかしアメリカのそれを十分な検討を欠いたまま直接移入したところに、第一のボタンの掛け違えがあったのではないか。

詳説は避けますが、よく知られているように、アメリカにおける「リベラル／保守」という対抗図式は、歴史的過程のなかである種の転倒を起こしています。リンカーンが連邦の維持を企図して勝利を得た（奴隷解放もエクスキューズの一つとなった）南北戦争時には、連邦維持（大きな政府）による統治を、産業が相対的に発達していた北部の自由主義者たちが望み、共和党の支持層を形成していました。一方の民主党は、南部の奴隷制支持者たちに支持され、「奴隷所有の自由」「連邦政府からの介入」を拒絶する方向性をとっていた。つまり、共和党と民主党の対立は、粗くいえば、建国の精神である「自由」の二つの道、大きな政府・積極的自由／小さな政府・消極的自由の対立に重なり合うものであり、現在の語の感覚からいえば、共和党のほうが「（市民的）リベラル」であったようにみえます。

南北戦争後も、民主党は南部を基盤としつつ、都市ではボスが君臨するマシーンと呼ばれるやや柄がいいとはいえない集票組織を構築し、北部エスタブリッシュメントに対抗していきます。大きな転換点となったのが、一九二九年の世界大恐慌を受けたルーズベルト大統領（民主党）によるニューディール政策です。ニューディールはケインズの経済学の発想に近いもので（両者に面識はなかったそうですが）、連邦政府による財政出動を主として大規模な経済改革、それと相まってそれまでアメリカにおいてなかったといっていい社会保障政策を敢行していきます。

南部の保守層の砦であった民主党は、欧州型の「ソーシャル」へと転回することによって（有権者が変わらない以上、実際の集票では南部は相変わらず民主党の票田であり、南部では一九五〇年においても上院議員は不在で、下院議員は二名のみでした〔会田弘継『追跡・アメリカの思想家たち』新潮選書、二〇〇八、六九頁〕）、時間は相当かかりますが、名義的には「保守」と対立する「リベラル」な政党として自他に認識されるようになり、共和党は逆に消極的な自由を引き受けていく政党――それが時代を経るにつれて「保守（古典的自由主義）」となる――となります。

議員レベルでは濃淡はありますが、ソーシャルな（あるいは価値的に多元的な）要素はリベラルが引き取り、非干渉のリベラリズムはリパブリカンが志向する、という現在の大まかな構図は、ニューディール以降少しずつ固められていき、とりわけ、他者への寛容性、価値の多元性を重視する（と自己演出していた）ケネディ、ジョンソンの偉大な社会などで前提視されていくようになります。ニクソン、レーガンという根っからの「社会」嫌いの共和党大統領が戦旗を明らかにしたともいえます。

日本が「革新」という言葉にかわり「リベラル」を移入したときに想定されていたのは、北部エスタブリッシュメントによる清廉で寛容、地方土着型・宗教寄りの共和党と対峙する都市政党、という構図が雛形となり、金と利権にがんじがらめになっている自民党に対抗する「弱者や多文化主義に親和的」というイメージでしょう。「失業のない、つよい経済を再生します。」「税金のムダづかいをやめ、公正で透明性のある政治を実現します。」「自立力」をもった活力に輝く地域を創造します。」「子どもや高齢者、女性、誰もが安心して働き、暮らせる社会をつくります。」「国民の命と健康を守るつよい社会を実現します。」といった民主党マニフェストは、クリーンで公正・透明な「リベラル」の像を打ち出しています。

しかし、この鏡像のなぞり方にねじれがあったことは否定できません。民主党が政権をとってから最初に手を付けたのが、「税金のムダ使い」であり、あの仕分け作業でした。将来世代の負担軽減を理由に財政均衡を旨とし、大鉈をふるって公共事業を「仮想敵」とした。デフレの長期化が懸念されるなか、そうしたスタンスは最後の野田佳彦内閣まで（にこそ）受け継がれていきます。

さらには公務員の悪魔化。日本でもっとも優秀なシンクタンクである霞が関を既得権益者とし、公務員の人件費のカット、公的セクターの解体を進めていく。これは、アメリカの現在の「リベラル」ではありません。むしろ経済政策的には共和党右派、いや大げさにいえば「新自由主義」と雑に呼ばれるものに近いものであったといえます（そもそも日本は公務員の人口比がきわめて低いのです。一定程度の規模をもった国では突出して低く、アメリカや韓国にも遠く及びません）。

日本のリベラルは、アメリカのリベラルからそのソーシャルな方向性、公共的な人的資源への投資を削ぎ落として、寛

事業仕分けで、全国学力、体力テストについて文科省の担当者に質問する民主党・蓮舫氏（中央左）と枝野幸男氏（同右）＝2009年11月25日（共同通信）

容な多元社会という理念のみを引き取った、といってもいいでしょう。この理念の部分が、これまたソーシャルな部分を削ぎ落した「革新」から受け継いだものです。ジェンダーの平等、多文化主義、歴史意識、バリアフリー、非自己責任論、沖縄基地移転問題、相対的に改憲に慎重な姿勢――これらはどれも「革新」から受け継いだ、尊重すべき価値ですが、逆にいうと、「革新」以来の「伝統的」な左派的理念なわけです。自由主義的な経済政策と左派的理念という奇妙な連合体が日本の民主党政権でした。

しかしこの「リベラル」には「革新」とは異なる要素が入り込んでいました。私たちはついついブッシュ親子とオバマのことを考えて共和党と民主党を対比させてしまうのですが、ベトナム戦争を起こし、キューバ危機を招いたのはかのケネディです。ベトナム戦争を終わらせたのはニクソンであり、ジョンソンではありません。カーターの保守主義、クリントンのソマリア介入も忘れてはなりません。つまり安全保障については、ケネディ以降総体的には「介入主義」の立場を両党とも共有しており、沖縄からの撤退や日本左派の平和主義は争点とはならなかったのです（オバマでさえ！）。

よく知られるように、ケネディがキング牧師と連携したのは、バーミングハムの悲劇的事件に代表されるような問題が続発し、もはや国家安全保障上、連邦政府が対応せざるをえなくなったからともいえて、彼が公民権運動そのものに融和的であったとはいいがたいところがあります（リンカーンやリトルロック高校事件のアイゼンハワーと同型ですね）。

さらに経済政策についても、積極財政か消極財政か、保護主義かグローバル化かは実は共和党・民主党で統一されているわけでもなく、「状況による」というのがフェアな見方でしょう。しかし相対的に社会保障にかんして民主党が積極的であったことは間違いありませんが……（とはいえ、ビル・クリントン政権がこの構図をさらに複雑化し、ある意味で「更新」してしまいます）。

「革新」の新ラベルとしてアメリカから借用してきた「リベラル」には、安全保障上日本国憲法九条が定める平和主義と齟齬をきたす部分があり、また他の「革新」の理念と「リベラル」の理念との間に齟齬もあります。ソーシャルな側面のみならず、そうした理念水準でも「革新」と「リベラル（米）」とでは食い違いをみせています。介入主義なアメリカのリベラルはTPPを支持しますし、世界での覇権については、方向性こそ違え、孤立主義を抜け出したブッシュ以降の共和党と大きな差はありません。

実質的な政策部分でもそうですが、メディアによるイメージでは、「革新」の後継者としてのリベラル／保守・自民という図式が前提視されていて、奇妙な混乱状態にあります。若い人たちの「リベラル」の誤用を嘆く前に、日本に移入された「リベラル」の奇妙なアイデンティティを、保革の枠組で見てしまう自らの図式をいったん相対化してみる必要があるでしょう。

若い人たちにとってリベラル的であるという述語は「なにかを変えようとする人たち」、保守とは「伝統的な価値観を持つ人たち」と映っている可能性があります。とすれば、既得権益（保守）をぶっ潰すという小泉話法を、民主党のように――しかし忠実に――小声ではなく、大声で怒鳴りたて、「わかりやすい」象徴的な敵をなぎ倒していく維新や、デフレ不況と闘う姿勢を鮮明にし、「現実に即した安保体制」を目指す安倍自民が、「何かを変えよう」という意味で非保守的に映り、「革新」から受け継いだ伝統的な社会問題のテーマをとりあげつつ、経済政策について無策も甚だしく、安全保障も五五年体制のそれを踏襲している民主・民進・共産が「保守」と映ったとしても、不思議なこと、理解できないことではありません。

こうした思考様式は、独仏的な「リベラル／ソーシャル」、アメリカ的な「リベラル／保守」、日本的な「革新／保守」の政治（学）的用語法になじんだ人たちからすれば、奇矯に映ることでしょう。たしかに学問的には「間違い」です（しかし同様に共産党を「リベラル」と呼ぶのは日本共産党的にも「間違い」のはずです）。

しかし生まれたときから冷戦が終わっていて、日本経済がアメリカを脅かすといった記憶もなく、自民党の赤裸々な派閥政治も歴史認識問題も知らない世代にとって、デフォルトとなっていた構造的なデフレ不況を改善し、既得権益と立ち向かい（ということになっている）、「未来志向型の」過去の清算を図る安倍政権は、「変革／未来志向」という点で「リベラル（革新的）」なのであり、デフレの放置どころか緊縮財政をよしとして、「革新」の伝統的アジェンダを踏襲する野党は「保守」的に映るのです。

ソーシャルなき「革新」と理念的なリベラルの折衷として生まれた「日本リベラル」は、アジェンダの設定方法において「保守的」なのであり、有権者は、時代効果として、理念的「革新」に一定の共鳴をしていても、総体的には自民・公明の「攻め」の姿勢を評価してしまう。ここには何の不思議もないように思われます。

読売・早稲田調査では、支持政党の違いに効果を持つ因子として、安全保障、社会的価値観（女性の社会進出、差別など）、税金負担の軽減、自国利益の強調といった経済的な側面（ポピュリズムの軸と著者たちは表現しています）を抽出しています。これをみる限り、またその他の世論調査が示すように、若者の政治地図はとても複雑です。「安全保障における八ト派にあたる部分では変化重視と結びついて民進・共産を支持しているが、タカ派的な有権者間では伝統重視と結びついたり（維新）変化重視と結びついたりしている（公明）」「若年層の親民進グループはタカ派であり変化を重視しているが、高齢層ではハト派で社会的価値観については中立である」「若年層の親民進グループはポピュリズム「税負担軽減・自国利益の尊重などから構成される」寄りであるが、高齢者では正反対の位置にいる」(「世論調査にみる世代間断絶」五八頁)。三つの因子をもとに眺めていくとき、世代間の政治地図の齟齬は明確です。

なかなか解釈に苦しむところですが、少なくとも、「革新＝慎重な安保政策、多文化主義的価値観、積極的な経済・再配分政策／保守＝タカ派、「作られた伝統」へのコミットメント、経済的自由主義」といった構図は効力を失っているといえるでしょう。

TPPに反対し保護主義経済を訴えたのは、自民ではなく野党でした。積極財政・金融緩和というケインズ的方向性をとったのは、野党ではなく自民でした。そもそも自民にはこの両側面を包摂する幅の広さがあり、それが、社会党との不均衡ではありつつしたたかな緊張関係のうえに成り立っていたのであり、ことさらに安倍政権で自民党が変容したわけではありません。変わってしまったのは、「革新」から「リベラル」へと看板をすげ替えた野党のほうでした。

「革新」からソーシャルを奪い、「アメリカン・リベラル」からグローバル経済への積極的な対応・適切な成長戦略を取り除き、「革新」の伝統的な理念をのみ受けとったのが、民主党政権です。「革新」の後継として「リベラル(日)」をみる中高年以上の世代と、「アジェンダ保守主義としての革新」を継承しつつ、貧困には共感的であるものの、マクロ経済政策には強い関心を持たず、新自由主義的な「小さな政府」を希求する――「無駄をなくす」という名のもとに投資マインドと新規労働市場を冷やし続ける――民主や共産は、当然のことながら、現状の苦境への忍従を要請する「守り」に入った保守的な政党として捉えられます。読売・早稲田調査の結果は、それを端的に示したものといえるでしょう。

†ソーシャル・リベラルは可能か?

繰り返しになりますが、重要なのは、だからといって、若者が社会学的な意味で保守化したわけではないということです。家族政策やダイバーシティ、安保法制についても、若い有権者が年長世代に比して「自民寄り」というわけではない。ではなにが与党の「攻め」の姿勢への評価に繋がっているかというと、経済です。

NHKが一八、一九歳を対象とした世論調査では、七三%が「日本の所得格差は大きすぎる」と答えており、「「政治に関するテーマで最も興味があるテーマは?」という質問には、約五三%で「雇用・労働環境」が最も高く、「社会保障政策」、「景気対策」が続く」。さらには「社会保障と税負担の関係についても「年金や介護などの社会保障が充実するなら、税負担が今より増えてもよい」と答えたのが六三・一%」であり「高負担高福祉を求める傾向」がうかがわれます(「史上初の10代世論調査を実施! 明らかになった、ティーンエイジャーの実態とは…？」HUFFPOST、二〇一六年二月二一日公開）。

実際に投票をした人という限定がつきますが、朝日新聞の出口調査「もっとも重視した政策は」への回答では、一八、一九歳で「景気」「社会保障」を挙げた率は二八％、一五％と憲法や安全保障を上回っています。

ちなみに、この出口調査では、二〇～五〇代の生産年齢人口の全ての層において「景気・雇用」がトップで、三～四割を占めています。対して、六〇代、七〇代では「社会保障」が最重要視されていて、七〇歳以上となると就労人口率が低い一〇代と同様、三割を切ります。憲法や安全保障に世代差があまりみられないことを考えても、高齢者の「経済への無関心」は目を引くものとなっています（子育て支援は二〇代、三〇代で一八％、二九％と高く、六〇代以上になると一割を切ります。一〇代ですら一三％ですので、団塊以上の世代の子育ての社会化への冷淡さが見てとれます）。

反安保の運動が盛り上がった二〇一五年でも政党支持率と一番強い相関関係にあったのは、経済政策でした（全世代）。朝日新聞の出口調査と合わせて考えると、二〇代、三〇代含めた若者にとって最優先課題は「景気・雇用」であり、この点が、新卒就職率や賃金の上昇などをしたたかに達成している安倍内閣への支持に繋がっているとみるべきでしょう。これを保守化といえるでしょうか？　そうではなく、かれらは現在まで続くデフレ不況への姿勢をもって「リベラル（攻め・現状打破）／保守的（守り・現状維持）」を判断しているとは考えられないでしょうか。

もちろん、気になる数値もあります。共同通信の「あなたは、安倍晋三首相の下での憲法改正に賛成ですか、反対ですか」という質問に対して、賛成と答えた率は女性の場合、年代別に大きな差がみられない（三三〜三八％）のに対して、男性の場合、一〇〜三〇代で五〇％を超えています。つまり投票に行くほどの政治的コミットメントを持っている若い男性の半数以上が「安倍内閣の下での改憲」支持に回っているわけで、これはたしかに「革新」の理念とは相いれないものでしょう。

しかし注意を促しておきたいのは、これが投票行動を選択したという人に限定されたデータであり、より一般的な傾向としては「革新」的な態度、つまり、「憲法を改正する必要はない」は男性全世代のなかで一八〜二九歳がもっとも高い値（四八％）を示しています。これは七〇代の女性の値三八％をも超えるもので、投票に行く／行かない若い男性のあいだにだいぶ大きなズレが存在していることが推察されます。若い人の場合投票率が低いので、このズレが明確化しやすいのです。

いわゆる支持率や社会調査と出口調査の数字の性格の違いについては政治学者の菅原琢《たく》さんが注意を促すように、慎重に検討する必要がありますが、この投票者男性の「改憲」

志向と有権者男性の「反改憲」志向などは、まさにその注意を要するものです。

このズレのうち、どちらを世論ととるかはある意味で分析者の自由ですが、支持率等と突き合わせるのに適するのは、ＮＨＫの世論調査のほうです。若者のあいだに「タカ派」的な価値観、つまり「反革新」的な価値観が蔓延している、ということはいえない、と考えた方がよいでしょう。総務省の社会意識に関する調査でも、愛国心があるほうだという回答は、たしかに若者において上がっていますが、全世代的に同じようなことがいえるので、ことさらに若者の「保守化」を示すものとはいえません。「国を愛する気持ち」とはいっても、日の丸を背負ってアジアの盟主たらねばならない、といった戦後タカ派の「気分は戦争」とはだいぶ異なった内実を持つものと考えられます。

重要なのは、「革新」の理念をもって、現在の「リベラル（日）」を理解しようとすると無用の混乱が起こり、状況を見誤る、ということです。

先述のように、読売・早稲田調査では、安全保障／社会的価値観／経済政策といった因子がとりあげられていましたが、この三つの要素を（因子ですから独立というわけではありませんが）もとに考えてみるなら、「社会的価値観は「革新（民共）」だが、経済は「保守（自民）」」、安全保障については「革新的」だが、経済のほうが優先」と考えて「リベラル」と自認する人とか、「社会的価値観は「革新」だが、安全保障は「保守」で、重要な経済は「保守」だから「保守」と自認するひとが現れてもおかしくはないのです。「リベラル／保守」の意味の取り違えを問題化するのであれば、先行世代が用いる「リベラル」と「革新」との差、「リベラル（米）／リベラル（欧）／リベラル（日）」の差などを考慮しつつ、「リベラル（日）」を革新の後継者として捉えるまなざしそのものを転換させなくてはなりません。

日本のリベラルを自称して登場した民主党は、その経済政策をみる限り、公共事業を減らし財政出動を控え、公務員の給与を下げ、構造的デフレに掉さしながらも、「コンクリートから人へ」の名のもとで私的セクターに「社会的なもの」を投げだしたという点では、ヨーロッパ型のリベラリズムであり、社会的価値観に関してはアメリカン・リベラルに近く、安全保障については「革新」的要素を野党連携の蝶番《ちょうつがい》としながら、実は党内合意もとれていないというごった煮「リベラル」でした。むしろ「自民党でないもの」を放り込んだサラダのようなものだったといえるでしょう。

その後継である民進党も緊縮志向は改善されず、政治的駆け引きの妙から瓢箪から駒的に登場した立憲民主党も、当初の党首の「緊縮派ではない」という声はか細くなりつつあり、「革新」というか「自民党でないもの」を望む支持者（や知識人）たちに目を向けるようになり、残念ながら、順調に支持率を下げています。「リベラル（米）」を望むひとびとよりも、「革新」に耳を傾け、結果的に独仏型の「リベラル」へと転じてしまう。世論は正直です。「でもしか立民」は長続きするものではありません。

「平成後」のリベラルのために

冒頭で申し上げた通り、私は政治学者でも選挙研究者でもないので、選挙動向についての分析にぬるいところもあるでしょう。なので社会学者としての私が一番強調したかったことは、「リベラルと呼ばれる政党の迷走」というよりは、「平成リベラル」概念そのものの迷走でした。

もとより、アメリカのリベラルもつねにソーシャルであったというわけではありません。町山智浩さんが指摘するように（町山智浩 Twitter、二〇一二年一一月四、五日参照）、クリントンは明確に「自由主義」的な市場観を持っていましたし、強面のアイゼンハワーも緊縮派・自由市場派であったというわけではありません。

問題は、ジェンダーやセクシュアリティ、育児、教育、医療、障害者、移民や難民、貧困等の社会的価値観を現代的にバージョンアップして、しっかりとそこに基盤を置きつつ、経済環境に応じた短期・中期・長期的な展望を精査し、社会を委縮させる政治ではなく、社会を（現在を手段化することなく）未来に開かれたものとする社会・経済政策でしょう。「革新」知識人の耳触りのよい言葉にお墨付きをもらうのではなく、人びとのニーズを丁寧にすくいとり、人的投資を惜しむことなく、人びとの潜在的能力（capability）を熟成させるための土台（下部構造！）づくり、有効需要の創出、つまりは「日本型ニューディール」を設計していくことです。安倍政権の社会的価値観、安全保障政策に抗うためには、そうした「ソーシャル・リベラリズム」を築き上げていくことが大切です。

「安倍政権を倒すためなら経済が滅んでもいい」と考えているかぎり、安倍的なものはどこまでも延命してしまうでしょう。彼のやっていることは、ソーシャルな部分も一部含みこんだ自民党という場で、超タカ派的価値観を前景化するというある意味で「伝統的」な政治です。彼の宿願である憲法改正——そのために彼は経済を手段化しているわけです——はまず間違いなく実現されえません。安倍政権への支持は、そのタカ的性格によってのみ調達されているわけではないからです。そしてそもそも自民党首班の首相としては支持率が低迷していることは疑いようがありません。「経済」が簒奪されてしまえば、安倍政権の基盤は盤石なものとはとうていいえません。

欧州で移民が社会問題化され、極右政党が微妙に伸長している（想定外に伸び悩んでいるともいえますが）一方で、サンダース、コービン、ポデモスのような「反緊縮レフト」が伸長していることも忘れてはなりません。日本のレフトも自称リベラルはとにかくアベノミクスの失敗探しに必死になって、緊縮そのものが目的化しているように思えてなりません。そうである限り、世論は安倍政権（というより積極財政派）に国民投票をもって歯止めをかけることはあっても、支持を与え続けるでしょう。アベノミクスを超える経済政策を打ち出し、リベラルでソーシャルな価値観を盤石なものとしていくこと。そこにしか希望はないように思います。

リベラル派知識人といわれるひとたちが、「若者は親の世代のような経済成長を見込めない現在において、将来への漠然とした不安を抱えている」とか「低成長でも成熟した社会を」とか「日本は移民を入れてまで経済成長を目指すべきではない」、そして「みんな、ものを考えなさすぎる。上の方からの発想ではなく、もっと下から物事を見て、視野や議論の場を広げなければいけない。海抜ゼロから考える姿勢が必要な時代に来ている」「若い人たちを見ていると、知識はあるけど、知恵がない。ものを考えなさすぎる」（倉本聰「未来は暗い、知恵がない」『日刊スポーツ』二〇一八年一月四日）、あるいは「私は今の30代後半から45歳前後の世代が、申し訳ないですが、〝日本最弱の世代〟と考えています」（内田樹「日本企業は若者とどう付き合うべきか？　～対談・内田樹」『日経トレンディネット』二〇一三年一月二四日）などと、責任を構造的デフレの直撃を食らったロスジェネ世代に転嫁して涼しい顔をしている清貧の思想を説いているうちに、安保法制も日韓合意も衆院選も自民は勝ち続けています。

自らが清貧の思想を貫くことは美しいことかもしれませんが、それをもって他者から未来を奪ってはなりません。しかも「将来の世代が苦労するから」という殺し文句を使って、将来の老人たちの苦境を放置する。なぜか生活満足度も就労状況もいい若者たちにばかり目を向けて、団塊ジュニアやロストジェネレーションについては多くを語らない。そうした態度をとり続けていくかぎり、日本型リベラルはごった煮のまま離散集合を繰り返し、アメリカンというかソーシャルというべきか、そうした成熟したリベラルには到達することはできないでしょう。一方で若者の「リベラル概念の誤用」を嘆き、一方で「救済されるべき象徴」として持ち上げる。そんな若者の手段化はもういい加減に控えるべきです。

社会問題が蠢く路上は、横文字っぽい「シーンとしてのストリート」とは違うのです。ドブもあれば犬の糞も煙草の吸殻も枯葉もある。そういう路上の大衆を愚民呼ばわりしたところでなにも変わらない。そのひとつひとつを拾い上げていく覚悟と精緻な設計図を得てはじめて、日本型リベラルは、(ソーシャル)リベラルの名に値するものへとなることができる。その逆の方向に野党が揃いも揃って向かっているように思えてなりません。

＊本稿は、「日本型リベラルとは何であり、何でないのか」(北田暁大『終わらない「失われた20年」』筑摩選書、二〇一八)と、「ソーシャル・リベラリズムは可能か」(『Journalism』二〇一九年一月号、朝日新聞出版)として公刊された論文、談話をもとにして再構成したものである。

さらに詳しく知るための参考文献

市野川容孝『社会』（岩波書店、二〇〇六）……本講でしばしば言及してきた「社会的 social」という概念は、現代の日本語圏で日常的に使われる「社会的」「ソーシャル」（ソーシャルメディア、ソーシャルゲームなど）とはかなり違ったニュアンスを持つ。市野川は、「ソーシャルである」ということが社会科学や思想史、政策史等の領域でどのような規範的含意を与えられてきたのかを、大胆かつ繊細に明らかにしている。本講で触れた論考とともに、ぜひとも読んでもらいたい一書である。

酒井泰斗他編『概念分析の社会学』『概念分析の社会学2』（ナカニシヤ出版、二〇〇九、二〇一六）……本講ではアイディアレベルで「リベラル」と「ソーシャル」の捻じれた状況について論じたにとどまるが、本来であれば、ある特定の概念がどのような理由と信念の淵連関のなかにあるのかを具体的に論じる概念史、概念分析が施されるべきトピックである。社会学的概念分析とはどのような方法であり、どのような「強み」を持っているか、についてはこの二つの著作を参照してほしい。

松尾匡・ブレイディみかこ・北田暁大『そろそろ左派は〈経済〉の話をしよう』（亜紀書房、二〇一八）……平成と呼ばれる時代は「リベラル」のインフレ、経済的な「デフレ」に覆われたまさに「失われた」時代であった。手前味噌で申し訳ないが、この書では、多くのロストジェネレーションを産み落としたこの時代の根底にある問題を〈経済〉という観点から論じている。賢しく、また美しく見える低成長・成熟社会論の陥穽を問題化している。

第8講
中間層の空洞化

新倉貴仁

†はじめに——二〇〇八、トウキョウソナタ

二〇〇八（平成二〇）年に製作・公開された黒沢清監督作品の『トウキョウソナタ』は、冒頭、リストラを言い渡される男の姿からはじまる。総務部の機能が中国にアウトソーシングされ、社員は余剰人員として解雇される。男には、私鉄沿線のマイホームがあり、専業主婦の妻と二人の息子と暮らす。家庭内で威厳ある父として振舞う男は、リストラされた事実を家族に伝えることができない。日々、出社を装い普段通り出かけ、職安に向かい、公園で過ごす。背広姿の男が炊き出しに並ぶ情景は、過剰に仮構されているが、当時の社会の不安を戯画的に描いているともいえる。社会の荒廃、サラリーマンの「父」の権威の失墜、マイホームの崩壊といったテーマを通じて、この映画は「悪夢」の水準で社会の意

識に触れようとしていたのかもしれない。

二〇〇八年は、九月一五日のリーマン・ブラザーズ倒産に端を発する金融危機が生じ、一〇月二八日に東証平均株価が一時、七〇〇〇円を割り込んだ年である。この値は一九八二（昭和五七）年以来の記録であり、バブル以後、最低の水準である。「派遣村」が報じられたのは、二〇〇八年一二月から二〇〇九年一月にかけての年末であった。平成がはじまる一九八九年は、その年末に東証平均株価の最高値が更新された年でもあった。「平成」はバブルの絶頂にはじまり、そこから転げ落ちていった時代といえる。

それゆえに、「平成」は、「失われた一〇年」、さらには「失われた二〇年」として語られてきた。これは、「平成」が「本来ありえたはずの軌跡」からの逸脱であったことを含意する。高度成長からバブルへと至る成長と成功の経験が、亡霊のようにとりついている。皮肉な観方をするならば、私たちは「本来ありえた社会」とは、別の社会を生きつづけてしまったことになる。

†中間層の空洞化？──格差、郊外、ナショナリズム

このような時代を論じるにあたって、本講に与えられた課題が、「中間層の空洞化」である。「空洞化 hollowing out」という言葉は、他の社会的変化に用いられてきた。

第一に、「都市の空洞化」がある。「ドーナツ現象」ともいわれる現象であるが、住宅や職場が郊外へと移転することを通じて、都心部の定住人口が減少し、周囲に比べて疎になる事態を指す。一九八二（昭和五七）年の朝日新聞の記事は、都心部の一一区に生じた人口減少を報告している。高度成長期は、農村から都市へと人口が移動した時代であった。その収束を経た一九七〇年代以降、都心部から人口が流出し、郊外が拡大する。その背後には、マイホームを求める人々の欲望があった。

第二に「産業の空洞化」がある。これは、基幹産業の生産拠点の海外移転を指すが、すでに一九八〇年代半ばから登場してきている概念である。地価の高騰、人件費の高さ、そして、一九八五年のプラザ合意後の急激な円高などが、絡まりあって生じる。二〇〇八（平成二〇）年の映画『トウキョウソナタ』で描かれた男のリストラは、業務の中国企業へのアウトソーシングによるものであるが、その前提には、通信技術の発達を通じたネットワーク化の進展がある。

都市と産業という二つの概念に用いられてきた「空洞化」を参照するならば、「中間層の空洞化」とは、中間層そのものが量的に減少、希薄化し、不在となる事態を想起させる。たしかに、このような事態は、「平成」という時代を特徴づけるものであるかのように思える。なぜなら、「平成」を通じて、「一億総中流社会」の崩壊が繰り返し指摘され、「格差社会」がくりかえし語られてきたのだから。冷戦体制崩壊後、グローバル化を通じて拡大する社会的不平等を記述する言葉として、「格差社会」の言説はひろく受け入れられてきた。

ここで注意したいことは、「格差社会」の言説に、二つの言説が随伴していたことである。一つは「郊外社会論」である。「国道16号線」や「ジャスコ（現イオン）」がモータリゼーションとロードサイドショップの広がりを示すものとして象徴的にとりあげられる。高度成長後に日本社会に広がった「郊外」という空間が、景観を単調化させるものとして、さらには、生の意味を空虚にするものとして、否定的な意味合いをもって語られてきた。

もう一つが、「ナショナリズム」についての言説である。二〇〇〇年代以降、とりわけインターネット上で「ナショナリズム」と目されるような言葉が繁茂し、その背景に社会的不平等の拡大が読み込まれてきた。二〇〇六年末、「格差社会」が広く論じられるなかで発表され、議論を呼んだ赤木智弘の文章のタイトルは、「「丸山眞男」をひっぱたきたい――31歳フリーター。希望は、戦争。」であった（『論座』二〇〇七年一月号、朝日新聞社、二〇〇六）。この時期、若者を中心とした「右傾化」が、論壇における一つのテーマとなっていた。

格差、郊外、ナショナリズムという三つの並びは、二〇〇七年に出版された東浩紀と北田暁大による『東京から考える』（NHKブックス、二〇〇七）の副題でもある。格差が拡大し、郊外に凡庸な生が広がるなかで、希望を失った若者たちがナショナリズムに向かっていく。そのような物語が、一定のわかりやすさをもって広がっていた。もちろん、この本の著者たちは、三者を上述のように結びつけてはいない。むしろ、格差、郊外、ナショナリズムは、同時代の社会における問題の所在を示すために提起されている。だが、社会に広がる読解格子を通過するなかで、三者は単純に結びつけられ、上述のような単純な物語が生成され、流通していく。

しかし、三者のあいだには、緊張や矛盾がある。たとえば、格差社会論は貧困の発生や、富の偏在、社会的不平等の拡大をいうのだが、郊外社会論は、中間層のライフスタイルの遍在と、その陳腐さを論じている。前者は社会における差異を強調するのに対して、後者は社会における共通性を強調している。このことは素朴な問いをひきおこす。平成という時代において、中間層は不在になったのであろうか、それとも、充溢しているのであろうか。

†格差社会論の実定性

「格差社会」論には、いくつもの潮流が流れ込んでいる。その一つは、教育をめぐる社会的不平等、すなわち、階層の固定化の傾向であった。すでに一九九五年に苅谷剛彦が、『大衆教育社会のゆくえ』（中公新書）のなかで教育を通じた階層固定化の問題に光をあてている。二〇〇〇年には、佐藤俊樹が『不平等社会日本』（中公新書）を著し、一九九五年のSSMデータ分析をもとに、上位に位置するホワイトカラー層の職業の継承率が上昇しつつあることを論じた。

このような社会的不平等についての議論を背景として、二〇〇四年一一月に山田昌弘が『希望格差社会』を出版する。以後、「格差社会」という用語がメディア上で頻繁に登場するようになる。それ以前にもすでに、「パラサイト・シングル」や「負け組」といった言葉は流通していたが、山田はこの本のなかで、かつて多くの人々に到達可能であると信じられていた「豊かな家族生活を築く」という夢が失われ、生活の不安に晒され、「将来に希望がもてる人と将来に絶望している人に分裂していくプロセス」が進行しつつあると論じる（同書一四頁）。この翌年の二〇〇五年には、三浦展《あつし》の『下流社会』（光文社新書）がベストセラーとなる。そして、二〇〇六年の「ユーキャン新語・流行語大賞」のひとつに「格差社会」が選ばれる。

『希望格差社会』が出版された二〇〇四年は、大阪近鉄バファローズの経営難が表面化した年である。球団買収の提案を申し出たライブドアの堀江貴文がメディア上に登場する。

堀江は、東北での新球団創設構想、翌二〇〇五年のニッポン放送の株式大量取得、そして、郵政選挙と呼ばれた八月の総選挙への出馬と、時代の寵児となる。二〇〇三年四月に開業した六本木ヒルズに住まう新しい富裕層が「ヒルズ族」と呼ばれていた時代であった。

突出した成功者の出現の一方で、社会には非正規労働者が溢れる。このような非対称性に焦点をあてた報道の増加とともに、「格差社会」の言説が繁茂する。それらは一様に「一億総中流社会」の崩壊をうたっていた。富裕層と貧困層の登場を通じて、横並びの平等性は消えつつあることが意識されていた。

六本木ヒルズ（右）は、2000年代の格差の象徴となった。また、平成に入り、湾岸地区には高層建築が林立した＝2013年4月19日（共同通信）

では、日本社会において、本当に「一億総中流社会」は崩壊したのであろうか。

「一億総中流」の言説が登場したとき、その根拠とされたのが、「国民生活の世論調査」の数字である（図1）。一九七三（昭和四八）年の調査では、「お宅の生活程度は、世間一般からみてこの中のどれに入ると思いますか」という問いに対して、上（〇・六）、中の上（六・八）、中の中（六一・三）、中の下（二二・一）、下（五・

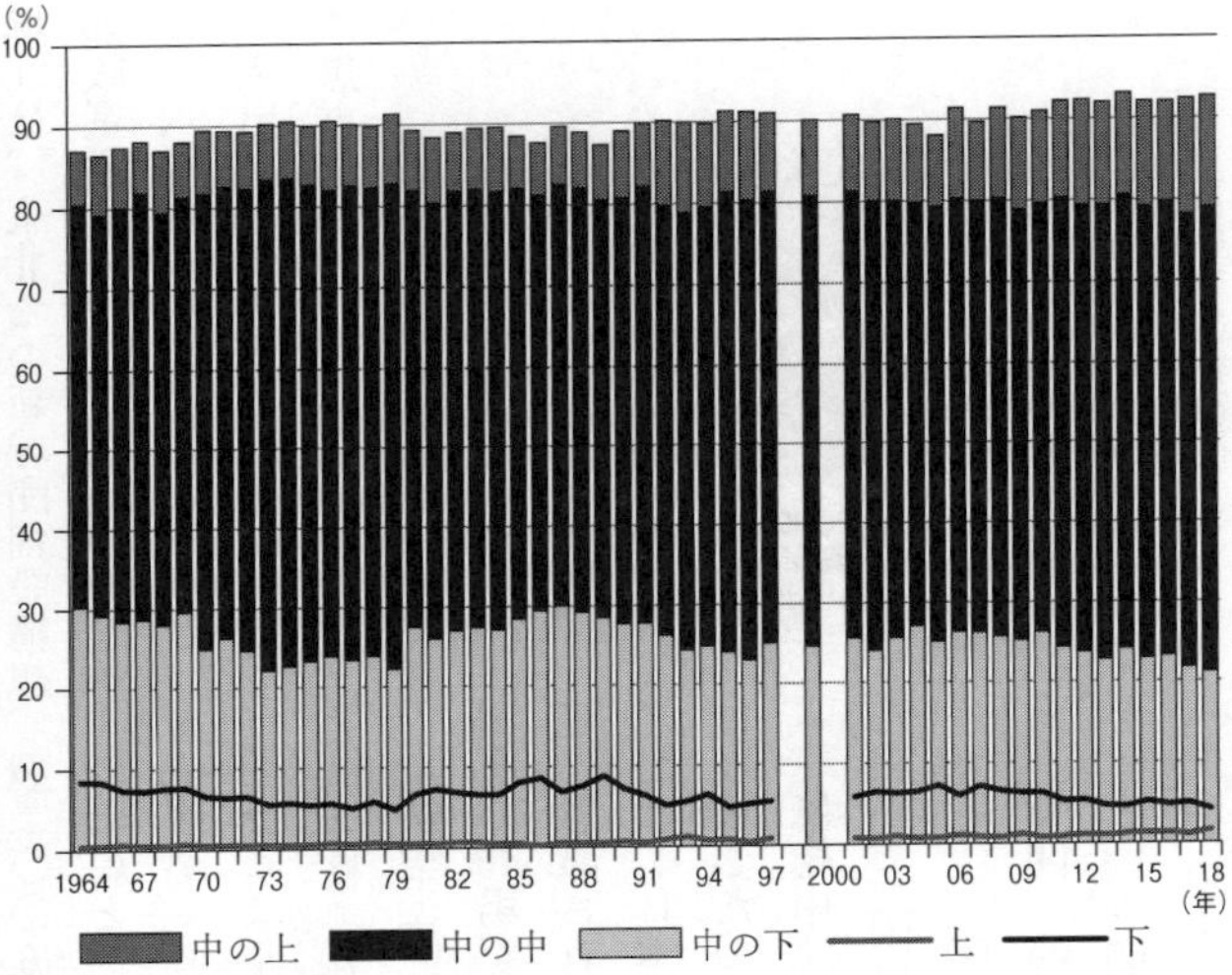

図1　階層意識の変化

内閣府「国民生活に関する世論調査」より筆者作成

（注）1998年と2000年はデータなし、1975年と1976年は5月調査のデータ

五）、不明（三・七）という結果だった。「中の上」「中の中」「中の下」を合算した合計（九〇・二）が九割を超えたことを指標として、日本は「一億総中流社会」であると論じられてきた。

「国民生活の世論調査」は現在まで継続している。二〇一八（平成三〇）年の調査では、「生活の程度」についての結果を見るならば、上（一・六）、中の上（一三・六）、中の中（五八・〇）、中の下（二一・一）、下（四・二）、わからない（一・四）となる。さきほどのように「中」を合算すると九二・七であり、九〇％を超えている。

この数値から見るならば、「格差社会」の言説にもかかわらず、日本はいまだに「一億総中流社会」である。

　ジニ係数の高まりや、OECD加盟諸国間での比較、さらには生活保護対象世帯の増加など、二〇〇〇年代の格差社会論のなかでさまざまな貧困をめぐる数値が提出されてきた。にもかかわらず、「国民生活の世論調査」の中では、人々の意識は変わらず「中」に集中している。だが、同じ調査のなかで、大きく変わった数字もある。その一つが、「今後の生活の見通し」についてである（二二八頁図2）。「良くなっていく」という回答は、高度成長期には三〇％を超え、平成のはじめにあたる一九九〇年代前半まで二〇％近い数字を維持していた。だが、二〇〇〇年代以降、一〇％以下の数値が続く。対照的に、「悪くなっていく」という回答は、二〇〇〇年代以降、三〇％近い数字で推移する。この二つの比率が逆転したのが、バブル崩壊が明るみになった一九九〇年代前半であった。

　もう一つ興味深い推移を示すのが、現在の生活に対する満足度である（二二八頁図3）。二〇一〇年以降、「満足」の合計が上昇し、「不満」の合計が減少している。一九九一年以前の調査では「まだまだ不満だ」という言葉づかいであった選択肢は、昭和の終わりまで三〇％前後の数値を記録していた。この言葉づかいは、社会や生活への不平や不服よりも、未来に向けた欲望の強度を示唆するように思える。

「平成」において、多くの人々は中間の意識を維持している。だが、生活の見通しについての不安は強い。他方で、生活については一定の満足を得つつある。このとき、「中間層の空洞化」とは、中間層の量的減少という以上に、その質的な変容にかかわっているので

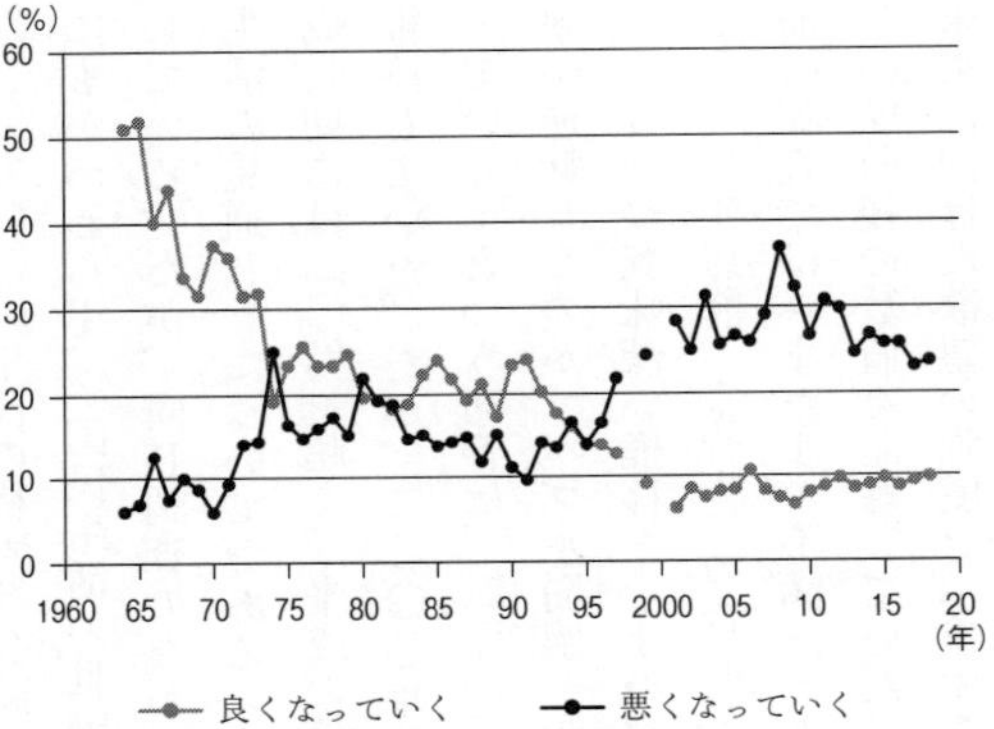

図２　「今後の生活の見通し」の変化
内閣府「国民生活に関する世論調査」より筆者作成
注：1998年と2000年はデータなし、1975年と1976年は5月調査のデータ

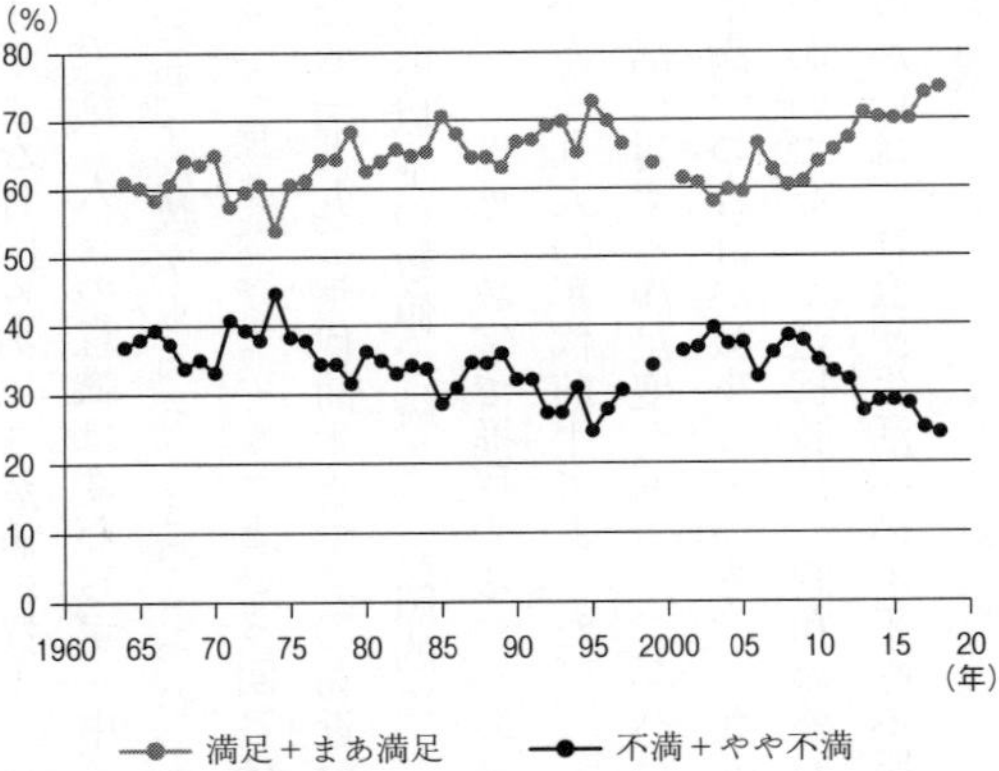

図３　「現在の生活に対する満足度」の変化
内閣府「国民生活に関する世論調査」より筆者作成
注：1998年と2000年はデータなし、1975年と1976年は5月調査のデータ

はないか。それは将来への不安と、生活への一定の満足とを共に包含する。このような質的な変容が、「格差社会」や「一億総中流社会の崩壊」の言説の核心であるとするならば、関連する「郊外社会」や「ナショナリズム」の問題についても、私たちは従来とは異なる視角から考える必要がでてくる。

†現代ナショナリズムについて

平成は、ナショナリズムが大きな議論の対象となった時期でもある。一九九〇年代前半、新しい歴史教科書を作る会が結成され、それへの批判が生じる。一九九〇年代後半には、カルチュラル・スタディーズやポストコロニアル研究が紹介され、国民国家論のようにナショナリズムを批判的にとらえる言説が登場する。背景には東西冷戦の崩壊、ユーゴスラビア紛争、ＥＵの成立などがあった。だが、グローバル化とそれにともなう社会的不平等の拡大が問題となった二〇〇〇年代以降、ナショナリズムを批判的に捉えることへの問い直しも提起される。さらに、二〇〇〇年代半ばから顕著になってきた、在特会（在日特権を許さない市民の会）のような排外主義の高まりが「新しいナショナリズム」として論じられるようになってきた。

これらの出来事を背景として、社会的不平等とナショナリズムは深く相関するものとして論じられてきた。二〇〇三年には小熊英二と上野陽子の共著『〈癒し〉のナショナリズム――草の根保守運動の実証研究』(慶應義塾大学出版会)が出版され、二〇〇六年には『不安型ナショナリズムの時代』(高原基彰、洋泉社)というタイトルの新書が出版されている。また、『ネットと愛国』(安田浩一、講談社、二〇一二)、『奇妙なナショナリズムの時代』(山崎編二〇一五)などにも、社会的不平等の拡大と排外主義の高まりを結びつける議論を見出すことができる。

不安とナショナリズムを結びつける議論は、非常にわかりやすい。なぜなら、それは歴史の中で経験されてきたことだからである。生の意味喪失がナショナリズムをもたらすという議論は、一八世紀後半のロマン主義の登場以来、思想史のなかで語られてきた。また、ミドルクラスの不安からネーションに訴求することは、一九三〇年代のファシズムや超国家主義に見出される。もしナショナリズムが歴史的にある程度一定した実体をもっているのであれば、同様の事態が現在におきていると説明することも可能であろう。実際、個人の経験を収集してみれば、そのような説明が有効である事例も、一定の割合で存在すると思われる。

だが、現在「新しいナショナリズム」と目されるものは、いわば「ネーションなきナショナリズム」ともいえるような形式をとっており、歴史的なナショナリズムの事例を適用することに限界があると思われる。そもそもナショナリズムは、ネーションという「想像の共同体」を構想する想像力であり、共通性を志向する。それは、個人を抑圧するものになりうるが、社会の分断を縫合する機能ももつ。だが、現在の「新しいナショナリズム」は、むしろ、旧植民地へと向けられた憎悪の言葉によって特徴づけられる（ベネディクト・アンダーソンが人種主義 racism の特徴とするものである）。また、これは、戦後のナショナリズムとも異なる。それは、戦争を通じた無数の死者の影のもとで、デモクラシーとナショナリズムの結合を訴えるものであった。

くわえて、樋口直人がすでに『日本型排外主義』（名古屋大学出版会、二〇一四）の中で指摘しているように、このような否定的な感情を「持たざるもの」の怨嗟として考える枠組みには限界がある。第一に、「新しいナショナリズム」の担い手たちは、下層に集中するのではなく、階層や性別や職業や学歴でばらつきをもっている可能性がある。断片化、細分化したものたちの偶有的集合であるとすると、経験からの一般化はかなり困難になるのではないだろうか。

第二に、より根深い問題として、資源の不足を動機として行動する人間とは異なる、別の人間の形態が出現している可能性がある。不安とナショナリズムの結びつきは、従来の産業社会（工業化社会）のなかで成立していた階層的秩序と個人的主体を前提としている。

だが、「新しいナショナリズム」はなによりも情報化社会のなかで生じている。情報技術は、それまでの産業社会が主体を編成していたのとは異なり、社会を水平的にネットワーク化したかたちで編成し、その担い手として別の主体のかたちを要請する。とするならば、「新しいナショナリズム」をとらえるためには、それを可能にする技術の位相について考察していかなければならない。それは、産業社会を可能にした大量生産技術から、情報化社会を可能にする技術への推移という大きな社会変容にかかわるものとなるであろう。

†郊外社会論と大量生産技術

社会を編成する力としての技術という問題は、もう一つの言説である郊外社会論を貫いている。「郊外」というテーマは、都市論や都市社会学に位置づく問題である。同時に、「郊外」は、大量生産技術の発達の関数である。

二〇〇五年に『下流社会』を出版し、格差社会論の一翼を担った三浦展は、一九九五年に『「家族と郊外」の社会学』（PHP研究所）、一九九九年に『「家族」と「幸福」の戦後史』（講談社）を出版し、一貫して「郊外」という主題を探求してきた。三浦は、戦前から戦後にかけてのアメリカのミドルクラスの生活に注目し、レヴィット・タウン（一九四〇年代後半に開発された住宅地）に示される大量生産技術との関わりのなかで「郊外」を考察し、「郊外とは、工業製品化された、大量生産された街である」と論じる（『「家族」と「幸福」の戦後史』一八六頁）。

「郊外」の問題と大量生産技術との関わりは、一九九七年に出版された小田光雄の『〈郊外〉の誕生と死』を貫く主題でもある。小田は、第一次産業に就業する人口の比率の変化に注目し、戦後の日本社会の変動を、村から郊外へ、村人からサラリーマンへというように整理する。そこには、三浦と同様に、「アメリカ的な郊外消費社会」を見つめる視線がある。小田は、国道沿いに発達したファミリーレストランや紳士服店などの商業形態に注目し、「ロードサイドビジネスや郊外社会とは、アメリカ的生活様式であり、アメリカの風景の招喚にほかならない」と論じる（同書一一五頁）。郊外型ショッピングセンターが登場し、大型店舗法が改正され、フランチャイズという業態が登場し、サラリーマン化とシステム化が進行する。

郊外社会化とは、日本社会のモータリゼーションともいうべき、自動車の普及と道路の整備がもたらした情景の変化のことである。だが同時に、それは、住宅の大量生産、物の大量消費、さらにはチェーンストア理論に示されるような大量流通による社会の変容である。すなわち、「郊外社会論」とは、生活の単調さや消費の色気のなさによって特徴づけられるものではなく、むしろ大量生産技術が社会へと浸透していくことを通じて登場するあらたな問題なのである。

このことは、家族のかたちの変容という問題にもかかわる。高度成長期を支えた資本の論理は、マイホームを夢みる核家族という家族の形態を一般化させた。その夢の強さが、「一億総中流社会」の実定性を支えていた。だが、資本の論理はそのような核家族すらも分解していく。より効率的・能率的な生活を目指すのであれば、「単身者」という生き方が一つの選択肢として登場してくる。そのとき、「郊外」という空間、「家族」という集合、さらには、個人の身体も、資本の論理につらぬかれ、効率=能率の形象として見えてくる。

†ネオリベラリズム

このような効率=能率の問題は、ネオリベラリズム(新自由主義)の問題に関わってくる。ネオリベラリズムは、一般には、規制緩和、民営化、福祉の縮小を通じて小さな政府をめざす経済思想とされ、市場原理や競争原理の導入を重視し、さまざまな領域に市場化や金融化をもたらすとされる。

「平成」に生じた、格差社会と郊外社会の到来は、日本型経営と呼ばれる終身雇用、年功序列の賃金制度が崩壊し、規制緩和を通じて大型店舗が林立し、商店街がシャッター化していく情景とともに語られてきた。そして、そのような社会的変化に由来する「不安」の瀰漫《びまん》が、インターネットを通じて増殖する「ナショナリズム」と目される言説を説明してきた。格差社会、ナショナリズム、郊外社会の三者の結びつきは、その背後に、ネオリベラリズムという核をもっている。

もちろん、ネオリベラリズムという用語は、輪郭が曖昧であり、この語を用いることは慎重であるべきかもしれない。だが、ネオリベラリズムは、イデオロギーや政策の組み合わせという以上に、より深い水準での社会の変容に関わっている可能性がある。すなわち、それは人々の意識のありかた、他者や世界との関係性、さらには自己や他者や世界の想像の仕方を変えてしまうようなものとして作用する。このような大きな力としてネオリベラリズムを先駆的に論じていたのが、ミシェル・フーコーであった。一九七八年から七九年にかけてコレージュ・ド・フランスで行われた講義「生政治の誕生」のなかで、フーコーは新自由主義の主題を扱っている。フーコーはそれを「社会体の内部における「企業」形式の一般化」、「社会領野全体の経済化」であると考える。

政治哲学者ウェンディ・ブラウンは、『いかにして民主主義は失われていくのか』（二〇一七）のなかで、フーコーの講義を援用しながら、新自由主義が民主主義の基盤を崩壊させ、それを存立不可能にしてしまうことを論じている。ブラウンによれば、新自由主義は、存在のあらゆる領域を経済的なものへと再編成していく動きである。ガバナンスやマネジメントといった言葉に導かれ、国家や人といったそれまで経済の外部や内部に位置していたものが、「企業」へとつくりかえられる。生産性、投資収益率、信用格付け、ポートフォリオといったビジネスの用語が、ごく自然に国家の活動や個人の生に適用される。一方で、政策であれ教育であれ、投資に見合う成果があるかどうかを常に説明することを求められ、他方で、SNSでの「フォロワー」や「いいね」が、自己の評価を定めるものとして追求される。私たちはこの世界において「投資家の眼によって世界を見よ」と告げられている。

ここにおいて、私たちは「中間層の空洞化」のもう一つの意味の可能性にたどりつく。それは、集団としての中間層ではなく、個々の人々の身体や内面、生そのものに生じる「空洞化」である。そしてこの虚ろな生は、数値化と効率化の技術の相関項として生じている。

「自己責任」という言葉が瀰漫したことは記憶に新しい。この言葉は、個々の行為の決断が個人に帰属し、その結果が個人へと委ねられるということ以上に、あらゆる存在がむき出しのプレイヤーとして、結果が数値化されるゲームの参加者とみなされることを意味している。プレイヤーは、あらゆる資源と戦術を動員して指標の向上をめざし、評価や監査の文化がこれを補強する。こうして、実質よりも、外見として現れるものが重視される。しかし、それは皮肉な事態に思える。そもそも「効率」の概念は、ストップウォッチや映画などの技術が人間の労働や運動を測定してきたように、それまで数値化できなかったものを数値化する技術の発達とともに登場してきたものであった。だが、現在では、数値化されないものは「エビデンス」としてはみなされず、鑑《かんが》みられない傾向すら生じている。

さらに強調されなければならないことは、このような「効率」の技術が、すでに本講で述べてきた大量生産を可能にする技術の中核にあることである。しかも、その技術の延長線上に、情報技術と企業化が位置する。「ガバナンス」の基にある統治governという用語は、ギリシア語の「舵取り」を意味する「キュベルネテス」に語源をもっている。この語は、ジェームズ・ワットの蒸気機関の制御機構である調速機（ガバナー）の名をなし、さらに、第二次大戦期にノーバート・ウィーナーがサイバネティクスという用語へと発展させたものである。現代社会において、「制御と通信の理論」が、電子計算機とともに、人々の生と社会を貫く原理となる。

†ナショナリズムの変容と情報化

第二次大戦を通じて登場した電子計算機は、一九六〇年代、通信技術と結びつき、「リ

店頭に大量に並ぶスマートフォンを手に取り、購入を検討する人たち＝2010年6月（共同通信）

アルタイム処理」をうたうようになる。このようなシステムは、旅行業界、銀行、流通業で用いられ、ATMやコンビニエンスストアなどのかたちで、社会にひろがっていった。一九八〇年代に入り、グラフィカル・ユーザー・インターフェイスを備えた電子計算機が、「パーソナル・コンピュータ」として流通する。そして、平成にはいり、一九九三年にワールド・ワイド・ウェブが開放され、一九九五年には「ウィンドウズ95」の販売が大きなブームとなり、「インターネット」が広く人々の生活に入り込んでくる。さらに、特筆すべきは、携帯電話とスマートフォンの爆発的な普及である。一九九三年にわずか三・二％であった携帯電話の世帯普及率は、一〇年間で九〇％を超えるようになる。

繰り返し述べていることだが、このような情報技術の進展は、大量生産技術の発展したものにほかならない。そして、それは人々の生活や思考、行動に影響を与えている。

実のところ、ナショナリズムの問題もまた、これを背景として考えなければならない。

マーシャル・マクルーハンやベネディクト・アンダーソンといった論者は、ナショナリズムと活版印刷術の深い結びつきを論じてきた。両者は、活版印刷術を通じて生産される書物が、工業的な大量生産商品の先駆であることを強調する。そしてそのような大量生産技術は、綿織物から、自転車やミシン、さらには自動車から住宅まで、同一の商品を大量に生産し、大量に流通させ、大量に消費する社会を生み出してきた。

これに対し、インターネットやスマートフォンの中核にある情報技術は、それまでの大量生産の原理とは異なる生産技術である。では、それは人々の生活や思考、行動に、どのような影響を与えるものなのであろうか。

レフ・マノヴィッチは、『ニューメディアの言語』(二〇一三)のなかで、コンピュータが文化の生産・流通・消費に深く関わることを甚大な変容として強調している。「既存のあらゆるメディアが、コンピュータを通じてアクセス可能な数字データに翻訳される」(同書六〇頁)。たとえば映画では、コンピュータが関与することによって背景や人物の合成が可能になり、アニメーションに近いものへと回帰していく。フェイクであろうがリアルであろうが、情報が素材として収集され、合成される。また、さまざまな効果が、あらかじめ定められた選択にしたがって加えられる。ニューメディアの時代において、現実は記録される対象ではなく、操作され、合成される対象となる。そして、その素材はさまざまなリンクをもち、無数に増殖していく。これら一連の操作を可能にするものが、コンピュータによる計算であり、制御である。

情報技術は、いわば、人々のリアリティの水準に深く関与している。このような文化の生産・流通・消費が、社会の全域へといきわたったとき、従来の「ナショナリズム」をめぐる方法はどれほど有効であろうか。乱暴にいうならば、コピペされた文字列を、「思想」として読むことにどれだけの意味があるのだろうか。

だが、より深刻に思える問題は、このような情報技術を通じたリアリティの変容を考慮に入れるならば、逸脱的に思えるネット上の「ナショナリズム」が、現代社会を生きる私たちの生と、その深い部分で根を共有している可能性があることである。インターネットのなかで無限に言説を複製する行為も、人的資本としての自己の投資価値を高めるため二四時間七日間すべてを制御しようと試みる行為も、情報技術がもたらした社会変容の同じ一部であるかもしれない。格差や貧困の反応として新しいナショナリズムを見る言説は、階級として自己と他者を想像し、生の困窮が所得によって救済されるという幻想をもつ。しかし、そのような救済を受け入れる意識や身体を、私たちは有しているのであろうか？

第一次大戦後から高度成長期にかけての時代は、近代日本社会が産業化し、ミドルクラスが登場、拡大した時期であった。戦後、ナショナリズムはデモクラシーと結びつき語られる。だが、高度成長期の終焉とともに、人々の意識はマイホームへと向かい、ナショナリズムはむしろ批判的に語られることの多いものとなる。これは、「一億総中流社会」の成立が語られだす時期でもある。いわば、ネーションからマイホームへと、人々の生の主たる帰属先が変わった時期であった。

「平成」にあって、約束されていたはずのライフコースのモデルは消失し、「ミドルクラスの夢」は消え、人々は将来の不安に悩む。中間層が霧散する恐怖とともに、「格差社会」が語られる。そして、マイホームの夢の消失は、ネーションへの回帰という幻想を生み出す。だが、他方で、私たちは、大量生産と大量流通を可能にする技術の発達を通じて、複製された商品にあふれた社会に生きている。生活自体が標準化されている。その意味は、多くの者が似たパターンを生きているということでもあり、最低限の基準を超えた生活を営めるようになっているということである。もちろんそこに「相対的貧困」が存在することは忘れてはならない。だが、大量生産された商品は充溢し、それを獲得するために必要なコストは相当に低減している。その意味で、「ミドルクラスのライフスタイル」は遍在している。むしろ、そのような充溢と遍在が、生活の単調さと意味の空虚さをもたらす。

だが、このような中間層の霧散、生活の空虚さ以上に、人々の身体や生は、企業化と情報技術を通じて、実質よりも外見や手続きを重視し、空洞化していく。このような空洞化こそが、「平成」における新しい「ナショナリズム」に関連した出来事ではないだろうか。そもそもナショナリズムという想像力自体が、印刷という技術と深い関わりをもっている。第一次大戦後から高度成長期においてミドルクラスとナショナリズムが深く結びついていたのは、社会全体が大量生産技術を導入し、それによって自らを編成していた時期だからである。しかし、私たちが生きている現在は、まったく異なるメディア技術、複製を可能にする技術によって編成されている。すなわち、インターネットやスマートフォンといった情報技術である。

このような議論は、技術決定論という批判を招くかもしれない。だが、コンピュータの先駆けの一つであるパンチカードシステムが、企業経営と深く関わりながら発展してきた「ビジネスの機械」であるように、技術そのものは社会と深く絡まりあっている。「平成」は、インターネットが到来し、スマートフォンと呼ばれる携帯端末が爆発的に普及した時期として記憶されるであろう。このようなメディア技術の革新の中で、ミドルクラスの生のあり方が大きく変わる。

未来の不確実性に、人々は、投資によって対処する。持つものを資本へと転化させ、その増殖をめざす。投資は終わりなく、無限につづく。それは救済を期待する終わりなき祈りにも見えるかもしれない。だが、それは倫理的なものとは正反対のものも呼び寄せる。投資は数値化されて示されるため、その数字自体が操作される可能性に開かれている。また社会はグラフィカルなものをより求めるが、それは同時に、演出あるいは粉飾する行為の可能性へと開かれている。

「平成」を通じて、私たちは無数の「偽装」に遭遇してきた。耐震偽装、食品偽装、STAP細胞をめぐる偽装、粉飾決算などなど。実体を無視した無理な到達目標が示され、実体を無視した数値だけの達成が目指される。数値化されないものの価値は大幅に格下げされる。生のさまざまな活動がデータ化され、記録され、シミュレーションがはりめぐらされ、数との戯れがつづく。

私たちはこのようなゲームに参加している。そしてそこから抜け出せない。にもかかわらず、何か大切なものが喪われていると感じている。「平成」が喪失のトーンによって語られるゆえんなのかもしれない。

さらに詳しく知るための参考文献

山田昌弘『希望格差社会――「負け組」の絶望感が日本を引き裂く』(筑摩書房、二〇〇四/ちくま文庫、二〇〇七）……格差社会を論じた本はいくつもあり、とりわけ新書や文庫のような入手しやすい形態で多く流通している。そのなかで、象徴的な意味あいも含めて読まれたい。

山崎望編『奇妙なナショナリズムの時代――排外主義に抗して』（岩波書店、二〇一五）……本講で示したアプローチとはやや異なるかもしれないが、現代のナショナリズムについて果敢に取り組む。インターネット上での「まとめサイト」の歴史なども重要。

小田光雄『〈郊外〉の誕生と死』（青弓社、一九九七／論創社、二〇一七）……一九七〇年代以降成立した「一億総中流社会」が郊外社会であったことを述べる。三浦展の『「家族」と「幸福」の戦後史』とあわせて。

レフ・マノヴィッチ『ニューメディアの言語――デジタル時代のアート、デザイン、映画』（堀潤之訳、みすず書房、二〇一三）……コンピュータを内包したメディア技術の登場の意味を、映画を中心に論じている。グローバルなミドルクラスの拡大を背景に、インスタグラムのメディア論的意義を論じた文章をおさめる『インスタグラムと現代視覚文化』（久保田晃弘・きりとりめでる共訳・編著、ビー・エヌ・エヌ新社、二〇一八）も、本講のテーマにとって重要。

ウェンディ・ブラウン『いかにして民主主義は失われていくのか――新自由主義の見えざる攻撃』（中井亜佐子訳、みすず書房、二〇一七）……ミシェル・フーコーの新自由主義論を踏まえながら、現在のグローバル化、さらには市場化の広がりについて考察している。フーコーの「企業化」への注目、また、経営学の用語が日常生活のあらゆる局面に浸透していくさまについてはデヴィッド・グレーバーの『官僚制のユートピア』（酒井隆史訳、以文社、二〇一七）も論じている。

第9講

冷戦の崩壊

佐道明広

†冷戦とは何だったのか

平成が始まった一九八九年は、冷戦が終焉した年でもある。冷戦の象徴と言われたベルリンの壁が一一月に崩壊し、一二月に地中海のマルタ島で会談したブッシュ米国大統領とソ連のゴルバチョフ書記長によって、米ソ冷戦の終結が宣言された。日本にとっては昭和の終焉と冷戦終了が重なっており、多くの日本人にとって特別の意味を持つ一つの時代が終わったことも意味していた。

冷戦終焉が日本に与えた影響を考える前に、世界的な冷戦とは何だったのか、冷戦終了が意味したことは何だったのかという問題を見ておきたい。冷戦は、核兵器による「相互確証破壊」という恐怖の下で、危ういながらも米ソが直接戦闘することを避けるという

「長い平和」を作り出した時代でもあった（ジョン・L・ギャディス『ロング・ピース』芦書房、二〇〇二）。その安定した国際秩序を最大限に活用することに成功して経済的繁栄を手に入れたのが日本であった。そしてそのことが、安全保障という問題について、後述のような日本独自の考え方や姿勢を生み出すことにもつながったのである。

では冷戦とは何だったのかという問題については、第一に、アメリカとソ連という超大国による勢力圏をめぐる争いであるとともに、世界観をめぐる対立でもあったということである。言い換えれば冷戦とは、自由主義と社会主義という体制選択をめぐる対立でもあった。大恐慌以来、市場任せの自由主義経済体制への疑義が高まり、新たな体制の模索が行われた。ナチズムやファシズムはその一環で唱えられたわけであり、一部知識人の支持を拡大しつつあった社会主義も同様であった。ソ連は革命を実践した社会主義の祖国としての地位を占めることになり、また二〇年代に開始した計画経済によって大恐慌の影響を免れ、成長を継続させたことによって社会主義体制の「優位」について影響力を強めていた。

現実のソ連体制を見れば、ドイツやイタリアと同様の全体主義であり、個人の自由が抑圧された社会であった。しかし第二次世界大戦では反枢軸で戦ったために連合国側に身を置くことになった。独伊そして日本が敗北した後、自由主義体制との対立という側面が改めて顕在化したわけである。そしてそのことが、第二次世界大戦後の日本にとって、とくに安全保障政策において重要な意味を持つことになった。

冷戦についてもう一点考えておくべきことは、米ソ対立の下で様々な地域的紛争要因の多くが封印されていたということである。米ソ両陣営は勢力圏拡大のために様々な地域の問題に介入し、影響力を行使した。そのため宗教対立や民族問題などを背景とする対立の多くが封じ込められていた。冷戦終了によって、多くの地域で封印されていた紛争が勃発していくのである。

†敗戦と「戦後平和主義」の形成

冷戦時代の日本において特徴的なのは、軍事・軍隊への忌避感情とあらゆる戦争の否定を前提とした「戦後平和主義」であった。それは、戦前の軍隊、特に陸軍が大きな政治権力を持ち、戦争推進勢力となったことへの反省から生まれたものと言われている。たしかに、日本だけでなく戦場となった諸国においても多くの犠牲者を出し、国土が荒廃した中で敗戦を迎えた人々にとって、戦後次々に明らかになった軍部による「謀略」や悲惨な戦場体験は、軍事・軍隊への忌避感情を生み出してもやむを得ないものだった。

しかし「戦後平和主義」は敗戦後すぐに生まれたわけではなく、講和・独立した後に定

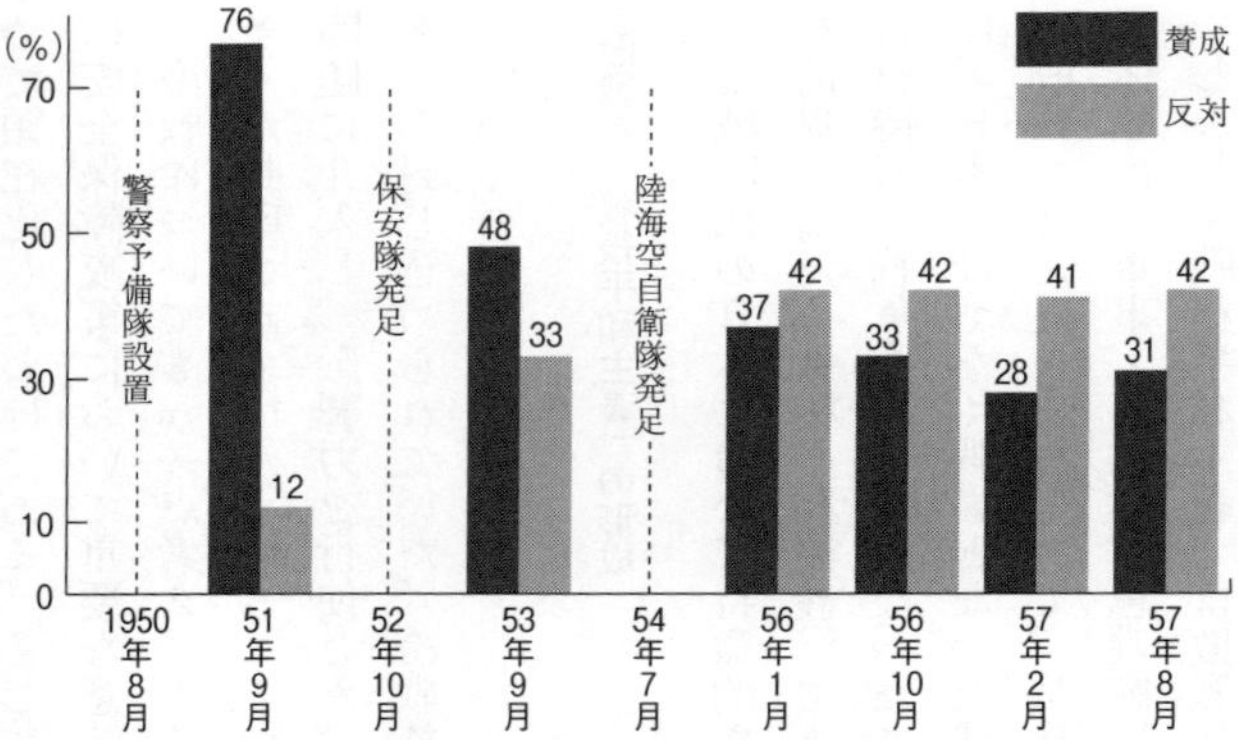

図１　再軍備に対する賛否（51 年調査は東京区部・大阪市部）
出所：NHK 放送世論調査所編『図説　戦後世論史　第二版』日本放送出版協会、1982 年

着していったものであった。警察予備隊創設時点では再軍備を肯定する意見が多数であり（図1）、あらゆる戦争を否定する意見が定着するのも一九六〇年代からである（図2）。五〇年代は、日米安保条約に基づき、アメリカ占領軍が在日米軍と看板を替えて駐留することになり、日本国内で反米軍基地運動が高揚した時期でもあった。社会党あるいは共産党の影響下にある労働組合を中心とし、学生団体も加えた「革新」勢力の活動が活発化した時代でもあった。アカデミズムやジャーナリズムの多くが革新勢力の側に立ち、日米安保への否定的感情から中立を求める世論が五〇％に達したのもこの時代であった（二五〇頁図3）。

しかし、六〇年の安保騒動を頂点とする安保をめぐる国内対立は、六〇年代に入ると急速に

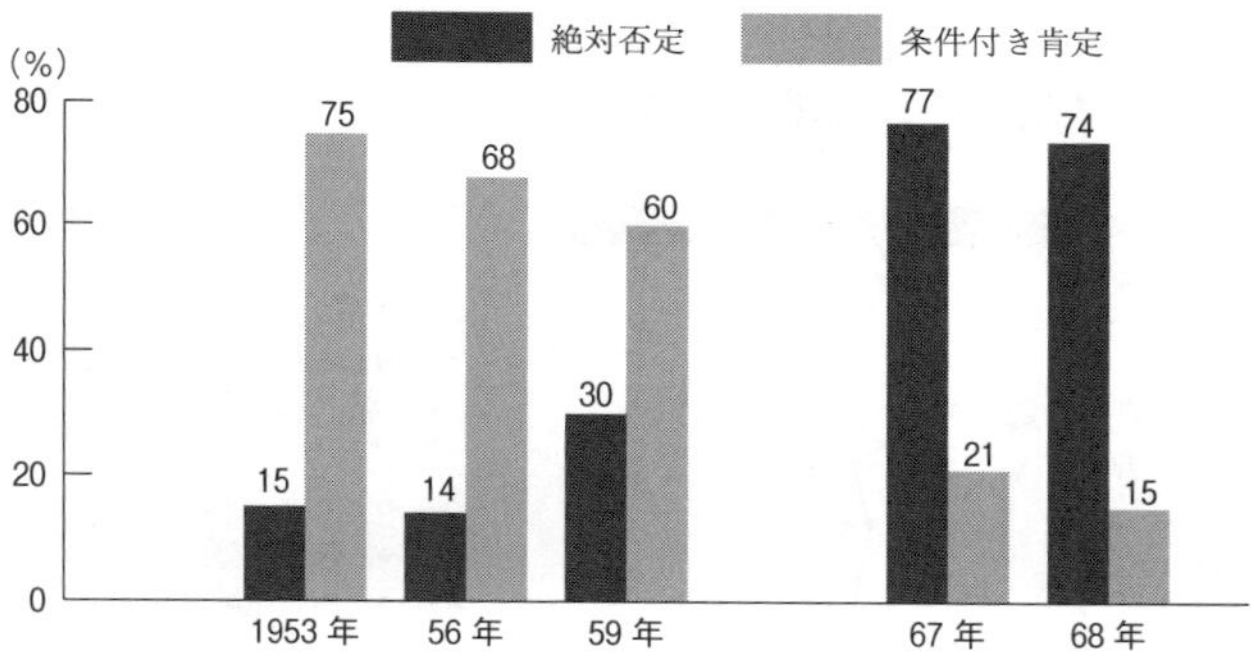

図２　戦争を否定するか肯定するか
出所：NHK 放送世論調査所編『図説　戦後世論史　第二版』日本放送出版協会、1982 年

鎮静化し、日本は高度成長時代に突入する。そして「五五年体制」と言われる戦後政治体制が定着していくのである。

「五五年体制」にはいくつか重要な特徴があるが、一つは国内政治重視の政治体制であったことである。政権与党であり続けた自民党は、中選挙区制度の下で派閥政治による闘争の場となった。選挙地盤への利益供与によって支持基盤の安定化を図る族議員による開発型政治も、票にならない外交や防衛ではなく、政治家や有権者の目を自らの周辺にのみ向ける政治の定着に一役買っていた。

日米安保条約改定後は、憲法改正を求める意見は二割に満たない程度で推移し、自衛隊への支持は徐々に増えた一方で、規模の拡大は望まないという現状維持的考えが国民に定着していく。日米安保体制と戦後憲法が国民意識のレベルでは矛盾なく併存

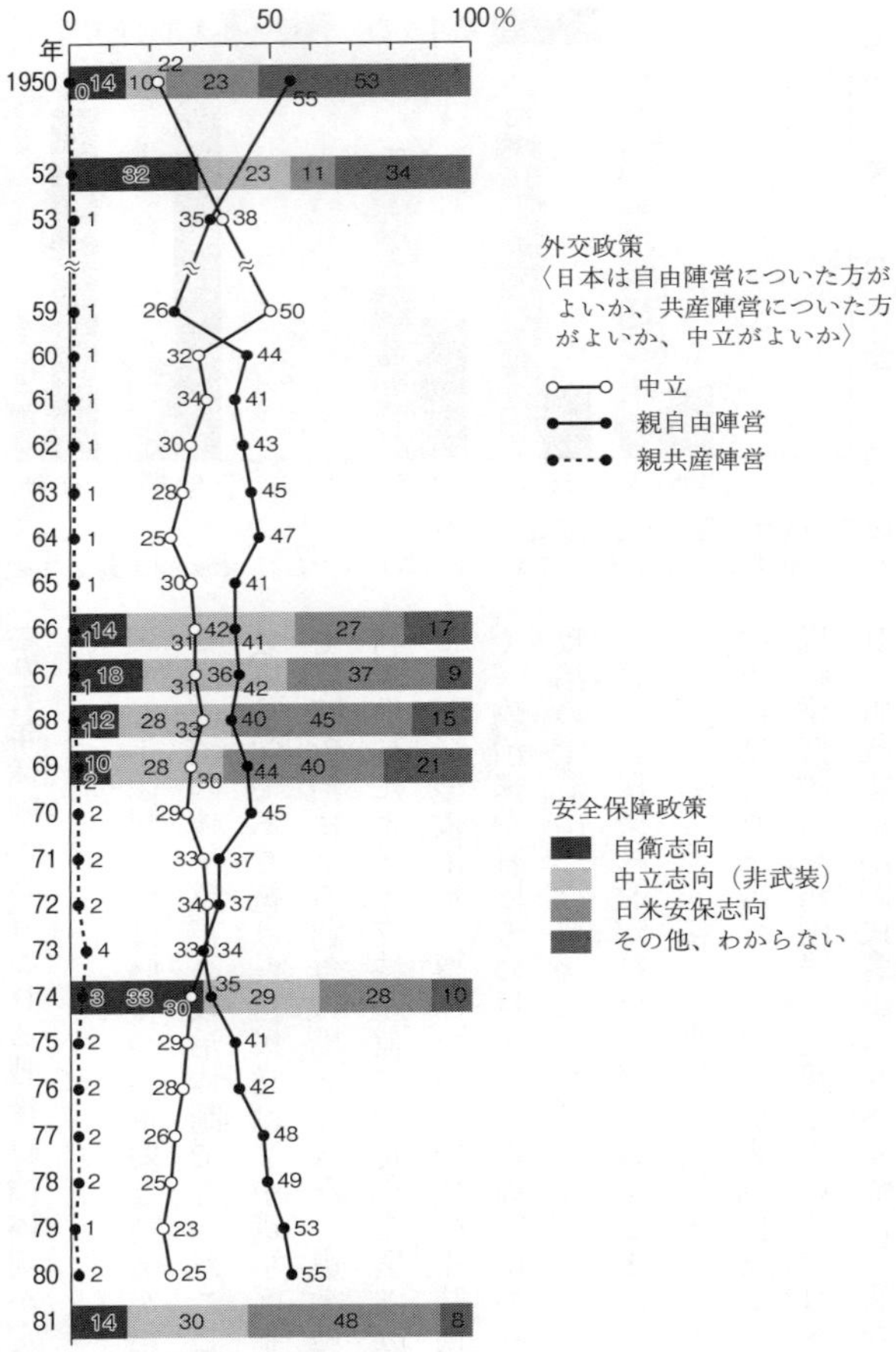

図３　安全保障政策と外交政策

出所：NHK 放送世論調査所編『図説　戦後世論史　第二版』日本放送出版協会、1982 年

したわけである。経済大国化するにつれて自衛隊の規模は拡大していったものの、日米安保体制の下での役割は決して明確ではなく、日米安保に日本の安全保障を依存するという姿勢が、政治家にも国民にも定着したのが五五年体制であった。

†五五年体制と争点の封印

冷戦による対立は、日本の場合、国内治安問題という形で顕現化した。過激化する学生運動や過激派によるテロなどが、六〇年代から七〇年代前半の日本で荒れ狂った。こうした中で、自衛隊を批判する勢力の活動も活発化し、一部では自衛隊員やその家族に対する人権無視とも言える活動も行われていく。最大野党の社会党は「非武装中立」を掲げ、日本の安全保障論議は現実から離れていくのである。

軍事を語ることがタブーであるという空気が、政治の世界だけでなく社会全体に広がったのが冷戦下における日本の特徴であった。戦後にアメリカから導入されたシビリアン・コントロールは、日本においては「如何《いか》に自衛隊を使わないか」という意味になった。自衛隊は災害救援などを除き国民の目に触れることは少なくなり、ひたすら訓練に従事し、当時の防衛庁は自衛隊の管理官庁という位置に終始したのである。

この時代に封印された争点が二つあった。在日米軍基地問題と沖縄問題である。在日米軍基地問題は、前述のように五〇年代には日本本土でも極めて重要な論争点であった。内灘闘争、砂川闘争など反米軍基地運動は高揚し、相馬原《そうまがはら》事件では米軍への批判が極めて高まった。しかし、在日米軍のうち地上兵力の多くが本土から引き揚げ、また「関東計画」など基地の整理・縮小が行われたことで、本土住民の多くは基地の存在を忘れてしまうのである。

一方で沖縄は、第二次世界大戦後も米軍の統治下にあり、五〇年代には「銃剣とブルドーザー」と言われたように民間の土地接収も行われて基地建設が進んでいく。本土への返還が決まったものの多くの米軍基地は残された。それだけではなく、現在の在沖縄米軍基地の約七割が海兵隊であるように、本土に駐留していた海兵隊などの沖縄移駐も行われ、在日米軍専用施設の約七割が、面積が本土の〇・六%にすぎない沖縄に集中するという事態となった。本土住民は、かつては自分たちも苦しんだ基地問題という日米安保体制の「負担」という部分を沖縄に背負ってもらうことで、日常生活と安保体制が乖離していったのである。一方で沖縄では、生活と日米安保体制が身近な位置にあり続けることになった。

†湾岸戦争の衝撃

冷戦終焉は日本に何をもたらしたのだろうか。三つの側面から見てみたい。第一が国際秩序、第二は日米安保体制、第三は世界観の対立の消滅という面である。

第一の側面は、冷戦終焉によって平和が訪れたのかということである。現在から見れば、その答えが否であることは自明である。しかし冷戦終了後、一時は「平和の配当」といった言葉も生まれ軍縮の機運が高まった。アメリカは世界に展開する米軍の再編に着手し、日本の防衛力も世界的な軍縮の趨勢の下で自衛隊の規模縮小が図られていくことになった。また、米ソが対立して安全保障理事会が機能不全に陥っていた冷戦時代が終了したことで、国連の機能と役割が改めて見直される状況になっていたのである。

しかし、一九九〇（平成二）年八月のイラクによるクウェート侵攻は国連を中心とした安全保障体制への挑戦であった。そして湾岸危機に対する対応の失敗は、日本にとって「湾岸のトラウマ」と呼ばれる傷を残すことになった。すなわち、交渉で解決しない事態に米国を中心とした多国籍軍が結成されて対応することになったが、軍事が登場したとたんに戦後平和主義のもとにあった日本は思考停止したのである。戦後初めて「軍事」と向き合い、対応に失敗したわけであった。

冷戦終了は平和の訪れではなく、湾岸戦争後もユーゴ紛争が泥沼化し、アフリカでも民族対立が頻発した。ソマリアなど「破綻国家」という名称も生まれ、海賊の活動など新た

国連平和維持活動（PKO）協力法案を修正可決した衆院国際平和協力特別委員会で、委員長に詰め寄る与野党議員＝1991年11月27日（共同通信）

な問題も生じた。国連の役割が再評価されるなかで、ＰＫＯも従来の停戦監視を中心とした役割でよいのかといった議論が行われ、試行錯誤が繰り返されることになる。湾岸危機の対応に失敗した日本は、経済大国という地位にふさわしい平和協力の在り方を問われることになったのである。ようやく九二年に国際平和協力法が成立し、カンボジア和平のために自衛隊が初めてＰＫＯとして派遣されたが、それは日本の国際平和への具体的な協力として実施されたのである。ただし、ＰＫＯ参加五原則という厳しい制約付きのものであった。五原則とは次の項目である。

①紛争当事者の間で停戦合意が成立していること

②国連平和維持隊が活動する地域の属する国及び紛争当事者が当該国連平和維持隊の活動及び当該平和維持隊への我が国の参加に同意していること。

③当該国連平和維持隊が特定の紛争当事者に偏ることなく、中立的立場を厳守すること。
④上記の原則のいずれかが満たされない状況が生じた場合には、我が国から参加した部隊は撤収することができること。
⑤武器の使用は、要員の生命等の防護のための必要最小限のものを基本。受入れ同意が安定的に維持されていることが確認されている場合、いわゆる安全確保業務及びいわゆる駆け付け警護の実施に当たり、自己保存型及び武器等防護を超える武器使用が可能。

（外務省ＨＰ「ＰＫＯ政策Ｑ＆Ａ」より。原文ママ）

「如何に自衛隊を使わないか」が優先された時代から一歩踏み出したわけだが、「恐る恐る」という形容が当てはまるものであった。その意味については後で検討したい。

第二は、ソ連という「仮想敵」が喪失した時代の日米安保の役割という問題である。冷戦が終わった以上、ソ連を対象とした日米安保は必要なのか、必要とすればどのような役割を持っているのかという問題である。

ここで二つの方向性が議論された。多角的協力と日米安保強化である。前者は、国連を中心とした国際平和協力活動に積極的に関与し、平和な国際秩序を作っていくことが日本の平和と安全にも役に立つという考え方である。湾岸戦争での失敗を教訓に、ＰＫＯ協力法も成立して自衛隊を派遣するようになっていた日本にとって、国際平和に対し資金だけでなく具体的な協力をするという方向は当然のことであった。こういった考えを象徴したのが一九九四年に政府に提出された「樋口懇談会」の報告書であった。

しかし実際には米国の働きかけもあって、日米安保体制の強化が優先された。ちなみに、前記報告書も日米安保強化に消極的ではなかったが、多角的協力を強調した書き方になっていたことをアメリカが不安視したと言われている。日米安保体制強化が求められたのは、日本が対応できなかった北朝鮮核危機、台湾海峡危機など不安定さが増大する中で、日米安保条約六条事態への対応が必要とされたからである。この点は後述したい。

第三は、冷戦がソ連や東ヨーロッパの政治体制崩壊に直結したことから、社会主義への親近感が崩壊したことによる。ソ連や東欧が、社会主義経済体制で経済が低迷していたことは広く知られていたが、社会主義体制そのものの崩壊は、日本の「革新」勢力に大きな衝撃を与えた。同時に、長く続いた「五五年体制」も終焉し、安全保障政策をめぐる政治環境にも変化が訪れることになったのである。

†五五年体制の崩壊

「五五年体制」の終焉によって、社会党が政権に参加することになった。「非武装中立」

という空想的平和主義を提唱していたが、政権担当という現実を前にして、日米安保賛成、自衛隊合憲へと大きく舵を切ったのである。これは安全保障論議における「タブー」がなくなったことを意味しており、安全保障論議が現実主義化する可能性を開いた。ただし、実際に現実的な安全保障論議がすぐに行われたわけではなく、後述のように現在でもこの点は課題となっている。

さて、「五五年体制」の時代には、前述したように安全保障は米国に依存し、外交や安全保障に関して特に関心を持たずに経済活動に邁進することができた。「非武装中立論」といった観念的な議論も、現実の脅威を考えなくてすんでいたからできたことである。しかしそのために忘れていたことがある。一つは、日米安保条約が日本の防衛のためだけでなく、「極東」の安全にも寄与することを約束していたことである。もう一つが、安保条約とは米国に日本防衛を約束してもらう代わりに、日本が米国に基地を提供する義務を負っていることである。後者は一九九五（平成七）年になって、沖縄で大きな問題となって現れることになる。すなわち封印していた「沖縄問題」の争点化であった。

九五年九月の米兵による少女暴行という痛ましい事件は、沖縄県民の怒りを呼び起こし、反米軍基地運動へと発展した。翌年、日米両政府は宜野湾市の中心に位置する普天間飛行場の返還に合意するとともに、沖縄が独自に作成した振興計画を当時の橋本政権が承認していくなど、沖縄に積極的にかかわっていく姿勢を示した。ただし、普天間基地返還が現在でも実現していないように、その後も沖縄問題は重要課題となり続けていくのである。そして沖縄問題が日米にとって大きな課題となっていく時期は、日米同盟の強化が積極的に進められていく時期でもあったのである。

†日米同盟の強化と深化の意味

一九九二年から顕在化した北朝鮮核開発問題では、米国は軍事力行使も検討しており、その際、在日米軍基地使用を含む協力を日本にも要請していた。これは安保条約六条に基づくものであった。しかし七八（昭和五三）年に合意された「日米防衛協力の指針」（ガイドライン）は五条に基づく日本本土防衛についての協力が中心であった。つまり日本以外の地域における安全保障については無関心な時代の産物であり、六条事態に対応する法体制の整備は行われていなかった。したがって日本は米国の要請にこたえることができず、改めて六条事態での日米協力を現実化していく必要に迫られたのである。

一九九六（平成八）年に合意された「日米安保共同宣言――二一世紀に向けての同盟」は、日米同盟が「二一世紀に向けてアジア太平洋地域において安定的で繁栄した情勢を維持するための基礎」であると位置づけていた。日米同盟の強化は前年に改定された「防衛

日米安保条約

第五条

各締約国は、日本国の施政の下にある領域における、いずれか一方に対する武力攻撃が、自国の平和及び安全を危うくするものであることを認め、自国の憲法上の規定及び手続に従つて共通の危険に対処するように行動することを宣言する。

前記の武力攻撃及びその結果として執つたすべての措置は、国際連合憲章第五十一条の規定に従つて直ちに国際連合安全保障理事会に報告しなければならない。その措置は、安全保障理事会が国際の平和及び安全を回復し及び維持するために必要な措置を執つたときは、終止しなければならない。

第六条

日本国の安全に寄与し、並びに極東における国際の平和及び安全の維持に寄与するため、アメリカ合衆国は、その陸軍、空軍及び海軍が日本国において施設及び区域を使用することを許される。

前記の施設及び区域の使用並びに日本国における合衆国軍隊の地位は、千九百五十二年二月二十八日に東京で署名された日本国とアメリカ合衆国との間の安全保障条約第三条に基く行政協定（改正を含む。）に代わる別個の協定及び合意される他の取極により規律される。

（下線部引用者）

計画の大綱」でも明確にされており、日米安保条約六条に対応する九七年のガイドライン合意、それを実現するための周辺事態法の制定が九九年に行われることになる。冷戦時代には考えられなかった、日本以外の地域での安全保障協力に進んでいったわけである。

さらに今世紀に入ると、日本は国際的な「テロとの戦い」に参加することになった。二〇〇一年九月一一日にアメリカで起こった同時多発テロに対応したテロとの戦いに参加するため、インド洋における補給活動に従事したのである。

二〇〇三年には、アメリカのイラク攻撃に際し、武力行使が終了した後の復興支援という目的で自衛隊が派遣された。この時は、フセイン政権は崩壊して国家的な抵抗は終わっていたものの、各地で武装集団が活動しているといわれており治安状況は悪く、自衛隊が戦闘に巻き込まれることも懸念された。同盟国アメリカへの協力という政治的意味合いの強いイラク派遣であり、一九九〇〜九一年の湾岸戦争の時には否定されていた多国籍軍への参加も実現した。この二つの事例は、従来の紛争終了地域で活動するPKOだけではなく、「戦闘」が継続している地域でも自衛隊が派遣される可能性があることを示していた。

†安全保障情勢の変化

前述のように冷戦終了後に国際秩序が不安定化したことに対応して、日本はPKO派遣など資金以外での協力にも積極的に取り組むことにした。また、ヨーロッパで冷戦終了が語られるのと相反して、北朝鮮の核開発や台湾海峡危機など東アジア情勢の不安定さも増大し、そのため日米同盟強化にも大きく踏み出していった。一方で、日本自身に直接かかわる安全保障環境という面でも、脅威は増大していたのである。

すなわち台湾海峡問題（一九九六年）など、まさに日本の周辺で危機が生じていた。北朝鮮は弾道ミサイルの開発も積極的に行い、九八年には日本を飛び越えるミサイルを発射して日本国民に脅威を与えた。九九年には能登沖で北朝鮮のものと思われる不審船に対して初めて「海上警備行動」が発令され、二〇〇一年の不審船事件では海上保安庁の巡視船と銃撃戦を展開した後、自爆して沈没するという事態を引き起こした。二〇〇二年の小泉純一郎首相訪朝によって日本人拉致の事実もあきらかになり、多くの日本国民にとって北朝鮮は深刻な脅威として認識されたのである。

さらに、中国の経済成長は急速な軍事力拡大を生み、南シナ海・東シナ海で領土紛争を引き起こしている。中国による強引な東シナ海でのガス田開発や尖閣諸島への領海侵犯、中国本土での反日運動など、中国の軍事的脅威を感じる日本国民も増大した。実際、領空侵犯の恐れがある場合、航空自衛隊は戦闘機による緊急発進（スクランブル）を実施するが、その回数は二〇一七年には一一六八回を記録し、前年に比べて二九五回増加している。

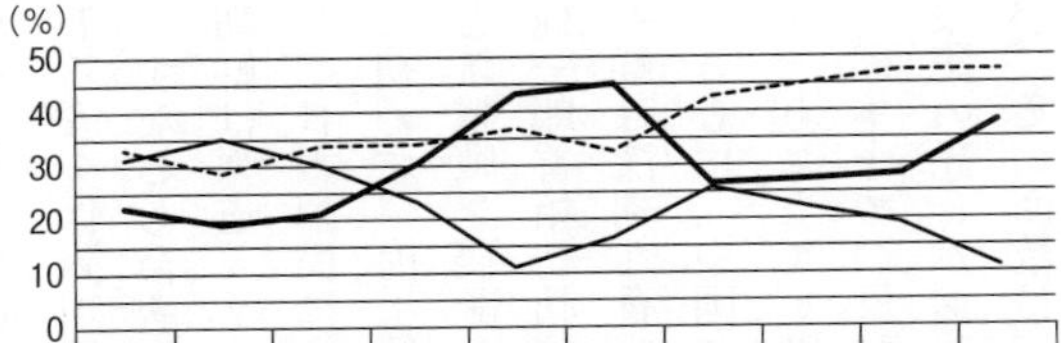

	1991	1994	1997	2000	2003	2006	2009	2012	2015	2017
── 危険がある	22.3	19.2	21.1	30.5	43.2	45.0	26.6	27.3	28.3	38.0
--- 危険がないことはない	33.1	28.7	33.8	34.0	36.8	32.6	42.6	45.1	47.2	47.5
── 危険はない	31.3	35.2	30.2	23.2	11.1	16.5	25.8	22.1	19.8	10.7

図４　戦争に巻き込まれる可能性
内閣府世論調査から著者作成

これは一九五八年にスクランブルを開始して以来最多であった。ちなみに二〇一七年のスクランブルのうち八五一回が中国、三〇一回がロシアに対するものであった。

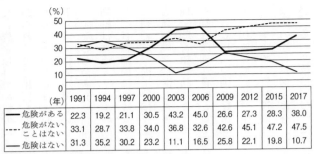

尖閣諸島に関しても、中国の領海侵犯は二〇一四年以来、毎年一〇件以上あり、領海侵犯に関しては一義的には海上保安庁の管轄だが、海上自衛隊も不測の事態に備えており、海上自衛隊の艦艇への中国海軍の火器管制レーダー照射や中国軍機の空自機への異常接近といった事案も起こっている。南西諸島方面での中国海軍の行動は年々活発化しており、警戒を怠れない状況である。

日本が戦争に巻き込まれる危険性を感じている人も増加している（図4）。内閣府世論調査によると、冷戦終了後しばらくは「危険がある」「危険がないことはない」という数字に大きな変化はないが、北朝鮮によるミサイル発射や不審船問題などが顕在化して以降は、危機感が次第に高まってきている。二〇〇六年以降は「危険がある」の割合は低下したが、二〇一七年調査では「危険がある」と「危険がないことはない」を合わせて八五・五％もの人が危険を感じている。湾岸戦争があり、冷戦後の世界が混迷していることがわかった一九九一年の調査で、両者を合わせた数字が五五・四％だったことを考えれば大きな変化と言えよう。

ところで、九九年から翌年にかけて、周辺事態法をはじめとした法制が整備される一方で、先に整備されておくべき自国の有事の場合の法整備が遅れていることが問題になっていた。

二〇〇〇年三月、自民・自由・公明の三党が有事法制整備推進について合意する。森喜朗首相は四月の所信表明演説で有事法制に触れ、翌年一月の施政方針演説で有事立法の検討開始を表明するに至る。その後、小泉内閣の成立、九・一一事件発生という激動を経て二〇〇三年六月、有事（武力攻撃事態）関連三法案が成立した。衆議院は約九〇％、参議院は約八四％という圧倒的多数の賛成を得ての成立であった。与野党対立で審議ができなかった冷戦時代から、大きく時代が変わったことを象徴している。

ただし、本土防衛という自衛隊が基本任務を行う場合の法的整備が、自衛隊成立後半世紀近くたってようやく成立したという事態は、日本の安全保障政策の問題を浮かびあがら

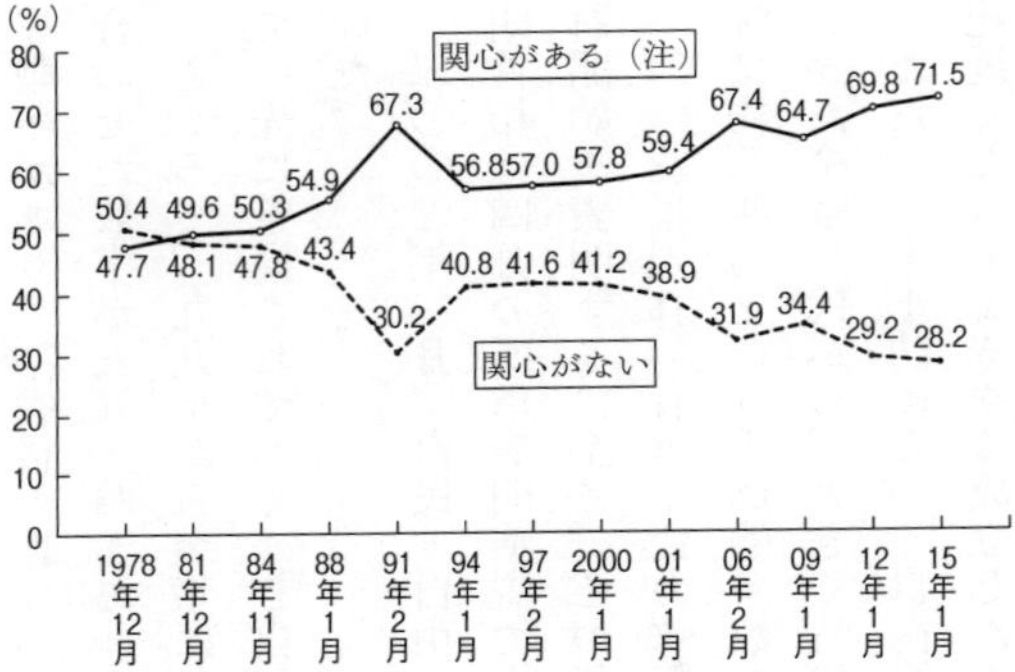

注：1984年11月調査までは、「非常に関心がある」と「少し関心がある」の合計となっている。

図5　自衛隊・防衛問題に対する関心
出所：2015年1月実施、内閣府世論調査

せている。すなわち、本来であれば自国の防衛に関する法整備が先にあって、それから国際的な協力活動に関する法整備を進めていくのが当然であるのに、日本の場合はＰＫＯでも周辺事態でも日本の本土外での自衛隊の活動に関する法整備が先に行われるという逆立ちした状況になっていたのである。

また、有事法制と車の両輪であるはずの「国民保護」に関する法制が成立するのは翌二〇〇四年六月であった。ここで詳述はできないが、国民保護に関しては現在でも多くの課題を抱えており、具体的にどれほど対応できるかについて疑問が多いのが現状である。

†自衛隊をめぐる国民意識

現在では、日本が戦争に巻き込まれる危険を感じる国民も増大しており、自衛隊や防衛

	1963年6月	1975年10月	1978年12月	1981年12月	1984年11月	1988年1月
	実績（期待）	実績（期待）	実績（評価）	実績（期待）	実績（期待）	実績（期待）
災害派遣	80（39）	74（34）	77（33）	72.8（27.1）	80.9（31.7）	77（36.9）
国防	3（19）	8（30）	8（38）	9.3（45.4）	9.2（44.0）	8（38）

図6　冷戦期での自衛隊への評価（単位：%）

NHK放送世論調査所編『図説　戦後世論史　第二版』（日本放送出版協会、1982年）172頁、および内閣府世論調査を基に筆者作成

問題に関する関心も、別表のように次第に高まってきている（図5）。また、創設後間もない一九五六（昭和三一）年の世論調査では、自衛隊が必要であるという意見は五八%であった。六〇年代に入ると七〇%を超え、七〇年代に入ると八〇%前後で推移していたように、多くの国民が自衛隊の必要性自体は認めていた。しかし、非軍事の戦後平和主義に基づいて、軍事・軍隊を否定的にとらえる風潮は冷戦時代の日本をずっと覆っていた。

また、自衛隊の存在を肯定する意見が多くなっていても、実績への評価や期待する役割については、国防より災害派遣の方が圧倒的に多かった（図6）。やはり、自衛隊の活動が国民に見えるのは災害派遣時が中心であり、期待が大きいのは当然であろう。現在、自衛隊に対して「良い印象」を持つ人は九〇%前後に達している（二〇一五［平成二七］年九二・二%、一七年八九・九%）。ただ、期待する役割については、やはり災害派遣が八〇%前後で最も高くなっている（一五年八一・九%、一七年七九・二%）。ちなみに安全保障については、一五年は七四・三%、一七年は六〇・九%であった。

救助した男性を背負って運ぶ自衛隊員＝2011年3月12日、宮城県気仙沼市（共同通信）

九五年の阪神淡路大震災、二〇一一年の東日本大震災等に象徴されるように、近年大きな被害をもたらす災害が相次いだ。その際、自衛隊が派遣され懸命に救助活動に邁進する姿を実際に見たり、あるいは報道されることも多くなり、災害派遣に対する期待が大きくなっていったわけである。

一方で、ジャーナリズムの目は一貫して自衛隊に厳しい。冷戦時代では、七一年七月の雫石《しずくいし》事故、八八年七月の「なだしお事件」など自衛隊関連の事件や事故が起こると、事件の検証の前に自衛隊批判が展開された。これは現在でも同様であり、二〇〇八年二月の「護衛艦あたご漁船清徳丸衝突事件」でも繰り返された。裁判では、「なだしお事件」は潜水艦と衝突した遊漁船の双方に責任があるとされ、「あたご」の事件では「あたご」側は無罪という内容で結審した。ジャーナリズムのチェック機能は重要だが、まずは事実や原因の究明が先であろう。こうしたジャーナリズムの報道姿勢には、反軍事的平和主義が継続しているように思われる。軍事の役割は広範になっており、冷戦時代の姿勢を引きずっていては現実的な議論はできないのである。

†政官軍関係はどう変わったか

冷戦時代と現在で自衛隊に関して一番変化したことは、自衛隊が訓練以外の目的で海外でも活動するようになったことであろう。ここで重要な問題が、政治の責任は果たされているのかという点である。前述のように、冷戦時代は「如何に自衛隊を使わないか」が考えられていた。戦前の教訓から、自衛隊は厳正なシビリアン・コントロールの下に置かれ、政治的な活動は一切禁止されただけでなく、防衛庁による厳格な管理の下に置かれた。戦後の日本における政治と軍事の関係は、強力な官僚機構が政治と軍事の間に入る「政官軍体制」とみる方が正確である。

ただし、前述のように冷戦時代の日本政治は「五五年体制」の下にあり、政治家が国内政治に集中した時代であった。戦後平和主義の下で軍事に関することは議論することも忌避された。そもそも票にならない安全保障や防衛に注力する政治家は少なく、関心をもって勉強する政治家は稀であった。観念的な議論が行われて現実の世界と距離があっても、日本国内の議論として許容されていたのである。

しかし冷戦が終了し、自衛隊が実際に活動する事態となった。自衛隊の活動は次第に増加し、二〇〇七（平成一九）年に防衛庁が防衛省に昇格するとともに、国際平和協力も自衛隊の本来任務となった。二〇〇四年のスマトラ島沖地震に象徴される国際的な支援活動にも取り組んでおり、自衛隊の活動はPKOにとどまらず国際的な災害支援など多岐にわたっている。また、ソマリア沖での海賊対処など軍事組織としての活動を期待される任務も行い、自衛隊が米軍だけでなく、他国の軍事組織と協働して活動するケースは極めて多くなっているのである。

二〇一五年の安全保障法制の整備は、こうした状況に対応するために行われたわけであり、PKOに対し新たに「駆けつけ警護」も任務に付与された。また、安倍内閣が提唱する「積極的平和主義」は、不安定さを増大する国際社会の安定のために日本が積極的に取り組む姿勢を表明したものである。したがって、冷戦期の「如何に自衛隊を使わないか」というシビリアン・コントロールではなく、「自衛隊を如何に使うか」という、国際標準のシビリアン・コントロールが求められているわけである。

では、こうした状況に政治が対応できているかというと、低調な国会論議に示されるように、日本の議論はいまだに冷戦時代の枠組みの中の議論に終始していると言える。たとえば前述の「駆けつけ警護」が議論された際も「戦闘地域」が問題となり、また南スーダンに派遣された部隊の日報に「戦闘」という記述があったことで問題になった。これは、憲法が禁止した戦闘行為すなわち「国または国に準ずる組織が、組織的計画的な武力行使を行なっている」という政府の法律上の定義と、現実が乖離していることによって生じた問題である。

この定義によれば、国家でも準国家的組織でもないテロ組織の活動は戦闘行為ではなく、どんなにテロが行われていても法律上は非戦闘地域ということになる。そしてテロが行なわれているから戦闘地域であるという批判は法律上の定義を知らないものとして否定される。しかし、非戦闘地域がイコール安全地帯であるわけではない。テロ組織をはじめ、ISのような武力集団、民族対立に係る武装団体など、強力な武力を保持した組織が各地で活動しているのが現状である。冷戦時代に作られた日本の法律に合わせた議論では、現実から乖離していくばかりである。

一方で、冷戦終了後に続けられた「効率化」という名での予算・人員削減、組織再編と、増大する任務と責任で、自衛隊の対応能力が限界に達しつつある。財政赤字が増大する中で予算の削減が進められたわけだが、複雑化し増大する任務に追われ、防衛政策による必要性よりもGDP（国内総生産）の何％以内という政治と財政の論理を重視した防衛予算のあり方、そして長期的視点なく自衛隊の任務増大を決定していく政治の組み合わせが、自衛隊の疲弊という現状を生んでいる。

†平成時代——宿題としての憲法

冷戦時代は国際的な安全保障問題にかかわることなく、経済成長のために活動することができた。自衛隊は訓練が中心で、海外で活動することなど考えられていなかった。自衛隊が戦うのは日本本土の防衛のためであるというのが、多くの国民の「常識」であった。反軍事を基本とする戦後平和主義の風潮によって、厳しい批判を浴びることもあったが、他国の戦争に関与しないで済んだため、自衛隊が「戦死者」を出すことはなかった。自衛隊は実戦を経験することなく六〇年以上が経過したのである。

しかし今や、自衛隊は海外でも活動するようになり、米軍をはじめとして他国との協働も増えている。批判を受けつつ始まったPKO活動に対しても国民の支持は増大し、今後も積極的に展開していくことが考えられている。大規模災害での活躍もあって、自衛隊への信頼感はかつてないほど高まっている。まさに冷戦時代からの大きな変化と言える。

さらに、国民の自衛隊への関心増や、国際情勢への危機意識の高まりに示されるように、日本を取り巻く安全保障環境が悪化していることも間違いない。冷戦時代に仮想敵とされたのはソ連だが、本当に戦争になると考えた日本人はそれほど多くなかったと思われる。しかし今は、北朝鮮の核とミサイル、中国の軍事力拡大などによって、現実の脅威を感じる国民が増えた。自衛隊は、国際的な平和協力のために活動する一方で、国防という基本的課題に本格的に向き合うことになったのである。

冷戦時代、日本が独自の安全保障戦略を作成したのは、一九五四（昭和二九）年の自衛隊創設から二〇年以上経った一九七六年の「防衛計画の大綱（防衛大綱）」が最初であった。これは本来、防衛力整備のための基本的な考え方を示すものであったが、日本では安全保障戦略の役目を果たしていたわけである。しかし冷戦後は、一九九五（平成七）年、二〇〇四年、二〇一〇年、二〇一三年と改定され、二〇一八年度にさらに改定された。激変する安全保障情勢に、日本が対応を迫られていることがよくわかる。見方を変えると、次々と生じた事案に何とか対応していったのが、冷戦後の日本ともいえる。そのため本質的な議論ができず、対症療法となっているものも多い。

ＰＫＯもその一つで、日本のＰＫＯ活動は「伝統的な国連ＰＫＯの枠組みに大きく拘束されて」おり、「現在最も必要とされている「平和構築」の分野における参加体制が整っていないという問題」を抱えている（「国際平和協力懇談会報告書」）。現在のＰＫＯは「許される武力行使の範囲について、従来のＰＫＯよりも広範な弾力性を認められて」おり、「かなり強力な装備と交戦規程をもつＰＫＯ」となっている。自衛隊という組織の法的あいまい性や政治的制約が、他国のＰＫＯとの円滑な協力を妨げているという指摘もある。

本当にPKOに積極的に参加するのであれば、組織的あいまいさや活動への制約といった条件について根本的に見直さなければならない。しかし、そうした議論が本格的に行われることなく、「駆けつけ警護」のような新しい任務が付与されているのが現状である。

米国との同盟関係を強化するために憲法解釈の変更が行われ、集団的自衛権の一部行使も可能となった。冷戦時代には想定できなかったことである。それだけ安全保障環境が厳しいということである。

すなわち、ロシアや中国は現在の国際秩序を、軍事力を背景とした力によって変更しようという姿勢を示している。アメリカは国際秩序の維持を自らの役割と認識していたが、今や単独でその役割を担う力はなく、トランプ政権はむしろ国際政治経済秩序を混乱させる行動を展開している。米国に依存した安全保障政策を展開すればよいという時代は、冷戦終了後三〇年が経過し、平成が終わる時期になって終焉を迎えていると言えるだろう。

しかし現在の日本は、冷戦後に踏み出した国際平和協力への積極的関与も、冷戦時代に形成された法的枠組みや思想に拘束され、現実に対応した議論ができていない。憲法も含めた、冷戦時代に形成された考えや法的枠組みを総点検すべき時期を迎えているわけである。

各種新聞の世論調査によれば、憲法改正についての国民意識は、冷戦時代に比べれば抵抗は少なくなっている。ただし、どのように変えるべきか、議論が深まっているとはとても言えないであろう。これは国際秩序が大きく変動しようとしている現在、日本という国の基本的方向性にかかわる問題である。言い換えれば、日本という国のあり方が問われているということである。それが平成から次の時代に残された宿題と言えるだろう。

さらに詳しく知るための参考文献

佐道明広『自衛隊史――防衛政策の七〇年』(ちくま新書、二〇一五)……自衛隊創設から現在までを、安全保障に関する議論、日本社会における防衛問題・軍事の位置づけ、現実の自衛隊の活動に焦点を当てて解説した通史。

佐道明広『自衛隊史論――政・官・軍・民の六〇年』(吉川弘文館、二〇一四)……警察予備隊時代から現在までの自衛隊・防衛庁(省)の歴史を概観し、日本の防衛政策や自衛隊についての重要な問題を検討したもの。

勝股秀通『検証　危機の25年――日本の安全保障を真剣に考える』(並木書房、二〇一七)……元防衛担当記者が、自らの取材経験も織り込んで冷戦終了以降の日本の安全保障政策を概観したもの。

添谷芳秀『安全保障を問いなおす――「九条―安保体制」を越えて』(NHK出版、二〇一六)……占領期から安倍政権までの安全保障政策の変遷をたどり、これまでの「九条―安保体制」を越えた第三の道を模索しようとするもの。

遠藤誠治編『日米安保と自衛隊』(岩波書店、二〇一五)……研究者、元官僚、実務家など多様な筆者による「シリーズ日本の安全保障　第2巻」。日米安保体制の歴史的変容の中で、米国の戦略、自衛隊の現況などを明らかにし、パワーシフトの中で自衛隊の役割がどのように変化していくのかを展望するもの。

冨澤暉『逆説の軍事論――平和を支える力の論理』（バジリコ、二〇一五）……著者は元陸上自衛隊幕僚長。軍事の現実をよく知る立場から、集団安全保障の重要性と、二一世紀の自衛隊のあり方を明快に述べたもの。

第10講

アメリカの後退・日本の漂流

吉見俊哉

†二一世紀もアメリカの世紀か

二〇世紀は、紛れもなく「アメリカの世紀」だった。このアメリカの世界的ヘゲモニーが頂点に達するのは第二次世界大戦後から一九七〇年代初頭までの冷戦期である。この時期のアメリカは、一方では世界各地に軍事基地を配備し、世界の軍事体制の主体として振る舞っていた。当時、もちろんこのアメリカの覇権にソ連を中心とする共産圏が対抗していたのだが、仮に共産圏は軍事的にはほぼ互角の勝負をしていたとしても、軍事以外の側面、すなわち経済と文化にかかわる影響力では早くから勝負がついていた。社会運動としての共産主義は、遅くとも一九六〇年代までにその破綻が明白となっていた。

その一方で、冷戦期のアメリカはトルーマン・ドクトリンを基礎に、政治経済的な次元で世界各地の独裁政権の「開発」政策を支え、日本を含む広範な国々に「豊かさ」への夢をばら撒いてきた。こうした国家的な動きと並行して、アメリカのメディア産業による商品としての大衆文化（特にハリウッド映画とポピュラー音楽）のトランスナショナルな流通を通じ、娯楽を基調にした文化的ヘゲモニー（ソフトパワー）を作動させていた。

アメリカの覇権の複合的な性格に着目し、かつて文化帝国主義論は、戦後世界においてアメリカが、経済面と情報面の支配力を相補的に行使していると批判した。すなわち、それまでの「血と鉄」に代わり、「エコノミクスとエレクトロニクスの結婚」こそ、アメリカを頂点とする新たな帝国主義を可能にしている。自由貿易が強い国の経済が弱い国に浸透し、これを支配していくのを可能にするのと同様、グローバルなコミュニケーションは、アメリカ的生活様式への欲望が、貧しい、傷つきやすい社会に埋め込まれていくチャンネルとして機能し、その社会や国家の自律的な発展を困難にする。ハーバート・シラーが示したように、「アメリカから発せられるコミュニケーションは、生活様式についての一つのヴィジョンを呈示していく。それは、製造物が山のように積まれたイメージであり、それらは私的に飾られ、個人で購入されたり消費されたりしていく」のである（Schiller, Herbert I., *Mass Communications and American Empire*, Westview Press, 1969）。

この文化帝国主義論は、八〇年代以降、その送り手中心主義が文化人類学やカルチュラル・スタディーズのなかで批判されてきた。たとえば第三世界の民衆は、決してアメリカの文化産業によって発信されたイメージやテクストを、発信者たちの想定したような仕方で受け止めているわけではない。送り手の戦略とその情報が受容され、経験されていく文脈には、常にずれや矛盾、対抗的な契機が介在し続ける。しかし、一九九〇年代まで、世界各地の文化的アメリカニズムが、なおアメリカ合州国を中心とする圧倒的な軍事的、経済的なヘゲモニーと深く関わりながら再生産されていたことも否定できなかった。

しかも、アメリカの文化的ヘゲモニーそのものに関しても、その成り立ちは重層的だった。一方で、佐伯啓思も指摘したように、「アメリカは商品を通して『自由』や『平等』の観念を宣伝できた唯一の国であった。ともかくも消費財をひとつの文化のように見せかけ、ひとつの国のシンボルにまで」したのである(佐伯一九九三)。だからアメリカは、「モノの近代」としての直接性や大衆性において、それまでのヨーロッパの帝国主義とは決定的に異なる吸引力を備えていた。アメリカでは、平等主義や幸福追求、自由主義といった近代の諸観念が、競争的市場経済に媒介された大量生産方式そのものにおいて具体的に表現されてきたのである。

しかし他方、この「商品」としてのアメリカは、異種混交的な通俗性としても人々に経験されていた。家電製品や自家用車、古典ハリウッド映画に示される文化的規範には必ずしも収まりきらない逸脱的な大衆文化の次元、たとえばジャズやロックンロール、ヴァラエティショーに見られる異種混交的なアメリカが、アメリカの文化的ヘゲモニーを下から支えていた。実際、戦後日本を生きた多くの若者たちにとって、こうした「けばけばしい俗悪性」こそが、彼らがアメリカへと吸い寄せられていく理由にもなってきた。その意味で、「西洋＝ヨーロッパ」がまずは「文明化」を推進するエリートの知であったのに対し、「アメリカ」の受容では「下から」の大衆的な通俗性がしばしば先行していたことを忘れてはならない。このことは、アメリカがヨーロッパの「植民地」としてまずあったこと、その文化形成を移民たちのネットワークのなかで成し遂げてきたことと関係しており、アメリカは一面では、西洋／近代の枠組を越境する要素を最初から内包していた。

つまりアメリカは、それ自体がグローバル化の派生物であり、その歴史的軌跡を通じ、「帝国」であると同時に「植民地」でもあるという二重性を有し、この二重性が、グローバリズムのなかでのこの国の特権的地位を支えてきた。実際、アメリカニズムの大衆性は、資本主義の大量生産方式と結びつくだけでなく、ディアスポラ的な移動の経験と結びついている。この移動性を自らの源泉としている点で、アメリカには端緒からある種のグローバル性が内包されてもいたのである。今日、グローバルな文化状況のなかでアメリカが強力なのは、それが文化の内容だけでなく、文化の形式にかかわる中心点であることに由来する。人々はアメリカを彩っている個々のシンボルを拒否したとしても、そうしたシンボルを成り立たせている関係の形式や規約的なコードを拒否することは困難なのだ。

†「アメリカン・ドリーム」の意味転換

その後、一方ではベトナム戦争の泥沼化と米国内での反戦意識の広がりにより、他方では日独をはじめとする国々の産業力が、アメリカの国内産業をも凌駕するほどに伸びてきたことにより、七〇年代にはこのアメリカの覇権に翳りが見え始めた。つまり七〇年代、アメリカは軍事的覇権の面でも、産業力の面でも危機に直面し、これまでの体制では危機を乗り越えることができないことは明白となっていた。たしかにニクソンによるベトナムからの撤退と中国との関係改善、変動相場制への移行は、国際面での大胆な政策転換であったが、それだけではアメリカ国内の根本的な変容は生じなかった。だが、やがてレーガン政権は、ルーズベルト以来の福祉国家体制を放棄し、格差拡大、競争力のない弱者を切り捨ててでも富める者をさらに富ます新自由主義へと大きく舵を切っていった。

この方向転換は、その後のアメリカの歴史に重大な影響をもたらすことになる。一言でいえば、この転換によって「アメリカン・ドリーム」の意味がすっかり変わってしまったのである。一九六〇年代までにアメリカ全土に滲み渡り、全世界の人々を魅了していくことになった「アメリカン・ドリーム」とは、決して少数の成功者が億万長者になることではなく、アメリカン・ウェイ・オブ・ライフ、つまり一戸建ての郊外住宅に住んで、自家用車にテレビ、冷蔵庫や洗濯機といった家電製品を一通り揃え、週末にはレジャーを楽しむことができるような経済的な豊かさが、中産階級から労働者階級まで、国民の大多数にとって十分に獲得可能なものとなることを意味していた。七〇年代までに、根深い人種差別を残しながらも、この「ドリーム」はたしかに白人層ではかなり実現していた。

一九七〇年代以降、東部諸州やカリフォルニアなどでは人種やジェンダーをめぐる差別に対する人々の意識がより鋭敏なものとなっていったが、その分、南部の保守的な地域とのギャップは著しく拡大していった。そして、アメリカ経済が苦境のなかで選択した新自由主義は、それまでの「アメリカン・ドリーム」の基盤を不可逆的に掘り崩していく。日本をはじめとするアジア諸国に製造業が追い上げられ、同時にグローバル化のなかで大資本が次々に生産拠点を人件費の安い海外に移転させていったため、それまでアメリカの製造業を支えてきた広大な地域とその労働者は切り捨てられた。彼らはしばしばこの苦境が日本によってもたらされたと「日本叩き」に走ったが、変化をもたらしていた根本要因は産業のグローバルな規模での飽和と再配置、そして弱者切り捨ての新自由主義だった。

一九八〇年代以降、苦境のアメリカ経済を復活させていくために、資本投資はますます旧来の製造業を切り捨て、ITや金融などの利益率の高い新分野に集中していくようになった。その結果、九〇年代、冷戦体制崩壊とも軌を一にして、ITと金融を機軸としたグローバルな情報網の拡大により、アメリカは世界経済をリードする中心性をある程度は回復させる。マイクロソフトのビル・ゲイツやアップルのスティーブ・ジョブズからフェイスブックのマーク・ザッカーバーグまで、IT分野のイノベーションで短期に巨万の富を築く者が現れ、彼らほど有名ではなくても、同じく巨万の富を築く金融工学のエキスパートたちも登場した。

この劇的な変化により、九〇年代以降の「アメリカン・ドリーム」とは、もはや地道に働いてそれなりに豊かで安定した家庭を築くことではなく、ベンチャー的なビジネスの立ち上げによって若くして途方もない富を手にする者たちを指すかのように思われ始めた。他方、かつての「アメリカン・ドリーム」の享受者やその子世代は、基幹的な産業の急激な変化について行けず、先行きの見えない市場に翻弄され、しばしばこれまで築き上げたはずの富を失い、暗い未来の不安に苛まれるようになっていった。

†日本の「成功」と平成の「バブル」

要するに、アメリカは過去三〇年以上にわたり、かつての「アメリカン・ドリーム」を支えた自らの基盤を掘り崩し、海外拠点の展開や移民労働力の活用に加えて国内の弱者を切り捨てることで産業構造を強制的に転換し、「情報」と「金融」という新しいテクノロジーを結合させて国全体としての産業競争力を復活させてきた。この政策の効果として、必然的に国内の格差や亀裂は広がり続けた。重要なことは、このような構造的圧力は、決してアメリカだけに作用していたわけではないことである。一九七〇年代以降、ほぼ同じ圧力が、アメリカとヨーロッパ、そして日本にも作用していた。ここで生じていたのは、要するに生産の飽和、一九四五年のカタストロフ以来、戦後復興の流れのなかで続いていた長期好況が限界に達し、消費市場の面でも安価な労働力やエネルギーの調達という面でもこれらの国々の生産力が市場のなかで飽和してしまったという事態だった。

ここで生じていた事態を、やや単純化させた形で確認しておこう。冷戦体制下の自由主義経済は、大量生産のテクノロジーをアメリカからドイツや日本に移植させることで、社会主義をはるかに凌駕する「豊かな」社会を普及させていった。だが、それは同時に生産力がぎりぎりまで拡張され、市場が飽和していく過程でもあった。消費社会は記号的な差異化の戦略を重ねることで、多少なりとも市場の飽和に伸縮性を持たせたが、それでも市場の拡張には限界があった。七〇年代までにアメリカはもちろん、ヨーロッパも日本も労働力市場と消費市場の両面で成長の限界に近づいていた。限界ある市場を際限なく成長しようとする産業が奪い合うことで、ますます利益率は極小化していかざるを得ない。

七〇年代以降、先進資本主義諸国が直面していたこの危機に対し、アメリカと日本が選んだ道は異なっていた。アメリカでは福祉国家から新自由主義へと一気に方向転換がなされ、旧来型の産業が容赦なく切り捨てられていったのに対し、日本では政府と産業界が一体となって重厚長大型の産業からハイテク型の産業への転換が図られ、それはある程度まで成功したのである。そしてこのことが、八〇年代半ばには「日本の成功」として受けとめられていった。だが、「成功」は「変革」を生まない。現状が肯定され、産業の主要分野は徐々に変化しながらも、社会全体では以前からの古い構造が維持されていった。

やがて八〇年代半ばには、「成功」していた日本は、「苦境」にあったアメリカに譲歩を迫られ、一九八五年の「プラザ合意」を経てかつてない円高レートがその後の基調となった。言うまでもなく、急激な円高は国際的な日本の産業競争力を大いに弱めたのだが、同時に見かけ上、日本は「金持ち」大国になったので、海外に大規模な投資をする可能性も広がった。しかも日銀は、円高抑制と景気浮揚を狙って低金利政策を採ったので、企業からすれば苦労してさらに生産性を上げたり、産業構造を転換するよりも、低金利で借金をして土地や株、海外資産に投資するほうが利潤追求の合理的な方法となっていった。平成のバブルは、決して欲深い人々の狂気から生じたのではなく、八〇年代以降の国際経済のなかでのそれなりに合理的な対処が重なるなかで半ば必然的に生じたのである。

つまり、単純化するならば、成長の飽和とバブル発生は表裏の関係にある。一九七〇年代以降、資本主義世界は市場の飽和を経験し、一方の国の為替レートが下落して輸出競争力が伸びると、他方の国の為替レートは上昇して産業は弱体化するゼロサム・ゲームの状況に入っていた。そうしたなかで、為替レートが上昇して産業競争力の基盤が弱体化した国は、さらに為替レートを上昇させかねない高金利政策を採りにくくなる。生産をなかなか拡大できない状況で、なお利益を求め続ける企業は、いわゆるモノの生産よりも金融的な手段で稼ぎを上げていこうとするのであり、ここにバブルが恒常的、継続的に生じる背景があった。しかしこうして生じたバブル経済は、そもそも実質的な経済成長とは異なるだけでなく、産業競争力の弱体化を背景としているために必ずどこかで崩壊する。

バブルとその崩壊が一九七〇年代以降の世界経済の飽和状況のなかで構造的に生じるものである以上、それは様々に反復されることになる。平成の初め、八〇年代後半から九〇年代初頭にかけて日本で生じたバブルがその最大級のものであったことは疑いないが、九〇年代後半のアメリカでもＩＴブームと重なりながら不動産バブルが生じている。他方、アジアでも九〇年代半ばに東南アジアを中心に不動産バブルが生じ、九七年のアジア通貨危機を招いている。そして何よりも二〇〇〇年代、サブプライムローンをはじめとする金融工学によってアメリカでは不動産への投資が大規模に掻き立てられ、やがて二〇〇八年のリーマンショックを招いていった。

これは本来、十分に予測可能なもので、たとえばロバート・ブレナーは、崩壊の三年前、二〇〇五年の時点で「起こりうる可能性が高いのは、世界経済に対する下降圧力の緩和が不十分であったり、あるいはこの下降圧力への対処が依然として足りなかったりして、グローバル経済はそれがもたらす不均衡に対処するための十分な活力を生み出すことができず、資産価格バブルの崩壊から予想される衝撃を和らげることもできない、という事態である」と未来に起こるであろう破局を明確に予言していた（ブレナー二〇〇五）。この経験からするならば、二〇一〇年代の世界が向かってきたアベノミクスやトランピズムも、繰り返されてきたバブル経済のもう一つの形でないという保証はどこにもないのである。

†「リスク」としてのアメリカ

ニコラス・ガイアットは、こうして一九七〇年代以降の世界に生じていった根本的な変容を、より俯瞰的な視点から整理している。それによれば、一九七一年、固定為替相場制が崩壊すると、世界経済の各国政府による協調運営という、それまでの経済秩序を支えてきた枠組みに大きな風穴が開けられていった。七〇年代半ば、資金移動規制の多くが撤廃され、各国政府の管理が及ばないところで巨額の資金が国境を越えて流動するようになった。このような金融緩和の波に乗って、海外での融資や投機、新規事業を急速に拡大させていったのが、とりわけアメリカの金融資本である。やがて、先進国の金融機関は高いインフレ率が続く発展途上国でビジネスチャンスを探るようになり、世界銀行からの開発融資や助成金とは別に、民間銀行からの途上国への高金利の融資が膨張していった。

当然、このグローバルなバブル経済は、やがて破綻を余儀なくされる。一九八二年に起きたメキシコ危機がその最初の現れであったが、その後も世界各地で経済発展を急ぐ国々が多額の債務を抱えて立ち往生する事態が生じてきた。アメリカ政府はこれらの危機に直面し、「多くの途上国が破産しているという基本的事実を否定」させる策略を編み出していく。すなわち、債務国に支払い能力があると思わせておく期間を長引かせるために、IMFが介入して債務国から債権者へのマネー・フローを確保し、同時に途上国経済の「構造調整」を監視していくことになった。

こうして世界各地で、民営化や国有資産の民間への譲渡、緊縮財政と規制緩和にともなう新たな市場の出現、最貧層を切り捨てるかたちでのエリートの富裕化が進行し、それまでの官僚主義的な国家体制は崩壊していった。しかも、このアメリカ政府とIMFを中心に進められた国際的な構造調整の結果、世界大手の銀行や企業がグローバルな市場で利益を獲得する基盤が確立され、途上国の上層部をシステムに組み入れつつ、国内の貧富の格差を拡大させることになった。九〇年代にもてはやされたMBAなどの資格が示すように、アメリカは「こうしたすべての流れの最前線にいて、対外政策においてコンセンサスを推し進め、知的分野でも支配力を強化」していった（ガイアット二〇〇二）。

経済の分野での第二次大戦後の国際的な枠組みの崩壊は、政治や軍事の領域での国際的枠組みの再編とも対応している。七〇年代末以降に生じていったサッチャー政権とレーガン政権に代表される新自由主義のヘゲモニー、他方のイラン革命とイスラム原理主義の台頭は、すでに述べた経済変動の政治的な対応物であった。この点で、イスラム原理主義のグローバルな拡大の背景には、経済格差の拡大と貧困層や差別される人々の間での絶望感の拡大、そしてそうした人々に原理主義的勢力が互助的なネットワークとして入り込んでいく過程があったことを見過ごせない。八〇年代、市場主義が声高に叫ばれるなかで、グローバルな富の不均衡とともに政治意識の分裂や乖離が、それまでの東西冷戦の構図とはまったく異なる仕方で進行していった。それはけっして「文明の衝突」というようなものではなく、まさしくグローバル資本主義そのものが助長する「衝突」の政治学の拡大であった。

そして九〇年代、このような困難な状況のなかでアメリカが選んだ外交姿勢を象徴的に示したのは国連との関係であった。湾岸戦争で、アメリカは自国の利益を実現するために最大限国連を利用したが、同時に、アメリカの支援や承認抜きで多国間の協調が効果的な国際的枠組みや組織を作るのを繰り返し踏みにじってきた。クリントン政権は、対人地雷の全面禁止条約の締結や国際刑事裁判所の創設といった国連加盟国の大多数が賛同する動きに対し、当初はそれを熱烈に支持しながらも、やがて動きを牽制し、結局はアメリカ以外のほぼすべての国が合意に達した協定に署名をするのを拒否していった。こうした単独主義は、そのままブッシュ政権の京都議定書への調印拒否にも引き継がれている。

†アメリカ帝国へのブローバック

今日の世界において、アメリカはもはや歴史の「リーダー」という以上に「リスク」である。この転換を決定的にしたのは、もちろん二〇〇一年九月一一日の同時多発テロであった。この事件以来、アメリカはその剝き出しの報復攻撃への意志によって、仕掛けられた罠に自ら進んではまり込んでいった。「テロに対する戦争」というひどく単純化された構図で自らの優越を再確認しようとしたアフガニスタン攻撃だけではない。世界の多数の国々の反対、一部の国の不承不承の追従、無数の市民の反戦運動などお構いなしに、やがてアメリカは、大量破壊兵器を口実にイラクへの一方的な「戦争」に突入した。

たしかにあの日、史上最強の超大国の物質的な豊かさと軍事力のシンボルが、固い意志のほかはほとんど武器らしいものを持たないわずかな人数のグループによって決定的に攻撃されたのだ。宇宙大の情報テクノロジーを駆使した強大無比の軍事力も、自らの国境の内側に身を潜ませた不定形の、確信的な殺意を抱いた者たちのネットワークには脆弱そのものだった。世界貿易センタービル崩落の映像がどれほどハリウッド映画のスペクタクルに重ねられようとも、アメリカの心臓部がこれほど容易に社会の内側から攻撃可能であることをあからさまにした点で、「九月一一日」は歴史上、未曾有の出来事であった。

乗っ取られた航空機が突入し、炎上するニューヨークの世界貿易センタービル＝2001年9月11日（ロイター／共同）

　九月一一日はしかし、そもそも予測不能の大惨事だったわけでは決してない。惨事から二日後、スーザン・ソンタグが正当に主張したように、テロは「文明」や「自由」に対する「臆病な」攻撃などではまったくなく、世界の超大国を自称するアメリカがとってきた具体的な行動に起因する巧みな命がけの反撃にほかならなかった（スーザン・ソンタグ『この時代に想うテロへの眼差し』NTT出版、二〇〇二）。

事実、その数年前から、アメリカ本体に対する何らかの死に物狂いのテロが起きる可能性は様々に指摘されていた。九月一一日の事件に集約されていく「アメリカへの憎悪」は、アメリカによって主導されたグローバル経済がもたらした格差の拡大と、同国の利己的な対外政策がもたらした悲惨さのなかで、各地に浸透してきたのである。

ところがアメリカ政府は、かつてソビエトを「悪の帝国」と呼んだのと同じレトリックで、自らの意に従わない国を「ならず者国家」と呼び、強圧的に封じ込めようとしていった。当然、この容赦なき政策は、かえって「共通の敵」としてのアメリカの姿を明瞭にし、圧倒的なアメリカの圧力に対抗する唯一の手段はテロリズムしかないといった考えを助長していく。アメリカによって「脅威」と言い立てられた国は長期の制裁や爆撃にさらされ、やがて筋金入りの「脅威」となっていく。こうしてアメリカは、九〇年代、自らの対外政策によって世界各地に「アメリカに対する敵意に満ちた危険で広大な孤立地帯」を生み出したのだ。その根にあるのは、喧伝される文明や宗教の対立ではなく、「力の不均衡に対する認識と、変化をもたらす政治的手段の欠如についての深い挫折感」である。だから、この挫折感に脱出口を見出す世界的な努力がなされないなら、「多くの者がいっそう急進的で過激な手段に駆り立てられる可能性がある」と指摘されていた（ガイアット二〇〇二）。

すでにチャルマーズ・ジョンソンは、一九九九年の著書で、九〇年代を通じて「アメリカ帝国へのブローバック」が拡大している状況に注目していた。もともと「ブローバック」とは、秘密情報部員が外国で流したデマが本国に逆流して意図せざる効果をおよぼすことを指していたが、やがて語義が拡張されて国際関係の用語としても用いられるようになる。ジョンソンによれば、九〇年代、「「テロリスト」や「麻薬王」や「ならず者国家」や「不法な武器商人」などの有害な行為が毎日のように報道されているが、それらはかつてのアメリカの活動の「ブローバック」」にほかならないことが少なくなかった。

これは、中南米の社会主義政権を倒すためにアメリカが援助した軍人や政治家が、やがて資金源を得ようと麻薬の供給源になっていくようなケースから、アメリカ軍による空爆への報復として民間航空機や大使館が爆破されていくケースまである。後者の場合、「ある者から見ればテロリストであっても、別の者から見ると当然ながら自由の闘士であり、いわれのないテロ行為が罪のない市民を犠牲にしたとアメリカ政府当局者が非難しても、それはアメリカがかつて帝国主義的な行動をとったことへの報復である場合が多い」。テロリストが無防備なアメリカ市民を標的にするのは、彼らが、海上から巡航ミサイルを発射し高性能の爆撃機に乗るアメリカ軍兵士を狙うのは不可能なことを知っているからである（ジョンソン二〇〇〇）。

†「アメリカの時代」の終わりを前に

今日、遠目で見れば「アメリカの時代」が終わりつつあることは明白だ。しかしアメリカ国内にいる人々には、自分たちが世界のなかで置かれている位置は見えにくい。だからアメリカ国民は、二〇〇〇年のジョージ・ブッシュに続き、二〇一六年にはドナルド・トランプを大統領に選出したのである。常識では考えられない間違いが反復されるのは、この国が修復不可能なほどに分裂しているからである。過ちがますますひどい仕方で繰り返されている以上、二〇一六年の大統領選挙の結果は、歴史からの一時的な逸脱とは言い難く、むしろアメリカが衰退に向かう構造的なプロセスの現れと見なしたほうがいい。

就任演説を終え、拳を振り上げるトランプ大統領＝2017年12月20日、ワシントン（ロイター／共同）

衰退はいかに起こるのか――。エマニュエル・トッドは、人口学的変化と識字率の変化を歴史の大きな変化に結びつけ、二一世紀にはアメリカが確実に世界システムのなかでの覇権を失っていくと論じている。その結果、二一世紀の世界システムはグローバル化よりもリージョナル化、つまり北米は北米、東アジアは東アジア、ヨーロッパはヨーロッパというように地域的に閉じる方向に向かい、さらに内部でも内側に向かっていく。トッドは一方で、「自由貿易と賃金の削減の結果として需要停滞の傾向があることは自明の事柄であり、世界経済の成長率の規則的な低下とますます頻繁に起こる景気後退の原因は、それで説明がつく」と言う。すでに先進資本主義国では、いかに消費社会的レトリックで需要を喚起しようとも、実質賃金の減少や将来への不安からもう需要は伸びず、経済成長が難しくなっている（トッド二〇〇三）。

この臨界的状況のなかで、「アメリカ社会の「帝国的」変形」が進んだ。一九九〇年代以降、アメリカは貿易赤字を拡大させ続け、海外から流入する資金フローに構造的に依存していく。これは、「アメリカ社会の上層階層を一国の枠組みを越えた帝国的社会の上層階層に次第に変貌」させていく過程だった。国民国家としてのアメリカと帝国としてのアメリカが分裂し、金融とＩＴで帝国アメリカが繁栄すればするほど、国民国家アメリカは劣化し、空洞化していった。その結果、アメリカ国内では「成熟した民主主義の危機」がますます目につくようになった。トランプ政権誕生のずっと前から、アメリカは平和的な国でも民主主義的な国でもなくなりつつあったのだ。トッドによれば、九〇年代以降のアメリカで進展したのは「災禍をもたらす前進、（民主制から）寡頭制への前進」だった。「民主主義がユーラシアに定着し始めたまさにその時に、それはその誕生の地で衰弱しつつある。アメリカ社会は、基本的に不平等な支配システムに変貌しつつある」（同）。

この分裂と劣化は、アメリカのグローバルな覇権を弱める。いかに軍事力で圧倒的優位を誇っていても、アメリカは徐々に世界の中心から退きつつある。覇権から後退し、国内の民主主義を後退させるアメリカ——それは、アントニオ・ネグリやマイケル・ハートたちが論じた「帝国」の裏面である。つまり、アメリカはこのグローバルな帝国的秩序の政治的、軍事的な中心でありながら、しかしアメリカ社会はこの秩序の中心から乖離し、むしろその裏面になっている。巨大な多国籍企業がネットワーク状に結ばれたグローバル資本主義は、アメリカから世界に広がっていったものであり、アメリカのトップ・ユニバーシティが創り出すエリート文化と相互浸透している。しかし国民国家としてのアメリカは今日、ますますこのグローバルな秩序を混乱に陥れている。アメリカは、今日の帝国的なグローバル資本主義を支えるのに最も適切な主体ではなくなりつつあるのだ。

それにもかかわらず、この国は世界最強の軍事力を保持し、自分たちの卓越した地位についての認識を変えていない。ブッシュやトランプのような指導者は自分のことしか考えていないので、世界と自国の決定的な乖離に自覚的ではないか、それを否認し続けている。

†平成は、日本漂流の時代だったのか

問題は、この地政学的構造の根本的変化のなかで、日本が辿ってきた道である。一九五〇年代末から九〇年代のバブル崩壊まで、日本は東アジアで圧倒的な経済大国であり、同時に政治的にのみならず経済的、文化的にアメリカに最も近い国として自己を認識してきた。日本の豊かさは、文化的にアメリカナイズされた国の豊かさであり、多くの日本人はそのことに心から満足していた。一九四五年を境に帝国としての日本が失われた以上、戦後日本は帝国としてのアメリカに近づき、その一部となることで、自らが帝国的な中心性から疎外されてしまうことを必死で免れたのである。戦後日本人のなかでの親米意識の高さと安定性は、このアメリカの覇権の内面化によってもたらされたものである。日本人が、アジアに対する過去の己の暴虐を忘却し、同時に優越的な自己のアイデンティティを維持するには、アメリカという優越的な他者に支えてもらわなければならなかったのだ。

だが、すでに論じてきた変容のなかでアメリカの覇権が後退し、日本の経済力も急速に衰えてきたことは、この構造がもはや過去のものとなったことを示している。実際、アメリカでは社会の経済的基盤が劣化し、覇権が弱まるのと反比例して国としての行動は単独主義的な傾向が強まっている。日本にとってアメリカは、ますます頼もしい庇護者という

よりも、独り立ちの可能性を潰し続ける支配者という面が強まっている。

それでもなお、多くの日本人には日米抱擁以外の道を模索することはとてつもなく恐ろしいことだと感じられているので、私たちが選択するのは、単独行動主義への追従行動主義である。親米意識は、戦後を通じて日本人一人ひとりの思考枠組に深く根を張っており、人々はこの呪縛から簡単には自由になれない。そしてこの呪縛から自由になれない限り、日本は覇権を失いつつあるアメリカと運命を共にするのである。その結果、日本はいつまでもアジアのなかで孤立し続け、日韓も日中も、ヨーロッパが辿ったような和解と協力の道に向かうことができない。覇権を後退させるなかで不安定にもがくアメリカと、そのアメリカに追従し続ける日本。しかしそんな日米などお構いなしに、アジアは変化していくであろう。

平成は、東西冷戦の終結をもって始まり、トランプの暴政やブレグジット（英国のEU離脱）、様々な社会分断の全面化をもって終わる。つまり、世界の二元的な対立構造の終焉は、九〇年代に一面では世界の一元的な統合化の様相をもたらしながらも、むしろ二〇〇〇年代以降、世界の多極的な分裂の様相を強めてきた。遠心力が次第に強くなるなかで、アメリカでは国内の亀裂と対立、ポスト真実化と煽動に導かれて政治と経済の混乱が拡大した。もともと同質化の圧力が大きい日本社会では、アメリカほどには分裂が顕在化してはいないが、それでも「平成」は不安定の時代、社会のなかでの格差と不和、遠心力が拡大していった時代として特徴づけられるだろう。つまり本書で論じられてきた平成の様々な困難と失敗は、マクロなレベルでは、このような地政学的構造の変化に枠づけられてきたのである。

私たちはどこに向かうのか――。現状、目の前に広がるのは暗澹たる未来像だが、日本が長年の呪縛から逃れる方途がないわけではない。トランプ以後の世界は、グローバルに市場が開かれる流れにブレーキがかかり、様々な閉じた関係の強化へと圧力が働いていくだろう。だがそれでも、資本から人や情報までがグローバルに流動していく流れが止まることはないだろう。アメリカは、日米同盟を前提にあらゆる要求をしてくるだろうが、そうした圧力が強まるほど、日本人の間には、これまでの親米一辺倒とは違う流れが生じてくるかもしれない。私たちが、アメリカはもはや頼もしい庇護者ではなく、ますます多極化する世界を生き延びるには、この巨大であり続ける力と対しつつも、自分自身の足元を組み立て直すことこそ必須なのだと気づくのにそう時間はかからないかもしれない。

この方向転換の可能性が広がるのは、おそらく二〇二〇年代から四〇年代まで、つまり「平成」の次の歴史的空間になるはずだ。この二〇年間、中国経済の爆発的な成長も頭打ちになり、東アジアの多くの国が、長期的な不況と本格的な少子高齢化に悩むなかで、新しい社会のかたちを創造するための持続的な取り組みが始まるだろう。そのなかで、「平成」の日本の経験は、未来に向けての糧としての価値を改めて帯びてくるかもしれない。

さらに詳しく知るための参考文献

石川弘義・藤竹暁・小野耕世監修『アメリカンカルチャー①〜③』(三省堂、一九八一)……戦後文化史を三期に分け、日本の大衆文化に「アメリカ」がどのように浸透してきたのかを多面的に検証した。

加藤典洋『アメリカの影』(河出書房新社、一九八五/講談社文芸文庫、二〇〇九)……戦後日本社会の中に空気のように浸透した「アメリカ」という存在を、占領期の言説空間や諸々の文学作品の分析を通じて浮上させた。

佐伯啓思『「アメリカニズム」の終焉』(TBSブリタニカ、一九九三/中公文庫、二〇一四)……現代世界を席巻するグローバリズムの根底にあるアメリカニズムの成り立ちを示し、その威力と限界を思想的に展望した。

チャルマーズ・ジョンソン『アメリカ帝国への報復』(鈴木主税訳、集英社、二〇〇〇)……世界各地で元々はアメリカが仕掛けた行為が自身に跳ね返ってくる「ブローバック」が拡大していることに同時多発テロが起こる前から注目していた。

ニコラス・ガイアット『21世紀もアメリカの世紀か?――グローバル化と国際社会』(増田恵里子訳、明石書店、二〇〇二)……グローバリゼーションが進むなかで、なぜアメリカへの反発が世界的に広まってきたのかを示し、アメリカの時代の終わりが近づいていることを論じた。

エマニュエル・トッド『帝国以後――アメリカ・システムの崩壊』(石崎晴己訳、藤原書店、二〇〇三)

いる。……人口学的変化と識字率の変化に基づく長期の文明史的観点から、アメリカ時代の終わりを予見している。

ロバート・ブレナー『ブームとバブル——世界経済のなかのアメリカ』(石倉雅男・渡辺雅男訳、こぶし書房、二〇〇五)……一九七〇年代以降の世界経済の長期的傾向のなかで、アメリカをはじめとする先進諸国の資本主義がなぜ不可逆的に変容していたのかを解明している。

吉見俊哉『親米と反米——戦後日本の政治的無意識』(岩波新書、二〇〇七)……戦後日本を通じて安定的に維持された親米意識の根強さが、どのような文化的ふるまいを生み、その根底にある無意識の政治がいかに機能してきたのかを示した。

吉見俊哉『トランプのアメリカに住む』(岩波新書、二〇一八)……二〇一七年から一八年にかけて約一年間をトランプ政権の統治で大混乱に陥ったアメリカで生活した経験から、二一世紀世界のなかでのアメリカの変貌を描いた。

編・執筆者紹介

吉見俊哉（よしみ・しゅんや）【編者／まえがき・第1講・第10講】
一九五七年生まれ。東京大学大学院情報学環教授。東京大学大学院社会学研究科博士課程単位取得退学。専門は社会学・文化研究。著書『夢の原子力』（ちくま新書）、『ポスト戦後社会』『親米と反米』『大学とは何か』『トランプのアメリカに住む』（以上、岩波新書）、『「文系学部廃止」の衝撃』『大予言』『戦後と災後の間』（以上、集英社新書）、『天皇とアメリカ』（集英社新書、テッサ・モーリス‐スズキとの共著）など多数。

＊

野中尚人（のなか・なおと）【第2講】
一九五八年生まれ。学習院大学法学部教授。東京大学大学院総合文化研究科国際関係論専攻博士課程修了。博士（学術）。専門は比較政治学。著書に『自民党政治の終わり』（ちくま新書）、『自民党政権下の政治エリート』（東京大学出版会）、共著に『民主政とポピュリズム』（筑摩選書）、『公務員制度改革』『公務員人事改革』（以上、学陽書房）、『さらばガラパゴス政治』（日本経済新聞出版社）など。

金井利之（かない・としゆき）【第3講】
一九六七年生まれ。東京大学大学院法学政治学研究科教授。東京大学法学部卒業。同助手、東京都立大学法学部助教授を経て現職。専門は自治体行政学。著書に『行政学講義』（ちくま新書）、『自治制度』『財政調整の一般理論』（以上、東京大学出版会）、『実践自治体行政学』（第一法規）、『原発と自治体』（岩波ブックレット）、共著に『地方創生の正体』（ちくま新書）、『原発被災地の復興シナリオ・プランニング』（共編著、公人の友社）『縮減社会の合意形成』（編著、第一法規）など。

石水喜夫（いしみず・よしお）【第4講】
一九六五年生まれ。大東文化大学経済研究所兼任研究員、元京都大学教授。立教大学経済学部経済学科卒業。専門は

労働経済、労使関係。著書に『日本型雇用の真実』（ちくま新書）、『ポスト構造改革の経済思想』（新評論）、『現代日本の労働経済』（岩波書店）など。

本田由紀（ほんだ・ゆき）【第5講】
一九六四年生まれ。東京大学大学院教育学研究科教授。東京大学大学院教育学研究科博士課程単位取得退学。博士（教育学）。専門は教育社会学。著書に『教育の職業的意義』『もじれる社会』（以上、ちくま新書）、『軋む社会』（河出文庫）、『社会を結びなおす』（岩波ブックレット）、『「家庭教育」の隘路』（勁草書房）、『若者と仕事』（東京大学出版会）、『多元化する「能力」と日本社会』（NTT出版）、『学校の「空気」』（岩波書店）など。

音　好宏（おと・よしひろ）【第6講】
一九六一年生まれ。上智大学文学部新聞学科教授。上智大学大学院文学研究科新聞学専攻博士後期課程修了。専門はメディア論。NPO法人放送批評懇談会理事長、衆議院総務調査室客員研究員などを務める。著書に『放送メディアの現代的展開』（ニューメディア）、共編著に『総合的戦略論ハンドブック』（ナカニシヤ出版）など。

北田暁大（きただ・あきひろ）【第7講】
一九七一年生まれ。東京大学大学院情報学環教授。東京大学大学院人文社会系研究科社会文化研究専攻博士課程単位取得退学。博士（社会情報学）。専門は社会学、メディア論。著書に『終わらない「失われた20年」』（筑摩選書）、『社会制作の方法』（けいそうブックス）、『広告の誕生』（岩波現代文庫）、『〈意味〉への抗い』（せりか書房）、『嗤う日本の「ナショナリズム」』（NHKブックス）など多数。

新倉貴仁（にいくら・たかひと）【第8講】
一九七八年生まれ、成城大学文芸学部准教授。東京大学大学院情報学環・学際情報学府修了。博士（社会情報学）。専門は文化社会学、メディア論。著書に『「能率」の共同体』（岩波書店）、共著に『一九六四年東京オリンピックは何を生んだのか』（青弓社）、『文化社会学の条件』（日本図書センター）、『戦後思想の再審判』（法律文化社）、論文に「都市とスポーツ――皇居ランの生・政治」（「iichiko」第126号）など。

佐道明広（さどう・あきひろ）【第9講】
一九五八年生まれ。中京大学総合政策学部教授。東京都立大学大学院社会科学研究科博士課程単位取得退学。博士（政治学）。専門は日本政治外交史。著書に『自衛隊史』（ちくま新書）、『戦後日本の防衛と政治』『戦後政治と自衛隊』『「改革」政治の混迷』『自衛隊史論』（以上、吉川弘文館）、『沖縄現代政治史』（吉田書店）など。

ちくま新書
1385

平成史講義《へいせいしこうぎ》

二〇一九年二月一〇日　第一刷発行
二〇一九年三月　五　日　第二刷発行

編　者　吉見俊哉（よしみ・しゅんや）
発行者　喜入冬子
発行所　株式会社 筑摩書房
東京都台東区蔵前二-五-三　郵便番号一一一-八七五五
電話番号〇三-五六八七-二六〇一（代表）
装幀者　間村俊一
印刷・製本　株式会社 精興社

ISBN978-4-480-07198-9 C0221

ちくま新書

971 夢の原子力 ——Atoms for Dream 吉見俊哉

戦後日本は、どのように原子力を受け入れたのか。核戦争の「恐怖」から成長の「希望」へと転換する軌跡を、緻密な歴史分析から、ダイナミックに抉り出す。

1205 社会学講義 橋爪大三郎 佐藤郁哉 吉見俊哉

社会学とはどういう学問なのか？ 基本的な視点から説き起こし、テーマの見つけ方・深め方、フィールドワークの手法までを講義形式で丁寧に解説。入門書の決定版。

1136 昭和史講義 ——最新研究で見る戦争への道 筒井清忠編

なぜ昭和の日本は戦争へと向かったのか。複雑きわまる戦前期を正確に理解すべく、俗説を排して信頼できる史料に依拠。第一線の歴史家たちによる最新の研究成果。

1194 昭和史講義2 ——専門研究者が見る戦争への道 筒井清忠編

なぜ戦前の日本は破綻への道を歩んだのか。その原因をより深く究明すべく、二十名の研究者が最新研究の成果を結集する。好評を博した昭和史講義シリーズ第二弾。

1266 昭和史講義3 ——リーダーを通して見る戦争への道 筒井清忠編

昭和のリーダーたちの決断はなぜ戦争へと結びついたのか。近衛文麿、東条英機ら政治家・軍人のキーパーソン15名の生い立ちと行動を、最新研究によって跡づける。

1341 昭和史講義【軍人篇】 筒井清忠編

戦争の責任は誰にあるのか。東条英機、石原莞爾、山本五十六ら、戦争を指導した帝国陸海軍の軍人たちの実像を最新研究をもとに描きなおし、その功罪を検証する。

1318 明治史講義【テーマ篇】 小林和幸編

信頼できる研究を積み重ねる実証史家の知を結集。20のテーマで明治史研究の論点を整理し、変革と跳躍の時代を最新の観点から描き直す。まったく新しい近代史入門。